안녕하세요
스크래치 2.0

초판 1쇄 인쇄 | 2015년 7월 10일
초판 1쇄 발행 | 2015년 7월 15일

지 은 이 | 문외식
발 행 인 | 이상만
발 행 처 | 정보문화사

책임편집 | 최동진
편집진행 | 오운용

주   소 | 서울시 종로구 대학로 12길 38 (정보빌딩)
전   화 | (02)3673-0037(편집부) / (02)3673-0114(代)
팩   스 | (02)3673-0260
등   록 | 1993년 8월 20일 제1-1013호
홈페이지 | www.infopub.co.kr

ISBN | 978-89-5674-635-7

이 책은 저작권법에 따라 보호받는 저작물이므로 무단 전재와
무단 복제를 금하며, 이 책 내용의 전부 또는 일부를 사용하려면 반드시
저작권자와 정보문화사 발행인의 서면동의를 받아야 합니다.

※ 책값은 뒤표지에 있습니다.
※ 잘못된 책은 구입한 서점에서 바꿔 드립니다.

머리말

컴퓨터 프로그래밍 언어는 정보통신 기술의 획기적인 발전으로 사용자가 좀 더 편리하게 사용할 수 있도록 진화되고 있습니다. 최근에는 세계 각국에서 코딩 교육의 열풍이 불어 초등학교 때부터 프로그래밍 교육을 실시하고 있는 추세이고, 국내에서도 2017년부터 초등학교에서 프로그래밍 교육이 정규 교과에 편입되어 실시될 예정입니다. 프로그래밍 교육은 학생들의 창의력 및 문제 해결력 향상 등에 도움을 주는 최적의 학습 도구로 평가받고 있습니다. 하지만 텍스트를 입력하는 코딩 방식인 기존의 프로그래밍 언어는 문법과 코딩 그리고 알고리즘으로 표현하는 방법이 모두 어려워서 ICT 학습 본연의 목표인 창의성 및 문제 해결력 향상 등을 위한 학습 도구로 이용하는 데 많은 어려움이 있습니다.

최근에는 하드웨어 및 소프트웨어 기술의 발달로 사용자 편의에 목적을 둔 교육용 언어들이 속속 출시되고 있는데, 스크래치(Scratch)와 엔트리(Entry) 그리고 로봇을 동작시키는 프로그래밍 언어인 NXT, EV3 등이 대표적인 언어로, BASIC, C 언어 등을 이용한 기존 교육용 언어를 대체하고 있습니다. 스크래치는 교육용 프로그래밍 언어인데, 2007년 미국의 MIT 미디어랩 연구소에서 세계 굴지의 IT 기업인 인텔, MS, 삼성 등의 후원으로 8세에서 16세까지의 어린이 또는 프로그래밍을 처음 배우려는 사용자들을 위해 개발되었습니다. 스크래치는 인터프리터 언어로서 직접 코딩하지 않고 논리적인 개념을 플로차트를 작성하는 것처럼 각 블록들을 끌어다 붙이기만 하면 원하는 결과를 얻을 수 있는 언어입니다.

스크래치는 약 50여개 국의 언어가 지원되어 사실상 전 세계에서 무료로 사용할 수 있는 다국적 언어 프로그램입니다. 이 책은 2017년부터 초등학생들의 정규 교과에 편입되는 소프트웨어 교육을 시키려는 초등학교 교사와 교육 대학생, 중등학교 선생님 그리고 처음으로 프로그래밍 개념을 배우려는 대학생 및 일반인들이 프로그래밍을 학습하는 데 적합하도록 많은 예제와 설명 중심으로 쉽게 기술하였습니다. 또한 이 책의 마지막 장에는 외부 장치인 센서와 연동하여 프로그래밍할 수 있게 피코 보드(Pico Board), 레고 WeDo 로봇 등의 센서를 활용한 스크래치 프로그래밍 방법도 함께 기술하여 STEAM 교육에 효과적인 도움이 되도록 하였습니다.

이 책의 내용을 독자들이 좀 더 쉽게 이해하도록 기술하려고 노력하였지만 저자의 미숙함으로 미처 수정하지 못한 오류가 있으리라 생각됩니다. 그래서 계속 수정하고 보완하는 작업을 게을리하지 않을 것임을 약속드립니다. 마지막으로 출판을 허락해 주신 정보문화사 임직원 여러분께 감사함을 전합니다.

2015년 7월

문외식 씀

이 책의 구성

이 책은 총 2개의 장(Chapter)과 16개의 섹션(Section)으로 나누어져 있으며, 스크래치 입문자들이 쉽게 이해할 수 있도록 이론 부분과 프로젝트를 가득 수록하였습니다. 또한, 프로젝트에 필요한 이론 중심을 빠짐없이 설명하고 있어 단계별로 학습할 수 있습니다.

섹션 제목 및 발문
각 섹션에서 학습할 제목과 배울 내용을 간결하고 쉽게 설명합니다.

Memo
학습에 필요한 내용의 키워드와 핵심 내용을 정리했습니다.

Tip
본문에 미처 담지 못한 필자만의 노하우를 정리했습니다.

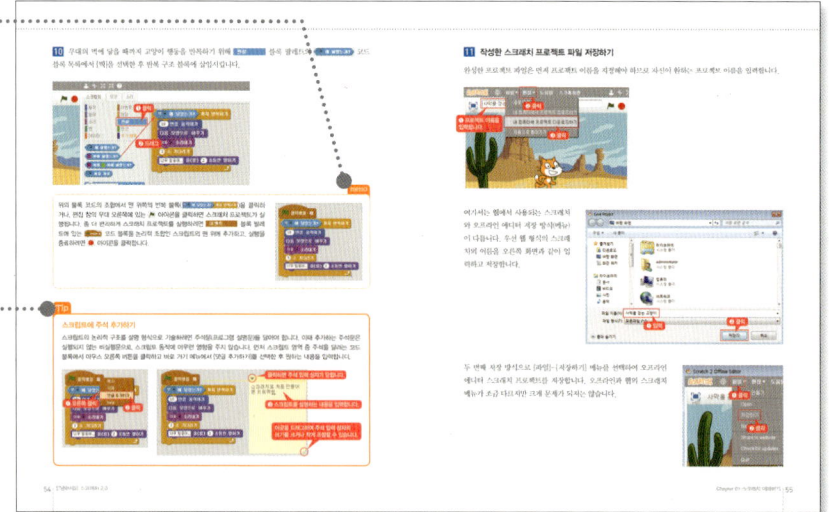

프로젝트

예제를 직접 활용하여 익히는 과정으로, 따라하기 형식을 바탕으로 구성하였습니다.

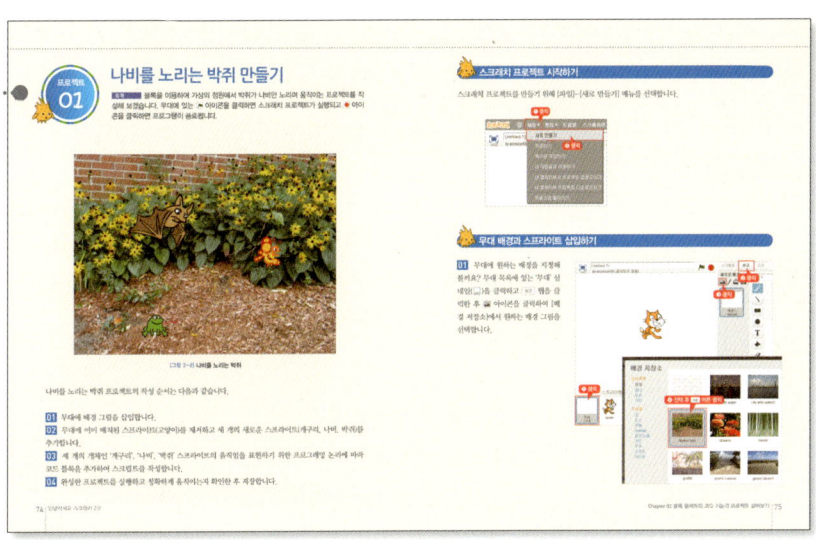

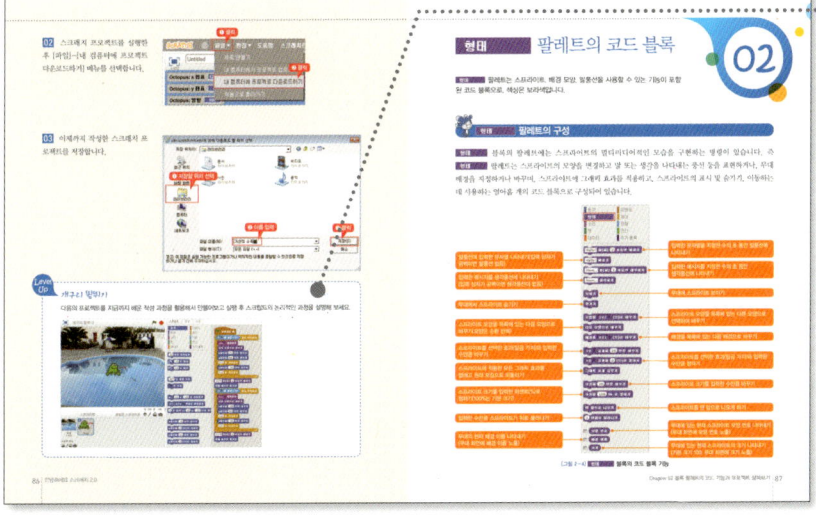

Level UP

프로젝트에서 다루지 못한 내용을 보강함으로써 사용자의 수준을 한 단계 업그레이드 할 수 있습니다.

알아두세요!!!
이 책에서 사용된 예제 파일과 프로젝트 & Level up의 자료는 정보문화사 홈페이지(http://www.infopub.co.kr) 자료실에서 다운로드 할 수 있습니다.

목차

머리말   5
이 책의 구성   6
이 책의 예제 파일   13

Chapter 01 스크래치 이해하기

01 스크래치란 ·· 16
　스크래치의 발달 과정 ·· 16
　스크래치의 특징 ·· 17

02 스크래치 사용하기 ·· 20
　웹에서 스크래치 2.0 사용하기 ·· 20
　오프라인 에디터(Offline Editor) 사용하기 ·· 21

03 스크래치 2.0 편집 창의 구성요소 ·· 24
　스프라이트 ·· 25
　스프라이트 구성 요소 ·· 25
　메뉴바의 구성 요소 ·· 26
　스프라이트 툴바 ·· 28
　무대 ·· 29
　새로운 스프라이트 만들기 ·· 30
　새로운 배경 만들기 ·· 38
　스프라이트 목록 살펴보기 ·· 39
　스프라이트 영역 이해하기 ·· 40
　블록 창 ·· 42

04 스크래치 프로젝트의 구성요소들 ·· 43
　코드 블록의 구성 인자들 ·· 43
　인수값 ·· 44
　블록의 기본 유형 ·· 44

05 스크래치 명령어의 도움말 이용하기 ·· 48

06 스크래치 프로젝트 만들기 · 49
- 스크래치 프로젝트의 정의 · 49
- 사막을 걷는 고양이 프로젝트 따라 하기 · 49
- 완성한 스크래치 프로젝트 공유하기 · 56
- 웹 스크래치에서 만든 프로젝트 열어보기 · 57
- 스크래치 카드 활용하기 · 57

Chapter 02 블록 팔레트의 코드 기능과 프로젝트 살펴보기

01 동작 팔레트의 코드 블록 · 62
- 동작 팔레트의 구성 · 62
- 스프라이트 이동과 회전하기 · 63
- 스프라이트의 방향 지정하기 · 65
- 스프라이트의 위치 지정하기 · 68
- 스프라이트의 좌표 바꾸기 · 70
- 무대 벽에 닿으면 튕기기 · 71
- 스프라이트의 회전방식 지정하기 · 72
- 무대에서 좌표와 방향으로 스프라이트의 위치 확인하기 · 73
- **프로젝트 01** 나비를 노리는 박쥐 만들기 · 74
- **프로젝트 02** 가상의 수족관 만들기 · 82

02 형태 팔레트의 코드 블록 · 87
- 형태 팔레트의 구성 · 87
- 스프라이트의 모양 및 배경 바꾸기 · 88
- 무대 선택할 때 사용할 수 있는 배경 바꾸기 · 90
- 스프라이트에 말풍선과 생각풍선 만들기 · 92
- 스프라이트와 무대에 그래픽 효과 주기 · 93
- 무대 선택할 때 사용할 수 있는 배경 그래픽 효과 바꾸기 · 95
- 스프라이트의 크기 바꾸기 · 96
- 스프라이트 숨기기와 보이기, 순서 지정하기 · 98
- **프로젝트 03** 고양이와 오리 만들기 · 100

03 소리 팔레트의 코드 블록 ······ 106

소리 팔레트의 구성 ······ 106
스프라이트 무대 배경에 소리 재생하기 ······ 107
무대에서 사용할 소리파일 재생 ······ 111
다양한 타악기 연주하기 ······ 112
음계 연주하기 ······ 113
소리의 음량을 조정하기 ······ 114
소리의 템포 조정하기 ······ 116

프로젝트 04 무대위에서 춤추는 소녀 만들기 ······ 117
프로젝트 05 마법사와 동물들 만들기 ······ 121
프로젝트 06 피아노 건반 만들기 ······ 131

04 펜 팔레트의 코드 블록 ······ 136

펜 팔레트의 구성 ······ 136
그림 그리기와 지우기 ······ 137
펜 색깔 지정하기 ······ 139
펜 그림자(명암) 지정하기 ······ 143
펜 굵기 바꾸고 지정하기와 도장 찍기 ······ 145

프로젝트 07 낙서장 만들기 ······ 147

05 데이터 팔레트의 코드 블록 ······ 157

데이터 팔레트의 구성 ······ 157
변수의 의미 ······ 157
변수 만들기 ······ 158
변수값 보이기와 숨기기 ······ 161
변수의 사용범위 ······ 162
변수 삭제하기 ······ 164
다른 스프라이트에 포함된 지역변수 접근하기 ······ 164
리스트의 의미 ······ 166
리스트 만들기와 삭제하기 ······ 166
리스트 길이 추가, 값 입력, 수정 및 삭제하기 ······ 169
리스트 값을 검색하는 코드 블록 삽입하기 ······ 171
리스트 모니터 보이기와 숨기기 ······ 172

프로젝트 08 1~100까지 수의 합 계산하기 ······ 173
프로젝트 09 사칙계산기 만들기 ······ 175

| 프로젝트 10 | 리스트 이용해 묻고 답하기 | 184 |
| 프로젝트 11 | 골키퍼 소녀 만들기 | 187 |

06 이벤트 팔레트의 코드 블록 … 195

이벤트 팔레트의 구성 … 195
스크립트 실행하기 … 196
조건부 스크립트 실행하기 … 198
메시지 방송하기와 받기 … 198

프로젝트 12	간 큰 고양이 만들기	201
프로젝트 13	벌레와 말 만들기	206
프로젝트 14	퀴즈 맞추기	210

07 제어 팔레트의 코드 블록 … 214

제어 팔레트의 구성 … 214
스크립트 기다리기와 멈추기 … 215
스크립트 반복하여 실행하기 … 216
조건부의 반복 구조 살펴보기 … 217
조건이 참이 될때까지 기다리기 … 219
스프라이트 복제하기 … 220

프로젝트 15	고양이가 사자 만나기	221
프로젝트 16	소년과 고양이 만들기	222
프로젝트 17	예제 스크립트 만들기	223

08 관찰 팔레트의 코드 블록 … 225

관찰 팔레트의 구성 … 225
접촉감지와 문자열 입력하기 … 226
마우스 버튼과 좌표의 상태 감지하고 조정하기 … 232
오디오 정보검색하고 비디오와 타이머 사용하기 … 234
시간정보 및 사용자 이름 검색하기 … 236

| 프로젝트 18 | 오리를 만난 고양이 만들기 | 238 |
| 프로젝트 19 | 물고기를 잡아먹는 상어 만들기 | 240 |

09 연산 팔레트의 코드 블록 … 247

연산 팔레트의 구성 … 247
산술 연산하기 … 248

목차

연산의 우선순위 살펴보기 ·· 251
난수 발생시키기 ··· 252
비교 연산 및 논리 연산하기 ···································· 256
문자열 결합하기 ··· 259

프로젝트 20 총점과 평균 계산하기 ···················· 262
프로젝트 21 두 수의 가감승제와 나머지 값 계산하기 ···· 265
프로젝트 22 무대에 올라 노래 부르는 소녀 만들기 ······ 267

10 추가 블록 팔레트의 코드 블록 ···················· 272

추가 블록 팔레트의 구성 ··· 272
블록 만들기 ··· 273
확장 프로그램 추가하기 ·· 274
레고 WeDo 사용하기 ··· 274
피코 보드 사용하기 ··· 276

프로젝트 23 가감승제 계산기 만들기 ················ 279
프로젝트 24 강태공의 고기 잡기 ························ 282
프로젝트 25 레고 WeDo를 이용한 스크래치 ···· 289
프로젝트 26 피코 보드를 이용한 스크래치 ······ 290

이 책의 예제 파일

이 책에 사용된 예제 프로젝트 및 스크래치를 학습한 교육대학생들의 작품 파일은 정보문화사 홈페이지(www.infopub.co.kr) 자료실에서 다운로드 할 수 있습니다.

1. 정보문화사 홈페이지(http://www.infopub.co.kr)에 접속하여 상단의 자료실을 클릭합니다.

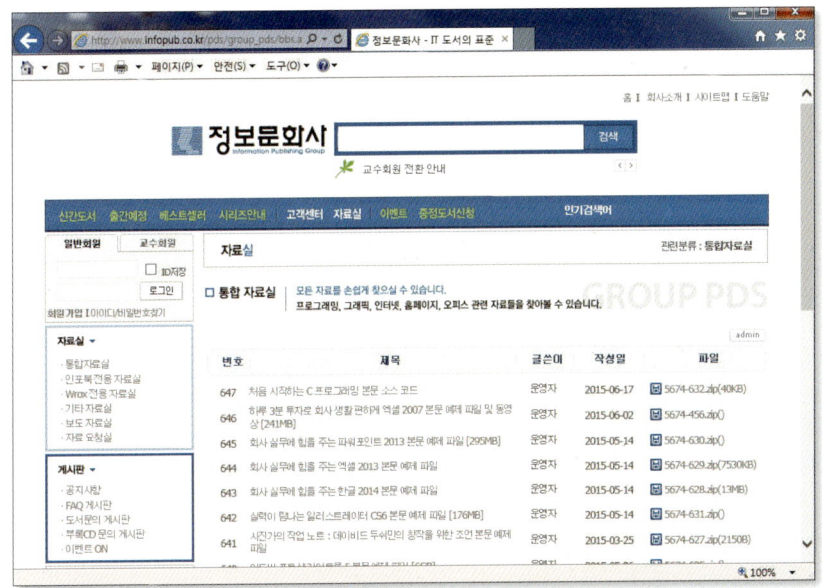

2. 하단의 [SEARCH]에 책 제목을 입력하고 [검색] 버튼을 클릭하면 검색 결과가 나타납니다. 해당 압축 파일을 클릭하여 다운로드 합니다.

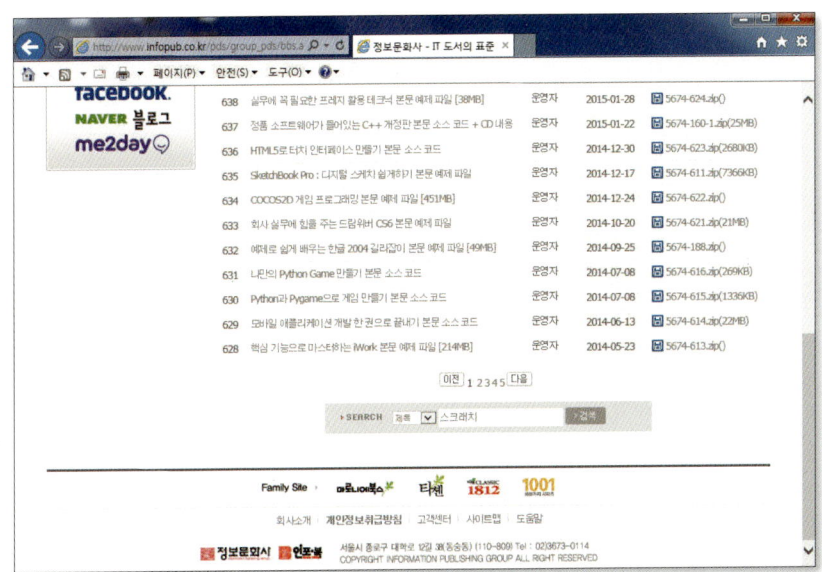

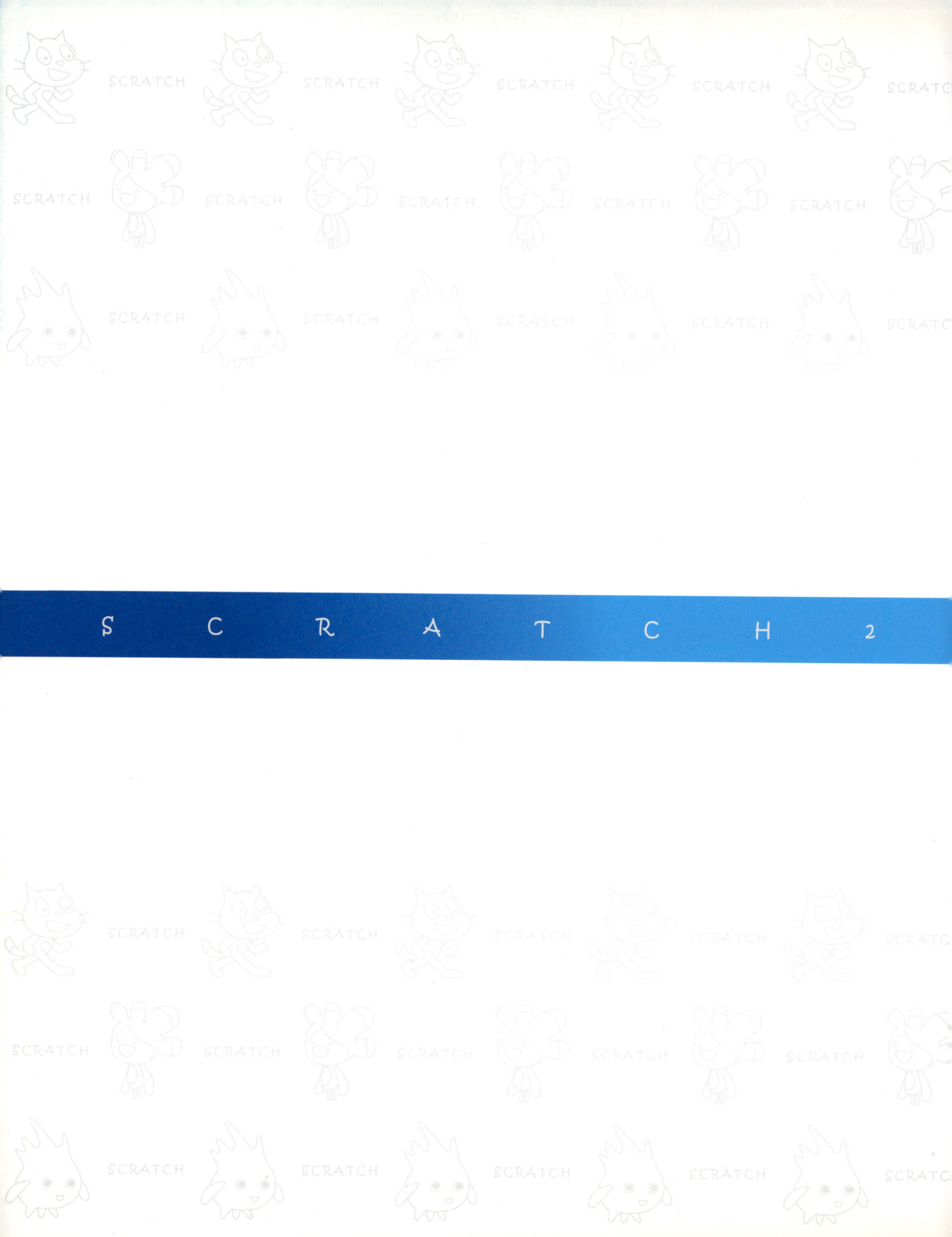

Chapter 01

스크래치 이해하기

1. 스크래치란
2. 스크래치 사용하기
3. 스크래치 2.0 편집 창의 구성 요소
4. 스크래치 프로젝트의 구성 요소
5. 스크래치 명령어의 도움말 이용하기
6. 스크래치 프로젝트 만들기

스크래치란

스크래치는 2007년 5월 미국의 MIT 미디어랩 연구소에서 8세에서 16세 정도의 어린이나 프로그래밍을 처음 접하는 사람에게 프로그래밍을 가르치기 위한 목적으로 개발된 교육용 프로그래밍 언어로, 새로운 방식의 그래픽 환경(블록)을 갖추고 있습니다.

스크래치(Scratch) 프로그래밍 언어는 전 세계 어린이들이 컴퓨터 프로그래밍 기술을 이용해 IT 기술을 스스로 익히고 문제 해결 능력과 창의성을 향상시키는 데 도움을 주도록 설계된 프로그램으로, 미국 국립과학재단(NSF; National Science Foundation), 마이크로소프트, 인텔, 삼성 등의 컨소시엄에서 후원하고 있습니다. 스크래치는 40여 개국 이상의 언어로 제작되었고, 150여 개국의 사람들이 사용하는 다국적 프로그래밍 언어로 각광받고 있습니다.

 ## 스크래치의 발달 과정

스크래치는 2007년 개발된 이후 여러 차례 업데이트되어 2013년 5월에 '스크래치 2.0'이 최신 버전으로 출시되었습니다. 스크래치 2.0은 기존 버전의 스크래치에 비해 그래픽 인터페이스와 음향 편집 능력 등이 크게 향상된 웹 기반 프로그래밍 언어입니다. 따라서 스크래치 프로그램을 사용하기 위해 다운로드하여 설치하는 과정을 거치지 않고 인터넷만 연결된 곳이라면 언제, 어디에서든지 사용할 수 있습니다.

스크래치 프로그램은 C나 JAVA, BASIC 등의 프로그래밍 언어에 비해 구조가 강력하지 못해서 소프트웨어를 개발할 목적으로는 적합하지 않습니다. 왜냐하면 어린이와 청소년들이 좀 더 쉽게 프로그래밍할 수 있도록 직관적이고 편리하게 스크래치 프로그램을 구현하다 보니 기존에 사용하던 고급 프로그래밍 언어보다 기능과 소프트웨어 개발 능력이 크게 뒤떨어집니다. 그러나 어린이나 초보 프로그래머들이 창의적으로 쉽게 학습할 수 있는 프로그래밍 언어의 개발이 스크래치 프로그램의 기본적인 개발 목적이기 때문에 스크래치가 새로운 개념의 교육용 프로그래밍 언어라는 사실은 분명합니다.

지금까지 사용해 온 많은 프로그래밍 언어는 소프트웨어를 개발할 목적으로 만들어졌습니다. 그래서 문법을 이해하고 코딩하는 것이 어려워 초등학생과 중학생은 물론 처음 프로그래밍을 배우려는 사람들조차 중도에 포기하는 경우가 많았습니다. 그러나 스크래치 프로그램을 이용하면 창의성과 개인의 표현을 상상만으로도 쉽게 구현할 수 있습니다. 또한 스크래치에 로봇 및 IT 기술을 접목시켜서 창의적 학습 능력을 극대화할 수 있도록 아두이노(arduino, 오픈 소스를 기반으로 한 단일 보드 마이크로 컨트롤러)를 기반으로 하는 외부 장치(피코 보드, 로코 보드, 레고 WeDo와 같은 로봇키트)와 연동하여 프로그래밍이 가능하다는 큰 장점이 있습니다.

스크래치의 특징

스크래치 프로그램은 다음과 같은 특징을 가지고 있습니다.

▍블록 쌓기 형식의 프로그램입니다.

스크래치에서는 프로그램의 각 실행 단계를 기존의 프로그램 언어처럼 직접 코딩하는 것이 아니라, 레고 블록을 쌓는 것처럼 색상마다 기능이 다른 다양한 색상의 블록들을 자신이 원하는 논리대로 가져와서 쌓기만 하면 프로그램을 완성할 수 있습니다. 실제로 스크래치 프로그램은 어릴 때 누구나 한 번쯤 만져본 레고 블록 쌓기에서 아이디어를 얻어 설계되었습니다.

스크래치는 조립되는 각 블록이 문법적으로 오류가 없을 때만 서로 결합되도록 설계되어 있습니다. 그 결과, 기존의 프로그램에서 가장 자주 발생하는 문법적 오류가 발생하지 않아 초등학생과 중학생의 교육용 프로그래밍 언어로서 매우 적합합니다.

[그림 1-1] 블록 쌓기 형태의 스크래치 프로그램

▍다양한 멀티미디어로 구성되어 있습니다.

스크래치에서는 파워포인트와 같은 애플리케이션 소프트웨어처럼 그래픽, 소리 그리고 음악 등 여러 가지 미디어들을 혼합하여 프로그래밍할 수 있습니다. 그리고 스크래치는 사용자의 생각을 현실로 즉시 구현 가능하기 때문에 스토리텔링 등의 기본 개념을 이용한 상상적 개념을 프로그래밍으로 표현할 수 있습니다. 스크래치 2.0은 기존 버전에 비해 음향이 크게 향상되었고, 비트맵 그래픽을 추가한 벡터 그래픽을 지원하며, 새로운 기능의 코드 블록들이 추가되었습니다. 따라서 스크래치 2.0에서는 프로그래머에게 그래픽과 소

[그림 1-2] 다양한 미디어의 기능이 추가된 스크래치

리를 제공할 뿐만 아니라 이것들을 만들 수 있는 도구를 포함하여 거의 모든 미디어에 접근할 수 있게 되었습니다.

▌인터프리터 언어입니다.

현재 애플리케이션 개발에 사용되는 대부분의 컴퓨터 프로그래밍 언어는 컴파일러(compiler)에 의해서 실행 가능한 코드인 기계어로 번역된 후 링크와 같은 몇 단계의 과정을 거쳐야 실행됩니다. 그러나 스크래치 프로그래밍 언어는 1970년대 후반에 많이 사용하던 BASIC처럼 실행할 때마다 매번 인터프리터되어 실행되는 인터프리터 언어(interpreter language)입니다. 따라서 프로젝트를 구성하고 있는 코드 블록들은 미리 기계어로 변환되어 있는 것이 아니라 실행시 매번 인터프리터되고 실행될 뿐만 아니라 프로젝트가 실행중이어도 애플리케이션 프로젝트 코드를 변경할 수 있습니다. 하지만 스크래치에는 컴파일러 프로그래밍 언어가 제공하는 디버거(debugger) 기능이 없어서 프로그램에 문제가 발생할 경우 사용자가 직접 스크립트를 일일이 검사해야 하는 단점이 있습니다.

▌작성한 스크래치 프로그램을 함께 공유할 수 있습니다.

스크래치 프로그램 사용자들이 만든 수많은 스크래치 프로그램을 웹사이트(http://scratch.mit.edu)에서 서로 공유할 수 있도록 스크래치 프로그램 메뉴에 별도의 공유 메뉴를 제공합니다.

[그림 1-3] 스크래치 사이트

이 사이트에서는 자신이 만든 프로그램을 웹사이트에 게시하거나, 다른 사용자들이 게시한 프로그램을 다운로드해서 실행하거나, 다운로드한 프로그램을 수정하여 새로운 프로그램을 만들 수 있습니다. 그리고 교사들끼리 교수법을 공유하고 학습을 지원하기 위한 온라인(http://scratched.media.mit.edu) 공간을 별도로 제공합니다.

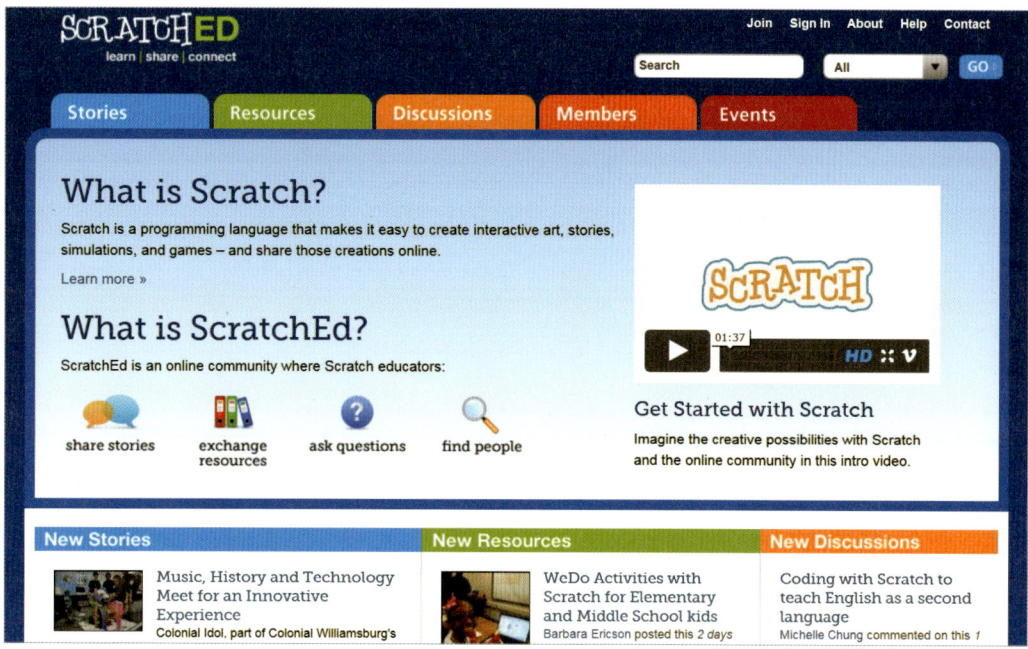

[그림 1-4] 스크래치 교수법 공유 및 학습 지원 사이트(http://scratched.media.mit.edu)

스크래치 사용하기

스크래치는 윈도우(Windows) 프로그램뿐만 아니라 매킨토시(Mac) 프로그램에서도 사용할 수 있습니다. 여기서는 윈도우를 실행한 후 웹에서 스크래치 2.0을 사용하는 방법과 내 컴퓨터에 직접 설치하여 사용하는 방법에 대해 설명합니다.

웹에서 스크래치 2.0 사용하기

컴퓨터에 스크래치를 설치하지 않고 웹에서 직접 사용할 수 있는데, 스크래치 2.0의 경우에는 기본적으로 웹에서 사용해야 합니다.

 웹 브라우저를 실행하고 스크래치 웹사이트 주소인 'www.scratch.mit.edu'를 입력하여 접속합니다. 스크래치 화면에서 [만들기] 메뉴나 '최근 프로젝트' 항목에 있는 프로젝트를 선택하고 🏁 아이콘을 클릭했을 때 스크래치 프로그램이 실행되면 자신의 컴퓨터에 있는 웹 브라우저가 스크래치를 사용할 수 있도록 지원하는 것입니다.

'최근 프로젝트' 항목에 있는 프로젝트를 하나라도 클릭하여 실행하지 않으면 현재 상태로는 스크래치를 사용할 수 없습니다.

02 만약 스크래치 프로그램이 실행되지 않고 오른쪽 화면과 같은 오류 메시지가 나타나면  버튼을 클릭합니다.

03 화면에서 지시하는 대로 어도비 플래시 플레이어를 설치한 후 스크래치 2.0을 사용합니다.

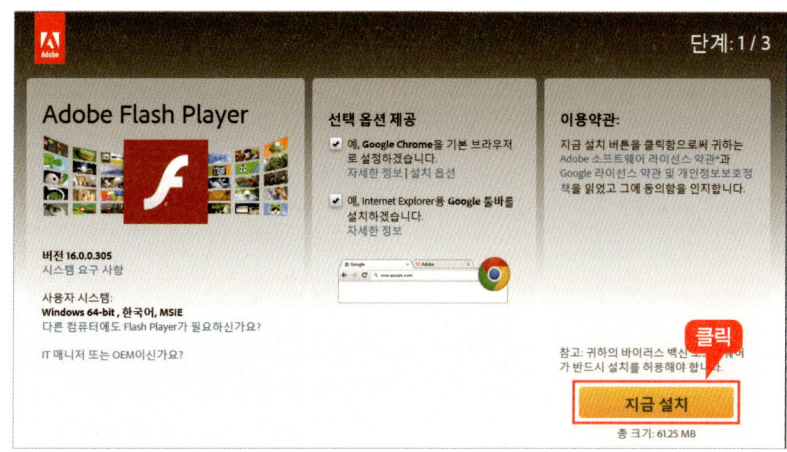

오프라인 에디터(Offline Editor) 사용하기

오프라인에서도 스크래치 2.0을 사용할 수 있습니다. 웹에서 사용하지 않고 스크래치 2.0을 내 컴퓨터에 다운로드하여 사용하려면 다음과 같이 실행합니다.

01 스크래치의 공식 웹 사이트인 'http://scratch.mit.edu'에 접속한 후 [도움말] 메뉴를 선택합니다.

> **Tip**
>
> **스크래치 최신 버전 설치하기**
>
> 'Scratch 2'를 더블클릭하면 오른쪽 화면과 같은 메시지가 나타납니다. 이때 최신 버전을 설치하려면 Update now 버튼을 클릭합니다.
>
>

02 화면의 오른쪽 아래에서 'Scratch 2 Offline Editor'를 클릭합니다. 만약 스크래치 1.4 버전을 사용하려면 바로 아래에 있는 '스크래치 1.4 다운로드'를 클릭합니다.

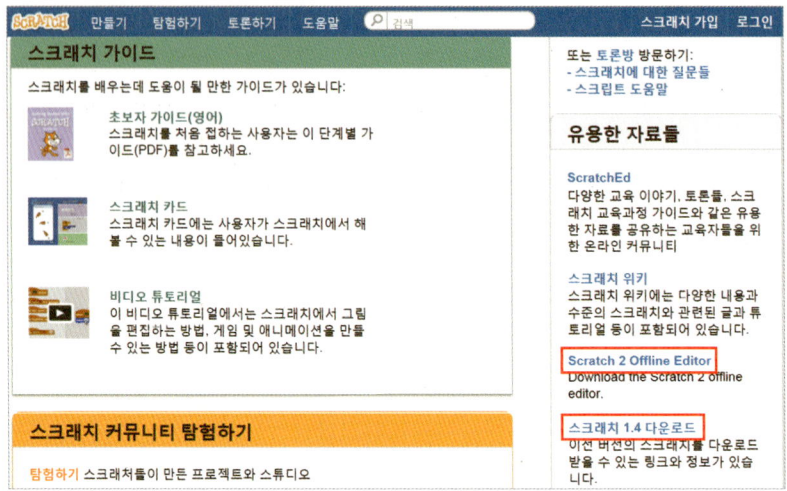

03 어도비 AIR(Adobe AIR)를 먼저 설치하고 '스크래치 2 오프라인 에디터'를 다운로드합니다.

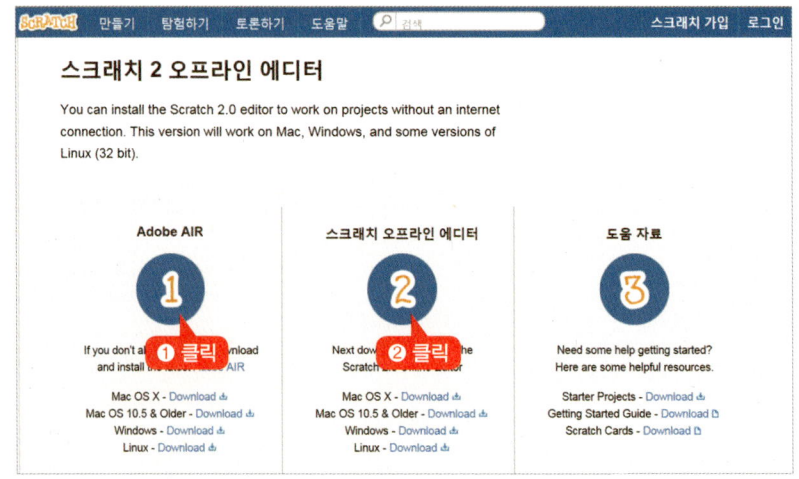

04 다운로드한 'Scratch-436.exe'를 더블클릭하여 내 컴퓨터에 설치합니다. 'Scratch-436.exe'는 약 39.1MB 정도의 용량을 가진 프로그램입니다.

05 오른쪽 화면에서 지시하는 대로  버튼을 차례대로 클릭하면서 설치를 시작합니다.

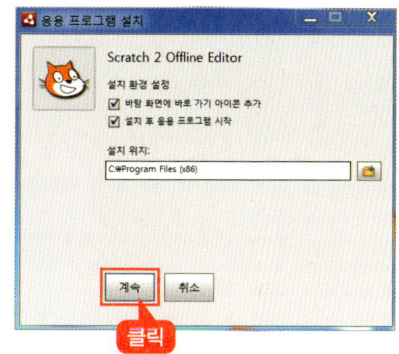 

06 정상적으로 스크래치 프로그램이 설치되었으면 바탕화면에 'Scratch 2' 바로 가기 아이콘이 나타나는데, 이 아이콘을 더블클릭합니다.

07 스크래치 2.0 프로그램이 실행되면 화면의 위쪽에서 아이콘을 클릭하고 [한국어]를 선택하여 모든 메뉴를 한국어로 변경합니다.

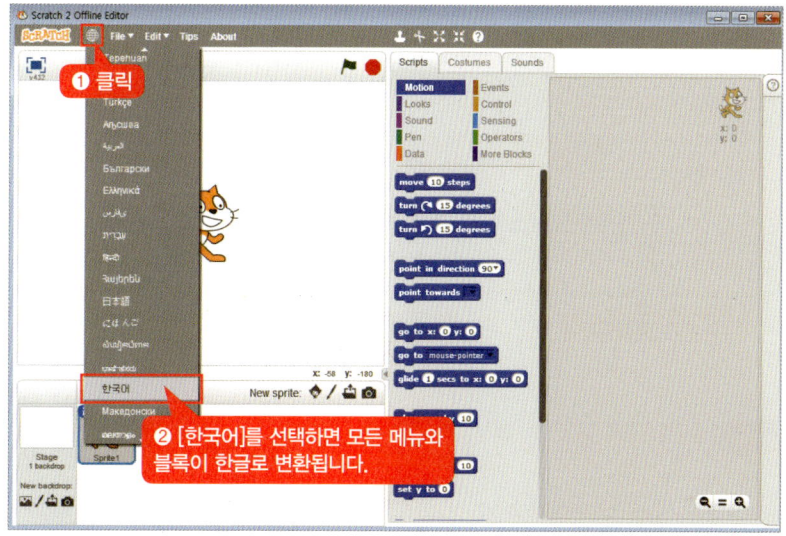

03 스크래치 2.0 편집 창의 구성 요소

효과적인 스크래치 프로그래밍을 위해서 프로그램 개발 환경인 편집 창에 친숙해야 합니다. 여기서는 스크래치 2.0의 프로그램 작성을 위한 다양한 요소들을 설명합니다.

스크래치 2.0을 실행하는 일반적인 방법은 웹 사이트 'http://scratch.mit.edu'에 접속한 후 [만들기] 메뉴를 클릭하는 것입니다. 만약 오프라인 버전을 사용하려면 컴퓨터에 스크래치 2.0의 오프라인 버전이 설치되어 있어야 합니다. 오프라인 스크래치 2.0은 바탕화면의 아이콘을 더블클릭하여 실행합니다.

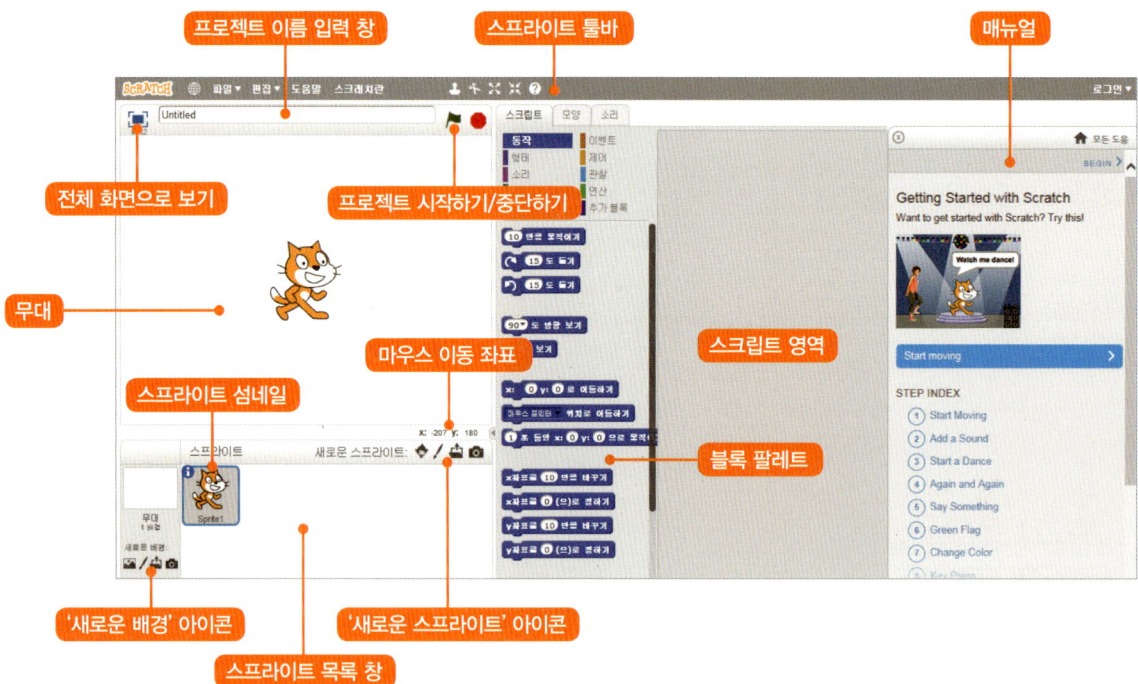

[그림 1-5] 스크래치 2.0의 편집 창

스프라이트

스크래치로 프로그램을 작성하려면 '스프라이트' 용어와 스크래치 편집 창에 있는 각 구성 요소를 잘 이해해야 합니다. 스프라이트(sprite)란, 투명한 배경 위에 그려진 2차원 비트맵으로, 이동할 수 있으며, 서로 상호작용이 가능합니다. 스크래치로 만들어지는 애플리케이션 프로젝트, 즉 프로그램은 '스프라이트'라는 개체들로 구성되어 있습니다. 여기서 프로젝트(project)는 작은 단위 프로그램들로 구성된 하나의 프로그램으로, 사용자가 여러 가지 개체들의 조합으로 완성한 프로그램을 말합니다.

스크래치 2.0에서 제공하는 기본 스프라이트(스프라이트1)는 무대에 있는 고양이 모양입니다. 기본적으로 스프라이트1은 스크립트(프로그램)가 없지만, 두 가지 모양과 "야옹" 소리를 가지고 있습니다.

스크래치에서 사용하는 스프라이트는 다른 스프라이트로 변경 및 추가가 가능합니다. 스프라이트는 인터넷이나 하드디스크 등에 저장된 그래픽 개체를 사용하여 변경할 수도 있고, 그림판에서 사용자가 직접 그려서 만들거나 카메라로 찍어서 사용할 수도 있습니다.

 ## 스프라이트의 구성 요소

스크래치 2.0을 실행하면 스크립트 탭, 모양 탭, 소리 탭에서 스프라이트의 세 가지 구성 요소인 '스크립트', '모양', '소리'를 지정할 수 있습니다.

[그림 1-6] 스프라이트의 세 가지 구성 요소

❶ 스크립트

스크립트는 스프라이트를 논리적으로 동작시키는 프로그래밍 코드 블록을 연결하여 조합할 수 있고 `스크립트` 탭에서 지정합니다. 스크립트에 삽입된 코드 블록을 클릭 또는 더블클릭하면 스프라이트가 실행됩니다. 즉 스크립트는 C나 BASIC 등의 기존 프로그램에서 코딩하는 역할을 합니다.

❷ 모양

모양은 하나 또는 여러 개의 스프라이트를 '무대'라고 부르는 스크래치 창에 나타내어 사용할 수 있는 다양한 이미지를 말하고 `모양` 탭에서 지정합니다. 이들 스프라이트는 그림판 기능을 이용하여 직접 모양을 만들거나 수정하여 사용할 수도 있고, 기존 그림을 가져오거나 카메라로 찍은 이미지를 사용할 수도 있습니다.

❸ 소리

소리는 스크래치 프로젝트를 실행할 때 발생하는 배경 음악과 프로젝트를 실행할 때 발생하는 다양한 소리로, `소리` 탭에서 지정합니다. 스크래치에 포함된 녹음기 기능을 이용하여 직접 소리를 녹음할 수 있습니다.

메뉴바의 구성 요소

편집 창의 위쪽에 있는 메뉴바에서는 스크래치에 쉽게 접근할 수 있는 주요 명령어를 제공합니다.

[그림 1-7] 스크래치 2.0의 메뉴바와 스크래치 툴바

메뉴바의 기능은 다음과 같습니다.

❶ `SCRATCH` : 아이콘을 클릭하면 스크래치 웹 사이트로 연결됩니다.

❷ 🌐 : 아이콘을 클릭하면 스크래치 2.0에서 제공하는 수많은 언어 중 하나의 언어를 선택할 수 있습니다. 우리는 [한국어]를 선택하지만 영어를 사용하려면 [English]를 선택합니다.

❸ 파일 : 메뉴를 클릭하면 아래쪽에 서브 메뉴가 나타나면서 새로운 스크래치를 만들거나, 내 컴퓨터에서 프로젝트를 업로드하거나 다운로드할 수 있습니다. [처음으로 돌아가기]를 선택하면 현재의 프로젝트 상태를 처음 상태로 되돌릴 수 있습니다.

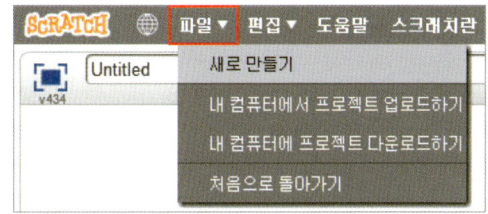

❹ 편집 : 메뉴를 클릭하면 삭제한 프로젝트를 취소하여 이전으로 복원할 수도 있고, 스프라이트가 있는 무대의 크기를 줄이거나 프로젝트의 실행 속도를 빠르게 하는 터보 모드를 지정할 수 있습니다.

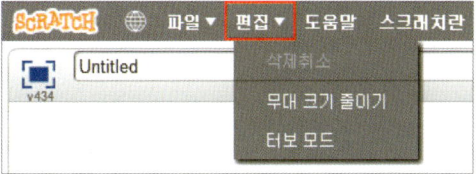

❺ 도움말 : 메뉴를 클릭하면 스크래치를 사용하는 데 필요한 정보 및 각종 블록의 기능을 기술한 전자 매뉴얼이 스크래치 2.0 편집 화면의 오른쪽에 나타나므로 원하는 제목을 클릭하여 정보를 얻을 수 있습니다.

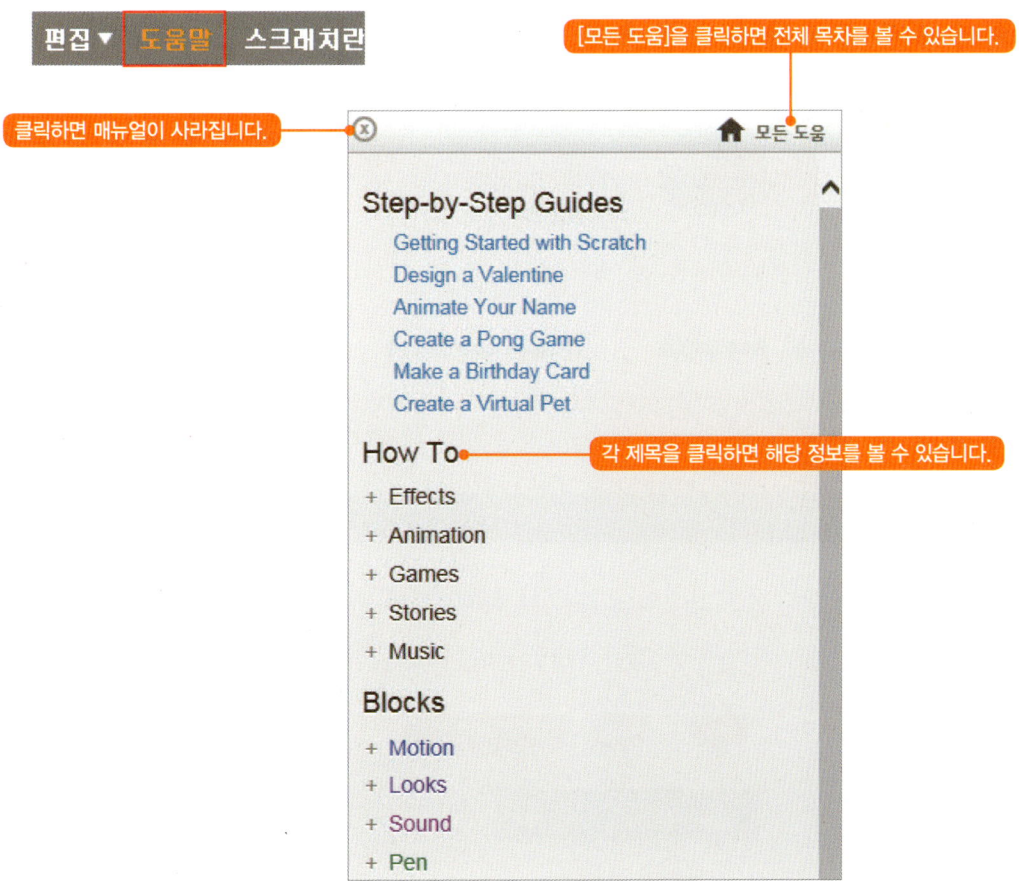

❻ **스크래치란** : 메뉴를 클릭하면 스크래치에 관련된 정보를 제공하는 웹 사이트로 이동합니다.

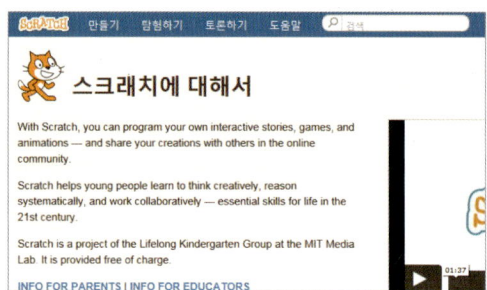

Tip

영어를 한글로 번역하기

스크래치에 관련된 정보가 영어로 표기되어 알아보기 어려운가요? 그러면 컴퓨터에 구글 툴바를 설치한 후 영어를 번역하여 사용하면 정보를 훨씬 쉽게 이해할 수 있습니다.

 스프라이트 툴바

스프라이트 툴바를 이용하면 무대에 있는 스프라이트를 복사 및 삭제, 확대, 축소하고 각종 스크래치 블록에 대한 간단한 도움말을 얻을 수 있습니다. 툴바의 구조와 기능은 다음과 같습니다.

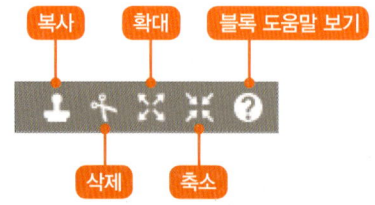

[그림 1-8] 스크래치 2.0의 스프라이트 툴바

다음은 스프라이트 툴바를 사용하는 예입니다.

 무대

무대는 스프라이트를 나타내는 곳으로, 프로젝트의 실제 동작 모습을 나타내는 캠퍼스 역할을 하고, 프로그래머와 상호작용을 하는 공간입니다. 무대의 너비는 480, 높이는 360이고, X축의 길이는 240에서 -240까지, Y축의 길이는 180에서 -180까지 좌표값을 갖고, 무대 중앙의 좌표는 (0,0)입니다. 무대에서 마우스를 이동하면 무대의 오른쪽 아래에 현재 마우스 포인터가 있는 좌표의 위치가 나타납니다.

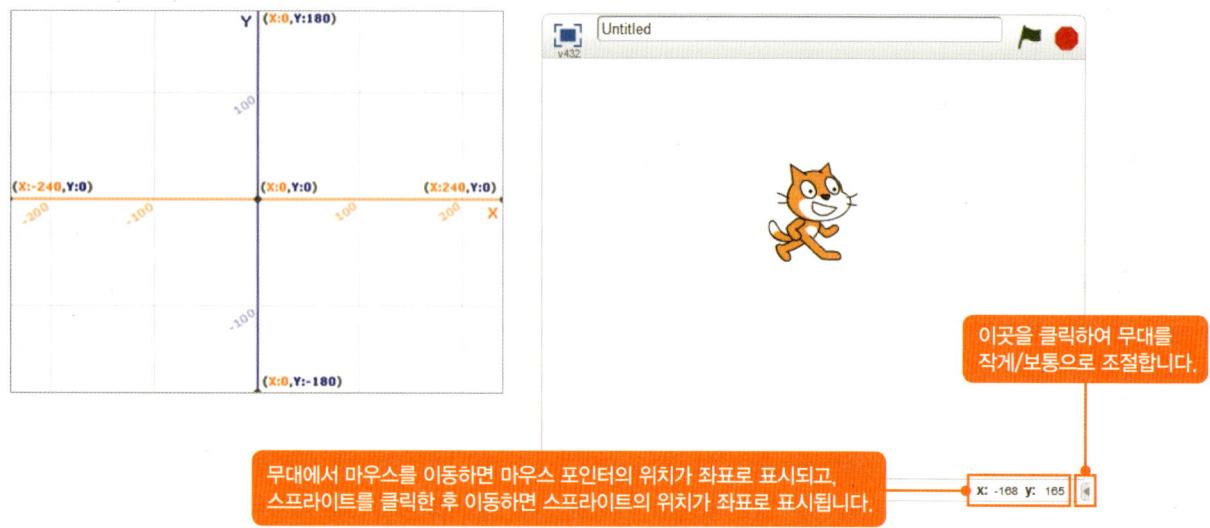

[그림 1-9] 무대

스크래치 2.0에서는 무대를 '보통 화면', '작은 화면', '전체 화면' 세 종류의 크기로 제공합니다. 만약 프로젝트 실행 모습을 전체 화면으로 보려면 메인 화면의 왼쪽 위에 있는 ▣ 아이콘을 클릭합니다.

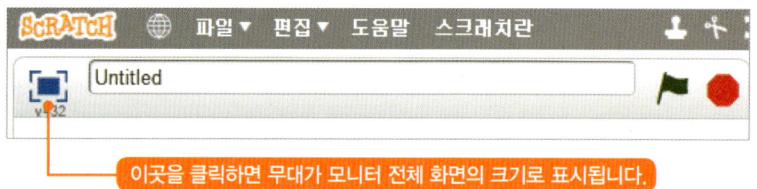

새로운 스프라이트 만들기

스크래치 2.0에서는 무대에 기본 스프라이트인 고양이뿐만 아니라 다른 스프라이트도 추가하거나 만들 수 있습니다. 스프라이트를 만들어 무대에 추가하려면 '새로운 스프라이트'에서 제공하는 네 가지 아이콘을 사용할 수 있습니다.

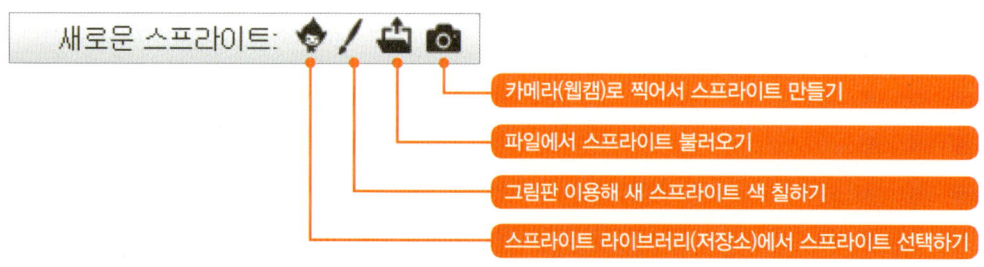

[그림 1-10] 새로운 스프라이트 만들기

저장소에서 스프라이트 선택하기

미리 만들어져 있는 스프라이트가 저장된 곳에서 원하는 스프라이트를 찾아 무대에 추가하는 방법은 다음과 같습니다. 예를 들어 무대에 'Ballerina' 스프라이트를 추가해 보겠습니다.

01 '새로운 스프라이트'에서 아이콘을 클릭합니다. [스프라이트 저장소]의 '전체목록'에서 [모두]를 선택한 후 'Ballerina'를 선택합니다.

02 스크래치 무대에 기존에 있던 스프라이트1인 고양이 외에 'Ballerina' 스프라이트가 추가되었습니다. 또한 무대의 아래쪽에 있는 스프라이트 목록에는 'Ballerina' 스프라이트를 나타내는 섬네일이 추가되었습니다.

▎그림판을 이용하여 새 스프라이트 만들기

스크래치 2.0에 내장된 페인트 편집기인 그림판을 이용해 자신만의 스프라이트를 만들 수 있습니다. 그림판은 포토샵과 같은 전문 그래픽 프로그램에 비해 기능이 부족하지만, 스프라이트나 배경 화면을 그래픽으로 그리거나 수정하는 데 필요한 기본 기능을 제공합니다. 여기에서는 기본적으로 제공되는 스프라이트1인 고양이의 모습을 바꾸어 보겠습니다.

01 ✎ 아이콘을 클릭합니다.

02 그림판이 나타나면 편집할 스프라이트1인 '고양이' 섬네일(🐱)을 클릭합니다.

03 화면의 오른쪽 창에 스프라이트를 색칠하고 수정할 수 있는 그림판이 나타납니다. 스크래치 프로그램에서 페인트 편집기인 그림판은 두 개의 모드 중 하나가 동작됩니다. 즉 그림판에는 비트맵 이미지로 바꾸는 '비트맵 모드'와 '벡터 모드'가 있는데, 이들 두 가지 모드의 장점과 단점은 서로 다르므로 원하는 방식으로 전환하여 사용할 수 있습니다. 벡터 모드는 비트맵 그래픽보다 페인트하기는 어렵지만, 이미지 크기를 조정하는 경우에는 좀 더 부드러운 이미지를 완성할 수 있습니다.

그림판의 오른쪽 아래에 있는 비트맵 이미지로 변환 버튼을 클릭하여 비트맵 모드와 벡터 모드로 변환하는데, 다음 그림판의 모드는 '벡터 모드'입니다.

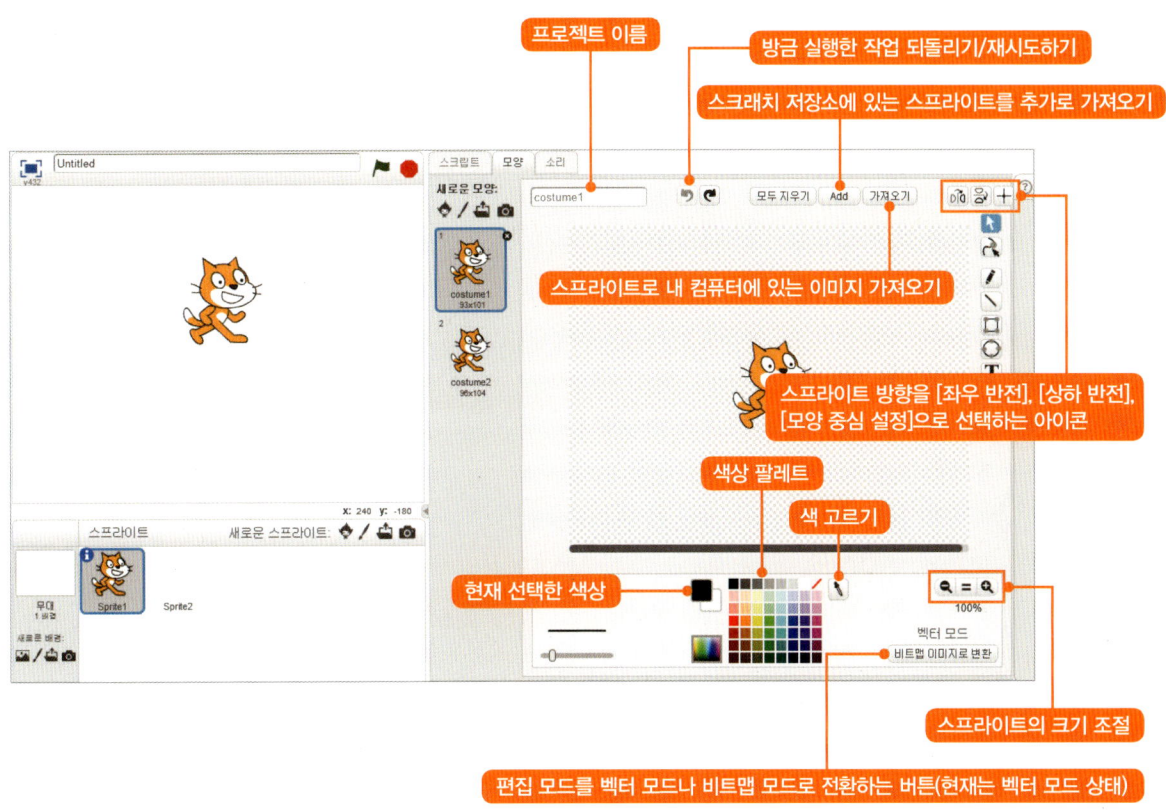

04 '고양이' 스프라이트에 붉은색 안경을 만들어 넣고 고양이 색도 변경해 볼까요? 타원형을 나타내는 ◯ 아이콘과 펜을 나타내는 ✏ 아이콘을 클릭하고 화면의 아래쪽에 있는 색상 팔레트에서 붉은색을 선택한 후 직접 고양이 눈에 드로잉(안경테인 원과 직선)합니다.

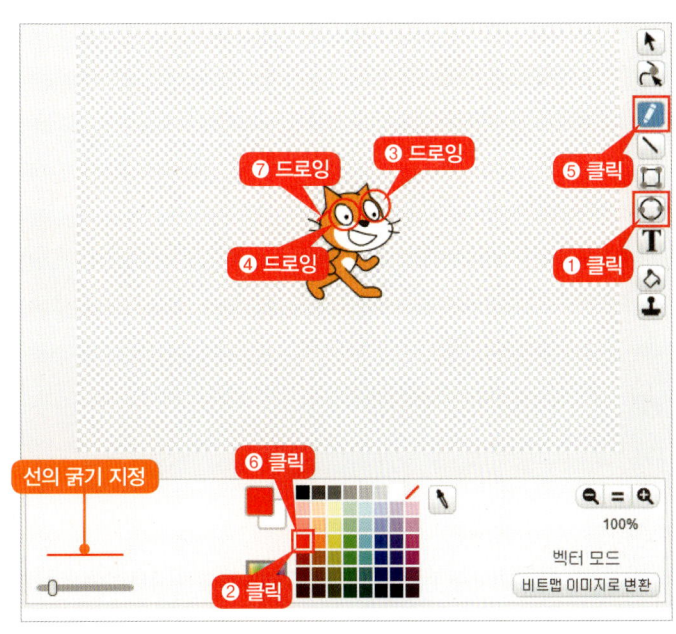

05 마지막으로 아이콘을 클릭하고 색상 팔레트에서 청색을 선택한 후 '고양이' 스프라이트의 주황색 부분을 클릭하여 안경 낀 청색 고양이 스프라이트를 완성합니다.

다음은 편집 아이콘의 기능으로, 이러한 기능을 이용하여 스프라이트를 수정해 보세요.

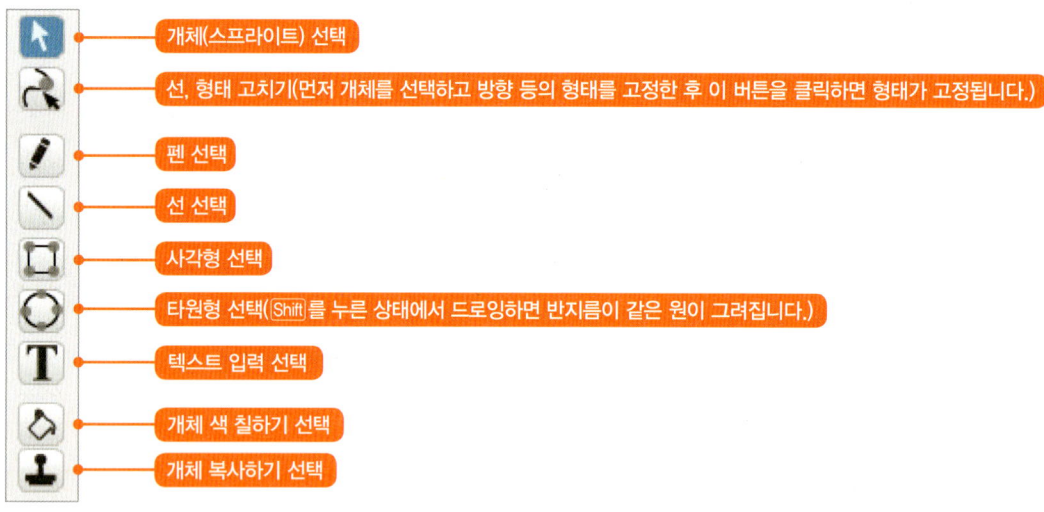

[그림 1-11] 벡터 모드에서 편집 도구의 기능

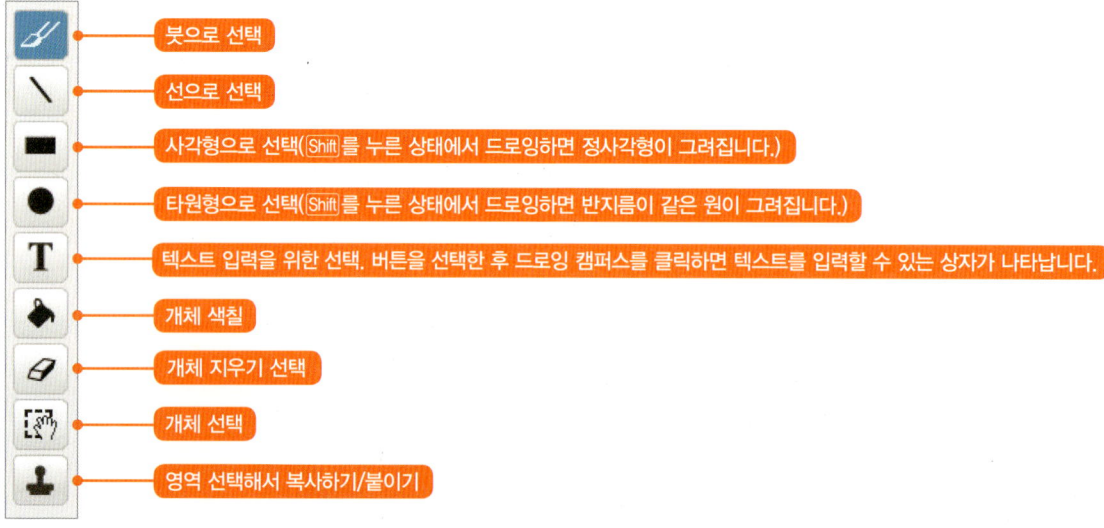

[그림 1-12] 비트맵 모드에서 편집 도구의 기능

파일에서 스프라이트 불러오기

사용자가 지정한 폴더에 저장된 이미지를 불러와서 스프라이트로 사용해 볼까요? 스크래치 2.0은 GIF, JPG, PNG 파일을 사용할 수 있는데, 여기서는 정보문화사 홈페이지 자료실에서 제공하는 파일 중 'image' 폴더에 있는 'baby.jpg' 파일을 불러올 것입니다.

01 아이콘을 클릭하여 [~에서 업로드할 파일을 선택] 대화상자의 'image' 폴더로 이동하여 'baby.jpg'를 선택한 후 열기(O) 버튼을 클릭합니다.

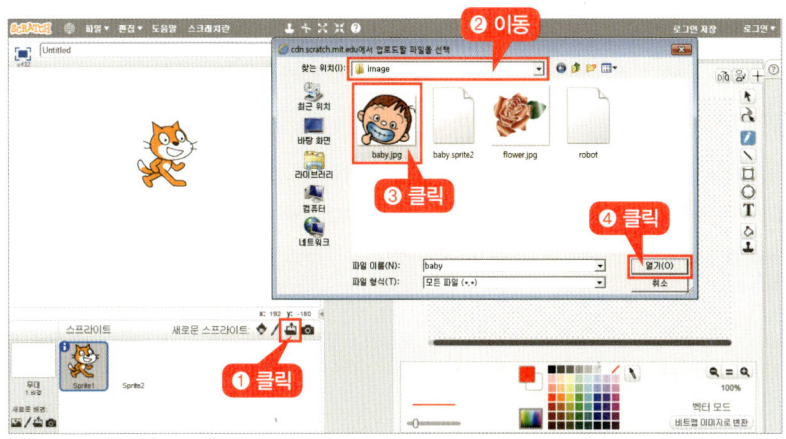

02 무대에 'baby' 이미지가 나타나면 이 스프라이트를 그냥 사용해도 좋습니다. 만약 모양 탭을 클릭하면 그림판에 스프라이트가 삽입되면서 수정할 수 있는 상태가 됩니다.

03 스프라이트를 내 컴퓨터에 저장하려면 벡터 모드로 바꾸고 아이콘을 클릭해 스프라이트를 원하는 크기로 조정한 후 저장합니다.

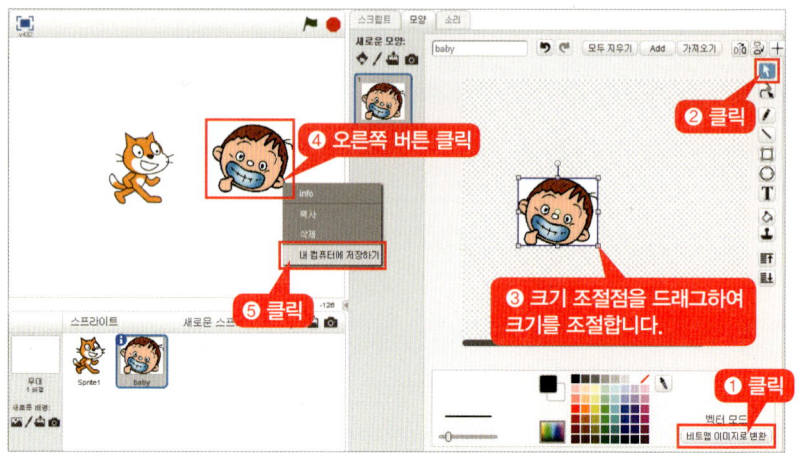

04 저장하려는 폴더를 찾아 파일 이름을 입력하고 저장(S) 버튼을 클릭합니다.

카메라로 찍어서 스프라이트 만들기

새로운 스프라이트를 카메라(웹캠)로 찍어서 사용하는 방법은 다음과 같습니다. 이때는 컴퓨터에 카메라(웹캠)가 있어야 합니다.

01 📷 아이콘을 클릭하고 ✅ 허용 버튼을 클릭합니다.

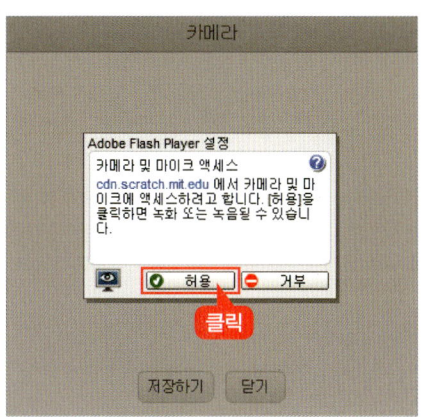

02 새 스프라이트로 만들려는 물체를 웹캠에 비추고 저장하기 버튼을 클릭합니다.

03 무대에 방금 촬영한 스프라이트가 나타납니다. 이곳에서 수정하여 저장하면 스프라이트로 사용할 수 있습니다.

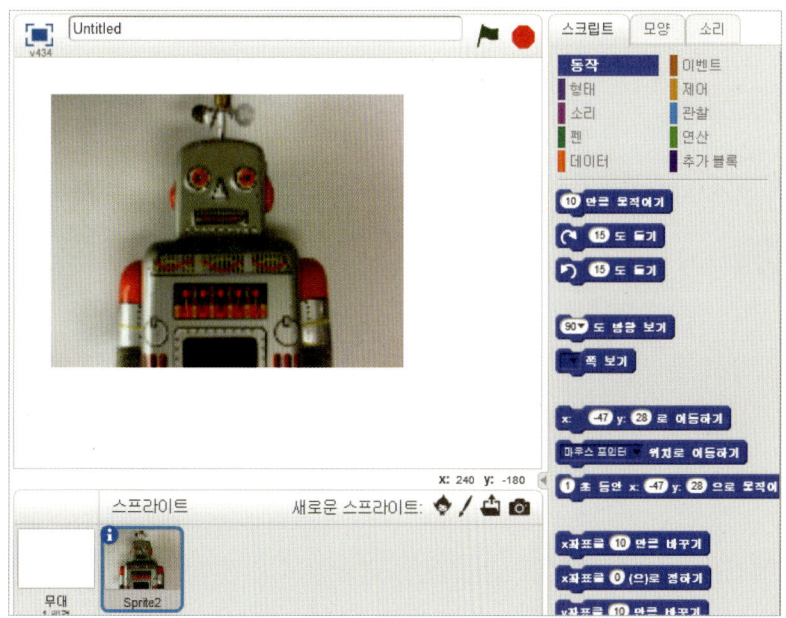

Chapter 01 스크래치 이해하기 | 37

새로운 배경 만들기

스크래치 무대에 배경을 삽입할 수 있는데, 첫 무대는 아무 것도 없는 흰색의 무대입니다. 스크래치 화면의 왼쪽 아래에 있는 '새로운 배경'에 있는 아이콘의 기능은 다음과 같습니다.

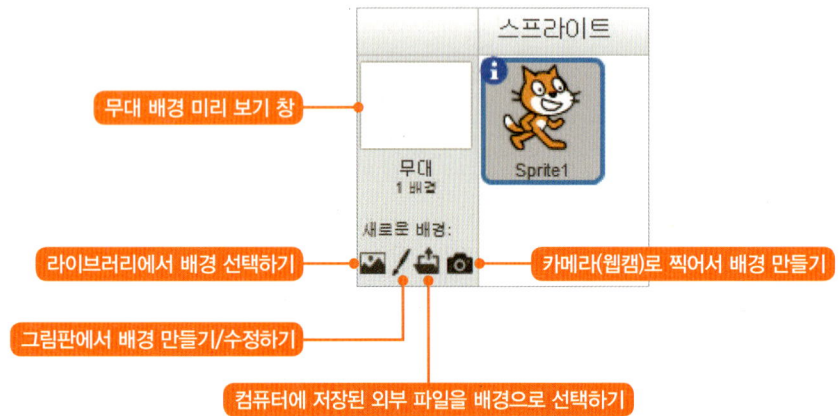

새로운 배경 만들기는 이미 설명한 스프라이트 만들기와 기능이 비슷한데, 여기서는 스크래치 저장소인 라이브러리에서 배경 화면을 선택하는 방법을 설명합니다.

01 화면에 있는 무대 미리 보기 창을 먼저 클릭하고 아이콘을 클릭합니다.

02 [배경 저장소]에서 원하는 배경을 선택하는데, 예로서 여기서는 'beach malibu'를 선택합니다.

03 앞에서 선택한 무대의 배경 (beach malibu)이 나타납니다.

스프라이트 목록 살펴보기

스크래치 프로그램은 스프라이트들이 무대에서 움직이면서 상호작용을 합니다. 즉 무대에 스프라이트를 추가하면 화면의 아래쪽에 있는 스프라이트 목록에 자동으로 해당 스프라이트의 섬네일이 추가됩니다. 그러므로 스프라이트의 동작 등을 위한 프로그래밍(스크립트)을 하려면 해당 섬네일을 클릭해야 하는데, 이렇게 클릭하면 섬네일에 파란색 테두리가 생깁니다.

이곳을 클릭하면 스프라이트 속성 창이 나타납니다.

스프라이트 속성 창에서는 스프라이트의 이름을 바꿀 수 있습니다. 그리고 스프라이트의 좌표(x, y)와 회전 방향(기본 방향은 90도)이 표시되고, 프로젝트 페이지에서 드래그 가능한지 선택할 수 있으며, 무대에서 스프라이트를 표시할지, 숨길지 체크할 수 있습니다.

◀ 아이콘을 클릭하면 스프라이트 속성을 보여주는 창이 사라집니다. 스크래치로 프로그래밍할 때 스프라이트의 회전 방식을 자주 이용하는데, 각 아이콘의 기능은 다음과 같습니다.

아이콘	기능	설명
↻	회전	스프라이트를 회전시킵니다(360도까지 회전).
↔	좌우로 이동	스프라이트가 좌우로만 이동합니다.
•	회전 못 함	스프라이트가 현재 진행 방향을 유지합니다.

 스프라이트 영역 이해하기

스크래치 2.0 편집 창 중에서 프로젝트 작성을 위한 스프라이트 영역은 다음의 화면과 같습니다. 이것에 대해서는 앞에서 간단히 설명했지만, 여기서는 스크립트 탭, 모양 탭, 소리 탭 상태에서의 스프라이트 영역에 대해 살펴보겠습니다.

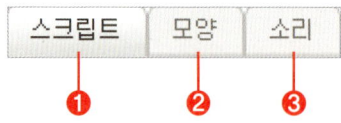

❶ 스크립트 탭 상태에서의 스프라이트 영역

스크립트 탭을 클릭하면 스크래치의 스크립트를 작성할 수 있는 상태가 되며, 원하는 각종 블록들을 [스크립트] 창으로 드래그하여 프로젝트를 만들 수 있습니다. 따라서 스크래치로 프로젝트, 즉 프로그래밍을 하려면 반드시 스크립트 탭을 선택해야 블록 창과 코드 블록이 나타납니다.

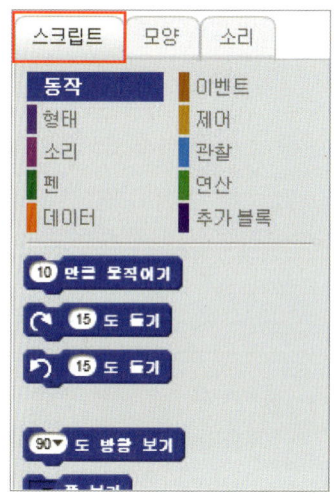

❷ 모양 탭 상태에서의 스프라이트 영역

모양 탭을 클릭하면 스크래치에서 기본적으로 제공하는 스프라이트 모양이 나타납니다. 만약 다른 스프라이트 모양으로 변경하거나, 모양을 수정하거나, 카메라로 찍어서 스프라이트를 사용하는 등의 작업을 하려면 이 상태에서 수정할 수 있습니다.

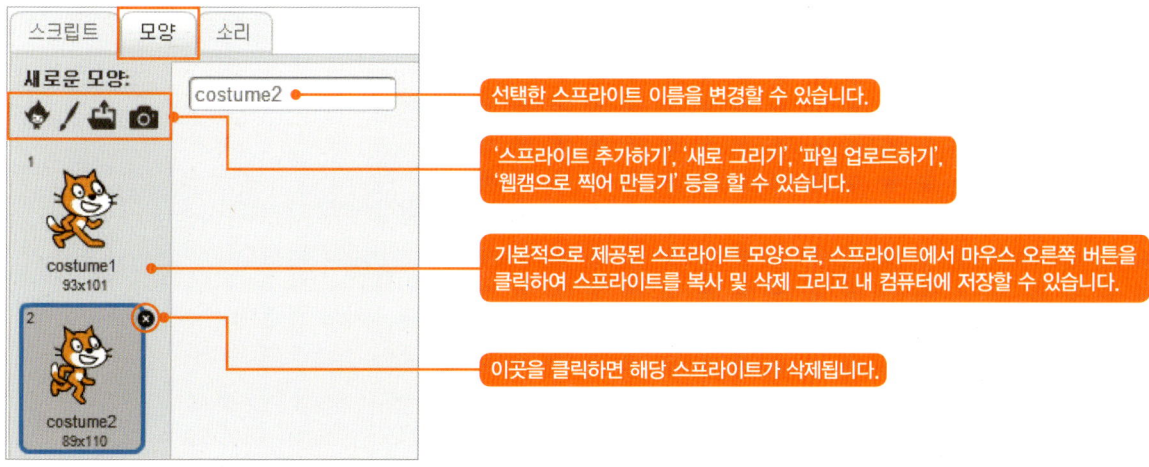

❸ 소리 탭 상태에서의 스프라이트 영역

소리 탭을 클릭하면 선택한 스프라이트에 포함된 소리 목록이 나타납니다. 이곳에서 선택한 스프라이트에 대한 소리를 다른 소리로 변경하거나 녹음할 수 있고, 내 컴퓨터에 저장된 다른 소리로 변경하거나 수정하는 등 새로운 소리로 편집할 수 있습니다. 이것에 대해서는 프로젝트 예제에서 좀 더 자세하게 살펴보겠습니다.

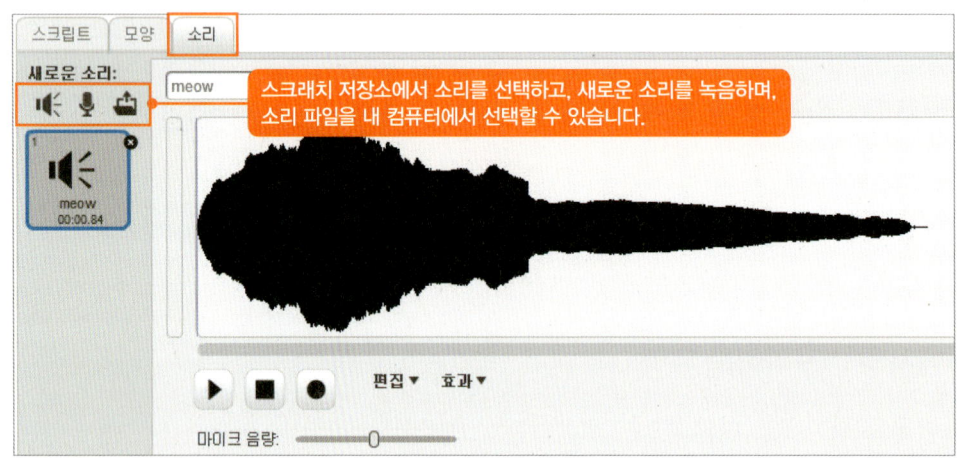

블록 창

스크래치는 기존의 텍스트 중심의 언어와는 전혀 다른 형태의 프로그래밍 언어입니다. 스크래치는 다양한 색상을 가진 블록 형태의 여러 가지 명령어 개체들을 조합해서 프로그래머가 원하는 논리적 구조로 연결하여 실행시키는 그래픽 유형의 언어입니다. 따라서 무대에 있는 스프라이트에게 명령을 내려서 실행시키려면 블록 팔레트에 있는 각 블록들을 스크립트 영역으로 드래그해서 연결해야 합니다.

스크래치 2.0에서의 블록 팔레트는 명령어 특성별로 묶여있는데, 모두 열 개의 종류로 구분되어 있고, 각각 서로 다른 색상을 가지고 있습니다. 또한 각 블록의 그룹에 포함된 코드 블록들은 총 148개입니다. 오른쪽 화면은 동작 블록에 속해 있는 하위 코드 블록들입니다.

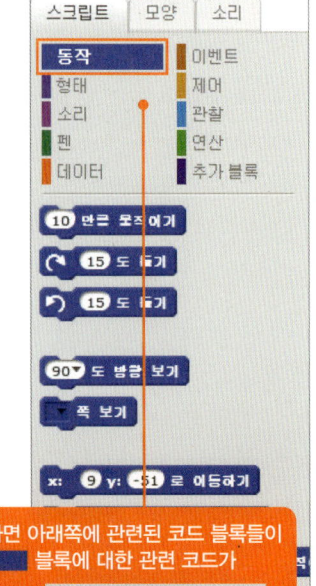

스크래치 프로젝트의 구성 요소

스크래치 프로젝트를 구성하는 스프라이트는 하나 이상의 스크립트를 가지며, 명령을 수행하는 코드 블록들로 구성되어 있습니다. 여기서는 코드 블록들이 가리키는 인수값과 형태에 대해 설명합니다.

 코드 블록의 구성 인자

스크래치의 프로젝트는 스프라이트와 배경으로 구성되어 있습니다. 그리고 이미 특정 명령어가 내장된 코드 블록들이 논리적으로 조립된 스크립트의 통제 범위 안에서 움직이며 상호작용을 합니다.

이미 논리적 의미가 내장된 코드 블록은 스크래치 프로그래밍, 즉 스크립트 작성에서 가장 중요한 역할을 합니다. 스크립트 작성은 블록 팔레트에 있는 특정 블록을 선택한 후 그 하위에 있는 코드 블록들을 스크립트 영역으로 드래그 & 드롭하여 논리적으로 코드 블록들을 끼워 맞추는데, 한 개 이상 끼워 맞춰진 코드 블록을 더블클릭하면 스크립트가 실행됩니다.

스크래치에서는 기존의 텍스트 중심의 프로그래밍 언어에서 가장 불편하고 어려웠던 코딩의 실수를 원천적으로 방지하고 있습니다. 다음의 화면처럼 코드 블록을 끼우면 위쪽 코드 블록의 아래쪽에 흰색 막대가 나타나는데, 이때 코드 블록을 끼우면 됩니다. 만약 흰색 막대가 나타나지 않으면 스크립트를 연결할 수 없으므로 오류라는 것을 쉽게 알 수 있습니다.

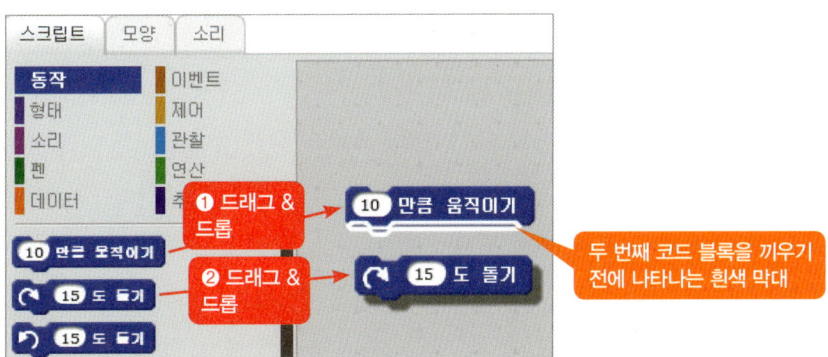

인수값

스크래치의 코드 블록들은 다양한 종류의 인수 데이터를 받아서 실행하는데, 여기에 기본적으로 입력되어 있는 인수들, 즉 이미 값이 내정된 기본값도 함께 가지고 있습니다.

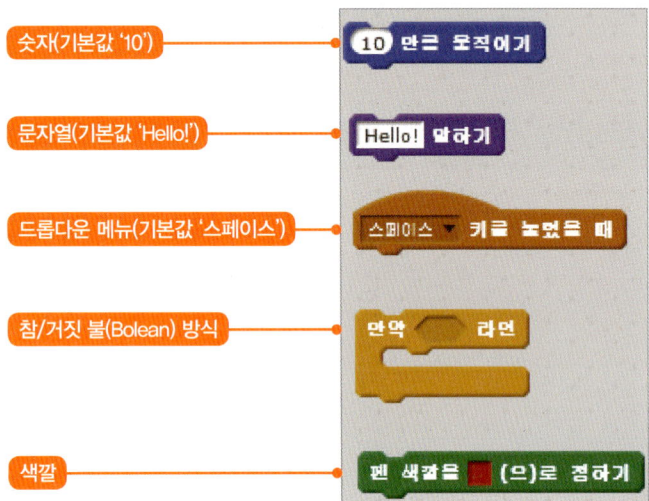

블록의 기본 유형

블록에는 스택형(stack) 블록과 모자형(hat) 블록, 보고형 블록(reports), 불형(boolen) 블록, C형 블록, Cap형 블록과 같은 여섯 가지 기본 유형 외에 체크박스 블록이 있습니다.

스택형(stack) 블록

스택형 블록은 스크래치에서 가장 많이 볼 수 있는 코드 블록 유형으로, 기본적인 명령을 실행하는 데 사용합니다. 윗부분은 반원 모양으로 파인 홈이 있고, 아래쪽에는 반원 모양으로 돌출되어 볼록하게 튀어나와 있는데, 파여있거나 튀어나온 부분은 프로그래밍 로직을 연결하기 위해 끼워 맞추어지는 연결 부분입니다. 예를 들어 왼쪽의 스택형 코드 블록은 10만큼 오른쪽으로 스프라이트를 이동시키는 명령으로, 숫자 인수는 사용자가 임의로 입력해서 사용할 수 있습니다.

왼쪽의 화면은 제어 블록 안에 있는 스택형 코드 블록입니다. 코드 블록 안의 흰 영역을 클릭하여 입력한 숫자(기본값은 1초)만큼 실행을 기다리는 명령입니다.

오른쪽의 화면과 같이 숫자를 입력할 수도 있고, 드롭다운 목록에서 값을 선택할 수 있는 스택형 블록도 있습니다.

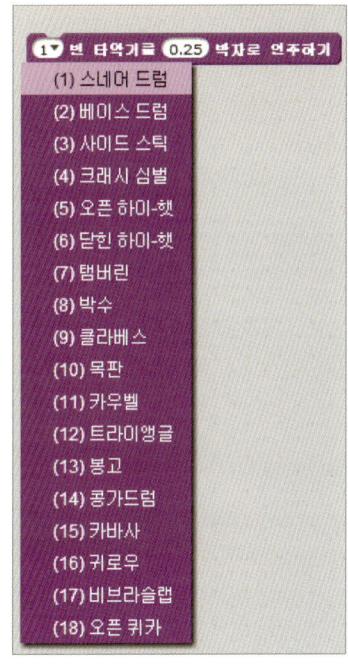

모자형(hat) 블록

모자형 블록은 다른 스택형 블록들의 위에 끼워넣을 수 있게 둥글거나 굴곡진 윗부분과 돌출부가 있는 아랫부분으로 구성된 코드 블록입니다. 모자형 블록들은 이벤트 반응식 스크립트(스프라이트 클릭, Spacebar 누르기 등의 특정 이벤트가 발생하면 이 블록과 연결된 아래의 블록들이 자동으로 실행)를 만들 수 있는 기능을 제공합니다. 이러한 모자형 블록들은 대부분 이벤트 블록에 있습니다.

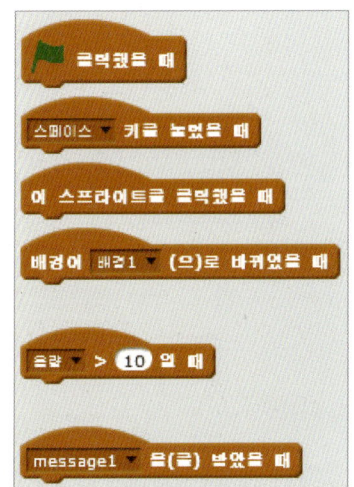

예를 들어 다음의 스크립트에 사용된 첫 번째 코드 블록은 모자형 블록으로, 스크래치 무대 위의 오른쪽에 있는 아이콘을 클릭했을 때 스프라이트가 10만큼 오른쪽으로 이동하여 3회 반복합니다.

보고형(reports) 블록

보고형 블록은 다른 코드 블록들을 실행하기 위한 입력(정수, 문자열 등)란을 제공하기 위한 장치입니다. 이 블록은 주로 코드 블록에 삽입되어 사용할 수 있도록 양쪽 옆면이 둥글게 디자인되어 있고, 흰색의 원 안에 사용자가 원하는 숫자를 입력하면 해당 숫자를 연산하는 보고형 블록입니다. 다음의 코드 블록은 대표적인 보고형 블록입니다.

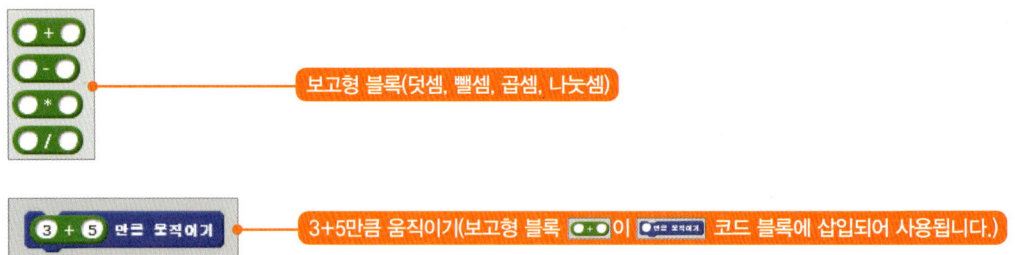

불형(boolen) 블록

불형 블록은 양면이 각져 있고 참(true)과 거짓(false) 값을 갖는 블록으로, 다른 코드 블록에 삽입되어 사용됩니다.

다음은 관찰 블록인 [스페이스 키를 눌렀는가?] 코드 블록을 [제어] 블록에 삽입해서 실행하는 예제 스크립트입니다. 즉 스프라이트가 10만큼 반복해서 이동하다가 Spacebar 를 누르면 15도 오른쪽 방향으로 도는 명령입니다.

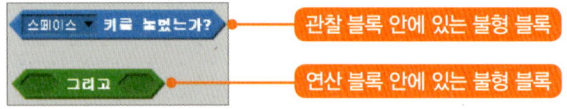

C형 블록

C형 블록은 알파벳의 C 모양이어서 붙여진 이름으로, 스크립트에서 어떤 조건이 참인 경우 계속 반복되는 반복 구조(loop)를 설정할 때 사용됩니다. 스크래치 2.0에서는 다섯 가지의 C형 블록이 제공되는데, 이들 모두 [제어] 블록 안에 있습니다. 예를 들어 다음의 C 블록형인 제어 구조는 ▬ 안에 지정한 조건이 참이 될 때까지 C형 구조 안의 스크립트가 반복 실행됩니다.

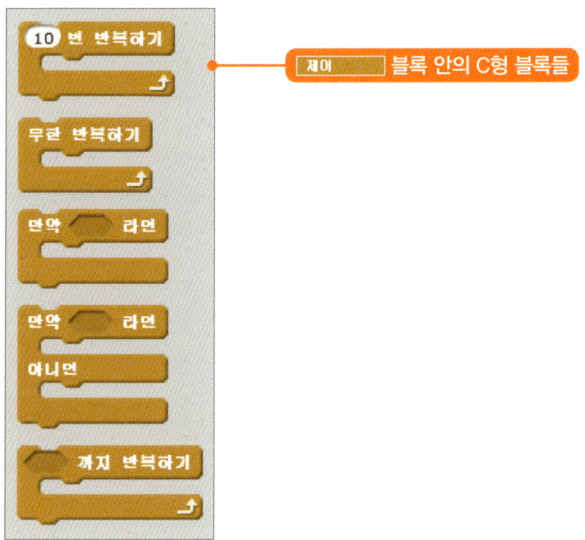

Cap형 블록

Cap형 블록은 위쪽에는 둥근 홈이 있고, 아래쪽은 평평한 구조이기 때문에 Cap형 블록의 아래에 다른 블록들을 삽입할 수 없습니다. 다음의 코드 블록은 스크립트의 실행을 멈춥니다.

체크박스(check box) 블록

스크래치 2.0에서는 블록 팔레트에 있는 동작 블록에서부터 관찰 블록까지 모두 열세 개의 체크박스 블록이 제공됩니다. 체크박스는 무대에 있는 값을 모니터하는데, 체크박스를 클릭하면 현재 할당된 코드 블록값이 자동으로 무대에 나타납니다.

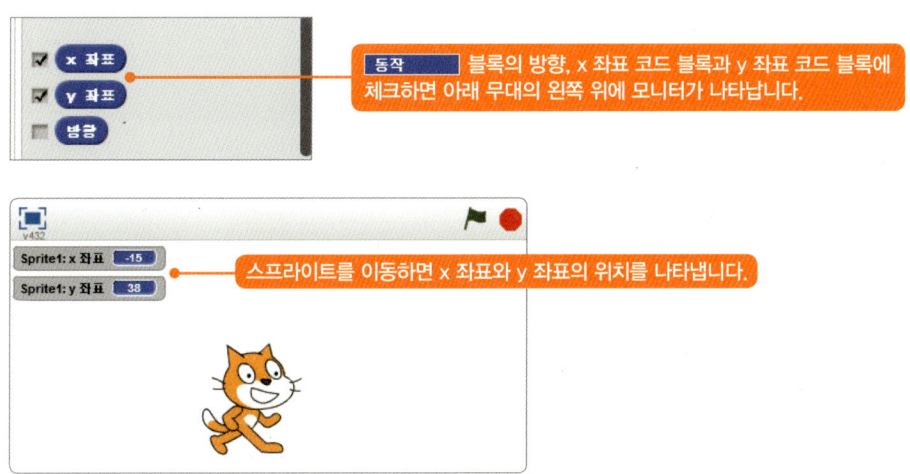

스크래치 명령어의 도움말 이용하기

스크래치 프로젝트 작업중 빠르고 간단히 코드 블록의 용도에 대한 정보를 다음처럼 얻을 수 있습니다. 여기서는 코드 블록의 도움말을 얻는 방법을 설명합니다.

스크래치 2.0에서 사용하는 많은 블록들의 명령어 기능 및 사용 방법에 대한 정보나 매뉴얼을 얻는 간단한 방법은 무엇일까요? 방법은 간단합니다! 해당 블록에서 마우스 오른쪽 버튼을 클릭하면 도움말을 볼 수 있습니다. 정보를 보려는 코드 블록을 스크립트 영역으로 드래그한 후 마우스 오른쪽 버튼을 클릭해도 오른쪽 창에 영어로 된 전자 매뉴얼이 나타납니다.

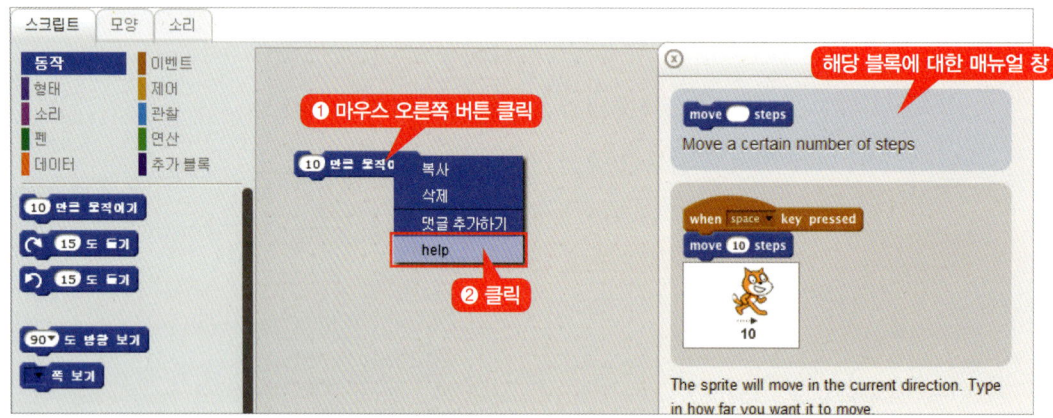

만약 영어로 매뉴얼을 보기가 어려우면 구글 등을 통해 한글로 번역된 매뉴얼을 볼 수 있습니다. 그리고 툴바에 있는 아이콘을 클릭한 후 해당 코드 블록을 클릭해도 정보가 나타납니다.

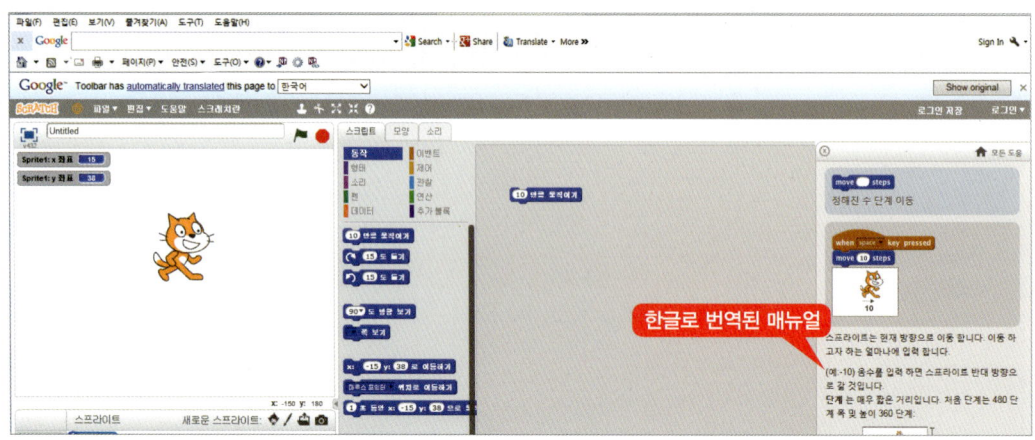

스크래치 프로젝트 만들기

스크래치 프로젝트 작성의 기본은 일괄된 작업 순서입니다. 효과적인 프로젝트 개발을 위해 단계별 작업 과정과 완성된 스크래치 프로젝트의 공유에 대해 설명합니다.

 ## 스크래치 프로젝트의 정의

프로젝트(project)는 여러 개의 작은 프로그램이 연결되어서 실행되는 단위 프로그램으로, 스크래치에서 가장 자주 사용하는 용어입니다. 스크래치에 삽입되는 각각의 코드 블록들은 논리적인 작은 프로그램이라고 볼 수 있으므로 스크래치로 작성하는 프로그램을 '프로젝트'라고 합니다.

> **memo**
> 이 책에 사용된 모든 스크래치 프로젝트 예제 파일은 정보문화사 홈페이지 자료실(http://www.infopub.co.kr)에서 다운로드하여 사용하세요.

 ## 사막을 걷는 고양이 프로젝트 따라하기

이제까지 배운 기능을 이용해서 간단한 스크래치 프로젝트를 작성해 보겠습니다. 첫 번째 작성하는 프로젝트는 다음과 같습니다.

> 사막에서 고양이가 걸어갑니다. 무대의 벽에 부딪칠 때까지 계속 "야옹" 소리를 내면서 걷다가 3초 후 "너무 힘들어.." 라고 말합니다.

이러한 스토리를 스크래치로 구현하려면 다음과 같은 순서대로 진행해야 합니다.

01 무대의 배경 화면을 사막으로 변경해야 합니다. 스프라이트 목록에 있는 '무대' 섬네일(🗔)을 클릭하여 스프라이트 영역이 배경 탭으로 바뀌면 🖼 아이콘을 클릭합니다.

02 [배경 저장소]가 나타나면 'desert'를 선택하고 확인 버튼을 클릭합니다.

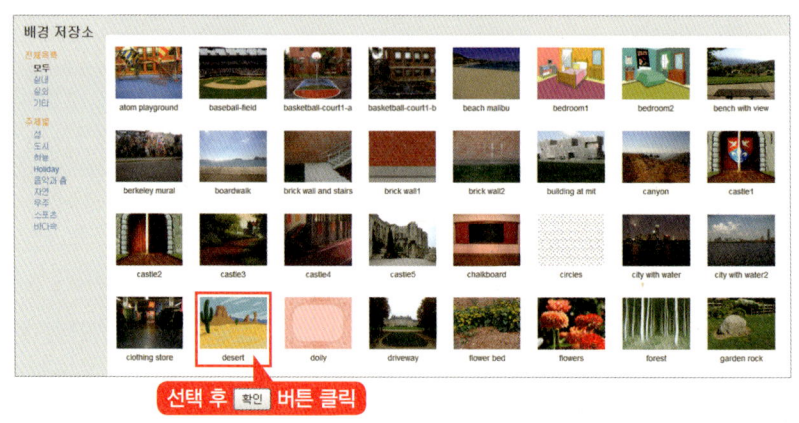

03 무대의 배경이 사막으로 변경되면 오른쪽 그림판의 편집 기능을 이용하여 배경 사막을 수정 및 편집할 수 있습니다.

04 스프라이트인 고양이에 대한 정보를 수정해 볼까요? 먼저 스프라이트1인 '고양이' 섬네일( )을 클릭한 후 기본적으로 제공되는 스프라이트의 이름인 'costume1'을 '고양이'로 수정합니다. 이렇게 스프라이트 이름을 정확하게 수정하면 프로젝트를 쉽게 관리할 수 있습니다.

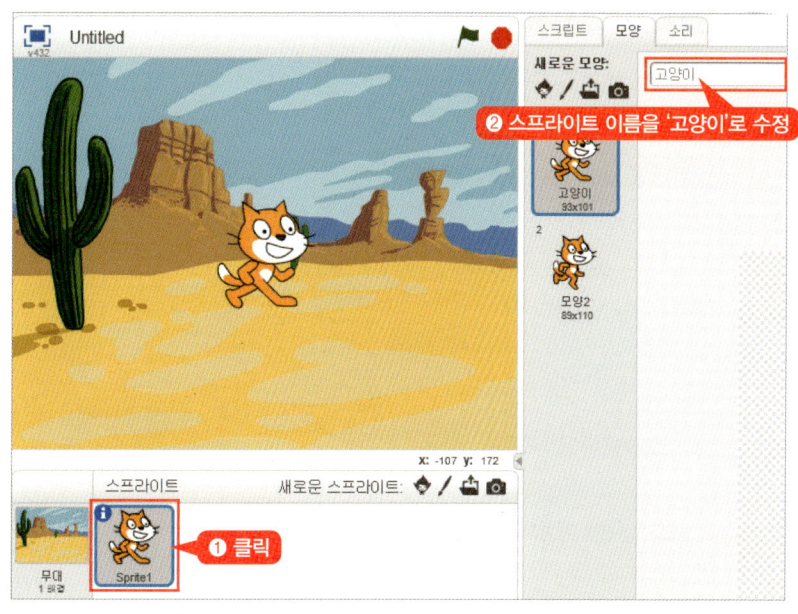

05 움직이는 고양이 구현하기

고양이가 앞으로 이동하면서 팔다리가 움직이는 애니메이션을 구현해 볼까요? 모양 탭을 클릭하면 기본적으로 'costume1'과 'costume2', 두 개의 스프라이트가 제공되는데, 이것을 교대로 움직이게 하면 애니메이션이 가능합니다. 스크립트 탭을 클릭하고 동작 블록 팔레트의 10 만큼 움직이기 코드 블록을 스크립트 영역으로 드래그하면 고양이가 10step만큼 이동합니다. 스크립트 영역으로 드래그한 후 10 만큼 움직이기 코드 블록을 한 번 클릭해 보세요.

06 고양이가 시각적으로 팔다리를 움직이면서 이동하려면 `형태` 블록 팔레트의 `다음 모양으로 바꾸기` 코드 블록을 다음의 화면처럼 삽입합니다. `모양` 탭을 클릭하면 고양이의 동작과 관련된 두 개의 스프라이트가 있는데, 이들 동작을 교대로 이동하면 팔다리를 움직이는 모습처럼 동작합니다. 이러한 동작을 위해 `다음 모양으로 바꾸기` 코드 블록을 사용합니다.

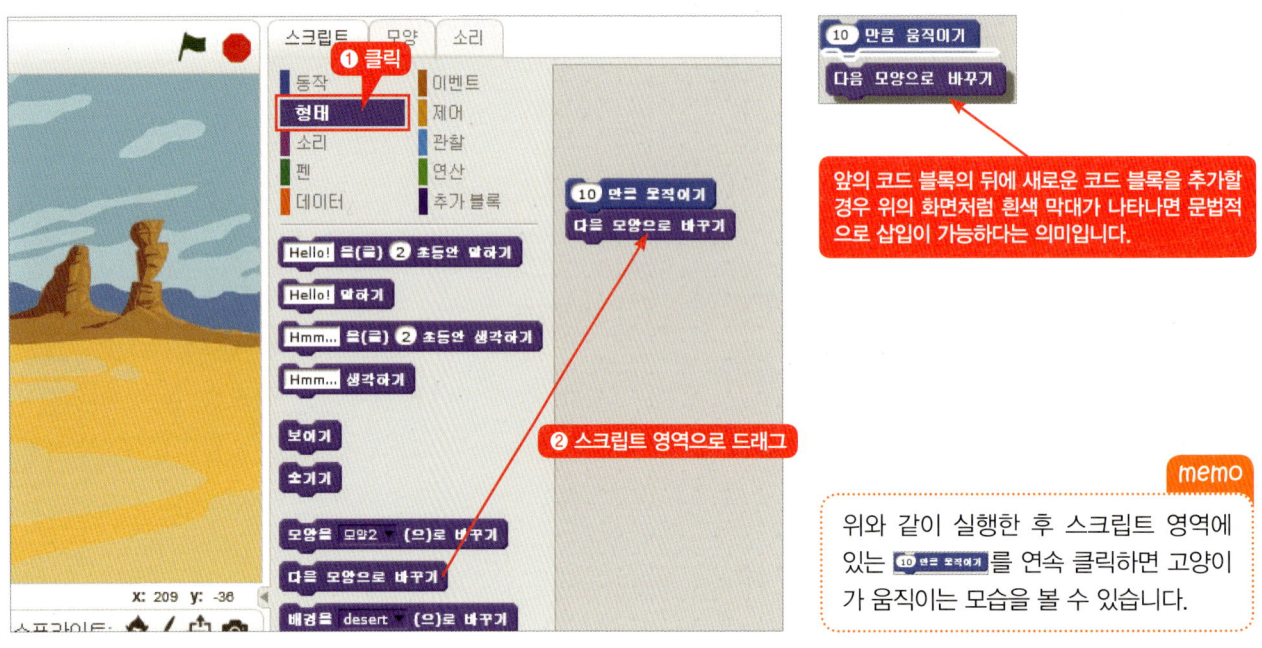

앞의 코드 블록의 뒤에 새로운 코드 블록을 추가할 경우 위의 화면처럼 흰색 막대가 나타나면 문법적으로 삽입이 가능하다는 의미입니다.

memo
위와 같이 실행한 후 스크립트 영역에 있는 `10 만큼 움직이기`를 연속 클릭하면 고양이가 움직이는 모습을 볼 수 있습니다.

07 고양이가 "야옹" 하는 소리를 추가하기 위해 `소리` 블록 팔레트에서 `meow 소리내기` 코드 블록을 추가 삽입합니다.

위의 코드 블록에서 [record]를 선택하면 사용자가 직접 소리를 녹음하여 사용할 수 있습니다.

08 3초 동안 있다가 고양이가 2초 동안 "너무 힘들어.."라고 말하도록 형태 블록 팔레트의 3초 기다리기 코드 블록과 Hello! 을(를) 2 초동안 말하기 코드 블록을 차례대로 추가합니다. 각 코드 블록에 숫자 '3'과 문자 '너무 힘들어..'를 먼저 입력한 후 삽입합니다.

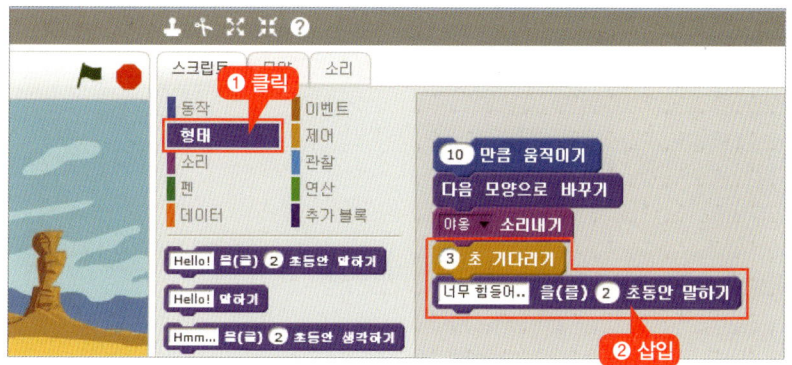

09 위의 논리적 행동을 고양이가 무대의 벽에 닿을 때까지 반복하기 위해 제어 블록 팔레트의 까지 반복하기 코드 블록을 다음의 화면과 같이 추가하여 삽입합니다.

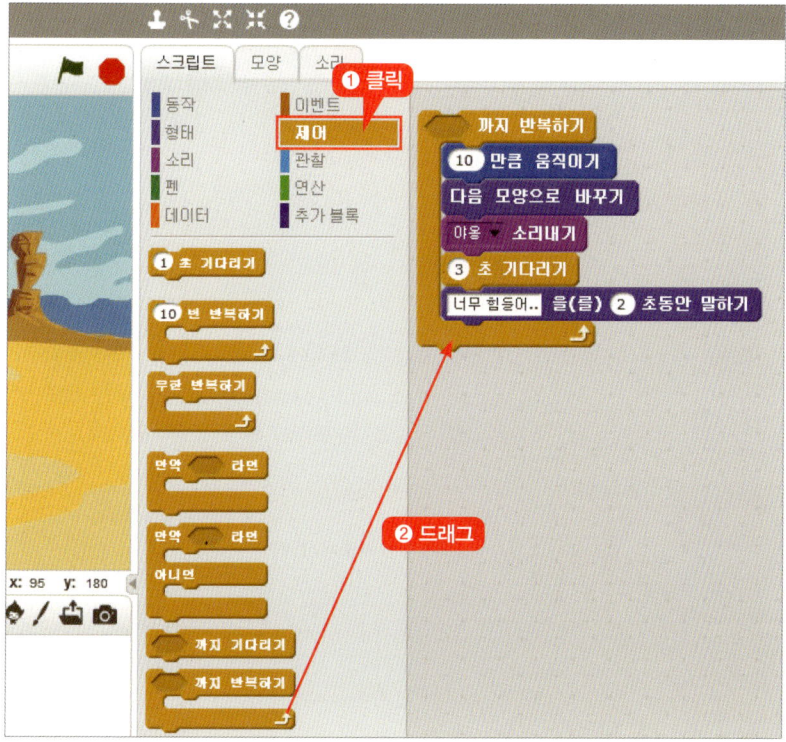

10 무대의 벽에 닿을 때까지 고양이 행동을 반복하기 위해 관찰 블록 팔레트의 에 닿았는가? 코드 블록 목록에서 [벽]을 선택한 후 반복 구조 블록에 삽입시킵니다.

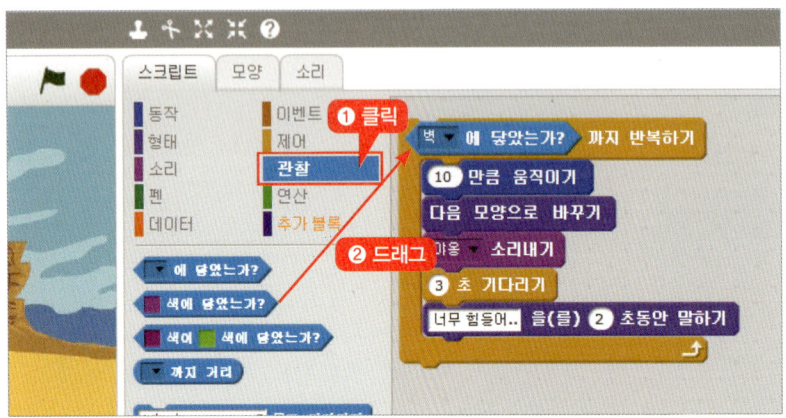

위의 블록 코드의 조합에서 맨 위쪽의 반복 블록(벽 에 닿았는가? 까지 반복하기)을 클릭하거나, 편집 창의 무대 오른쪽에 있는 🚩 아이콘을 클릭하면 스크래치 프로젝트가 실행됩니다. 좀 더 편리하게 스크래치 프로젝트를 실행하려면 이벤트 블록 팔레트에 있는 클릭했을 때 코드 블록을 논리적 조합인 스크립트의 맨 위에 추가하고, 실행을 종료하려면 🔴 아이콘을 클릭합니다.

Tip

스크립트에 주석 추가하기

스크립트의 논리적 구조를 설명 형식으로 기술하려면 주석문(프로그램 설명문)을 달아야 합니다. 이때 추가하는 주석문은 실행되지 않는 비실행문으로, 스크립트 동작에 아무런 영향을 주지 않습니다. 먼저 스크립트 영역 중 주석을 달려는 코드 블록에서 마우스 오른쪽 버튼을 클릭하고 바로 가기 메뉴에서 [댓글 추가하기]를 선택한 후 원하는 내용을 입력합니다.

11 작성한 스크래치 프로젝트 파일 저장하기

완성한 프로젝트 파일은 먼저 프로젝트 이름을 지정해야 하므로 자신이 원하는 프로젝트 이름을 입력합니다.

여기서는 웹에서 사용되는 스크래치와 오프라인 에디터 저장 방식(메뉴)이 다릅니다. 우선 웹 형식의 스크래치의 이름을 오른쪽 화면과 같이 입력하고 저장합니다.

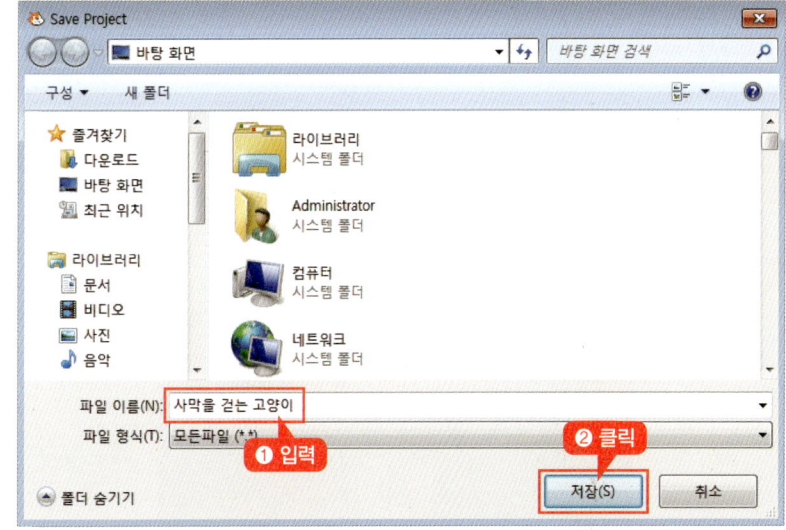

두 번째 저장 방식으로 [파일]-[저장하기] 메뉴를 선택하여 오프라인 에디터 스크래치 프로젝트를 저장합니다. 오프라인과 웹의 스크래치 메뉴가 조금 다르지만 크게 문제가 되지는 않습니다.

완성한 스크래치 프로젝트 공유하기

완성한 스크래치 프로젝트를 스크래치 웹사이트에 올려서 전 세계 사람들과 공유할 수 있는데, 이렇게 하려면 반드시 스크래치 사이트(scratch.mit.edu)에 회원으로 가입해야 합니다. 스크래치 사이트에 로그인하면 편집 화면의 오른쪽 위에 자신의 ID가 나타나고, 이것을 클릭하면 [프로필], [내 작업실], [계정 설정] 그리고 [로그아웃]을 선택할 수 있습니다.

다음은 방금 만든 '사막을 걷는 고양이'를 공유하는 과정입니다.

01 스크래치 사이트에 로그인하고 스크래치 편집 창의 오른쪽 위에 있는 공유하기 버튼을 클릭합니다.

02 아래의 메뉴를 이용하면 자신이 만든 프로젝트를 관리하거나, 자신의 스크래치 프로젝트를 전 세계 사용자들과 공유할 수 있습니다.

> **memo**
> 토론과 평가가 가능하고, 여러 가지 도움을 받을 수 있으므로 스크래치 사이트에 가입하여 프로젝트를 만들어 보는 것이 좋습니다.

웹 스크래치에서 만든 프로젝트 열기

오프라인 에디터 스크래치 프로그램이 아닌 웹용 스크래치에서 프로젝트를 작성하면 자동으로 [내 작업실]에 저장되는데, 프로젝트를 불러오려면 아이콘을 클릭해야 합니다. 다음과 같은 과정을 통해 프로젝트를 열고, 수정하고, 공유 및 삭제할 수 있습니다.

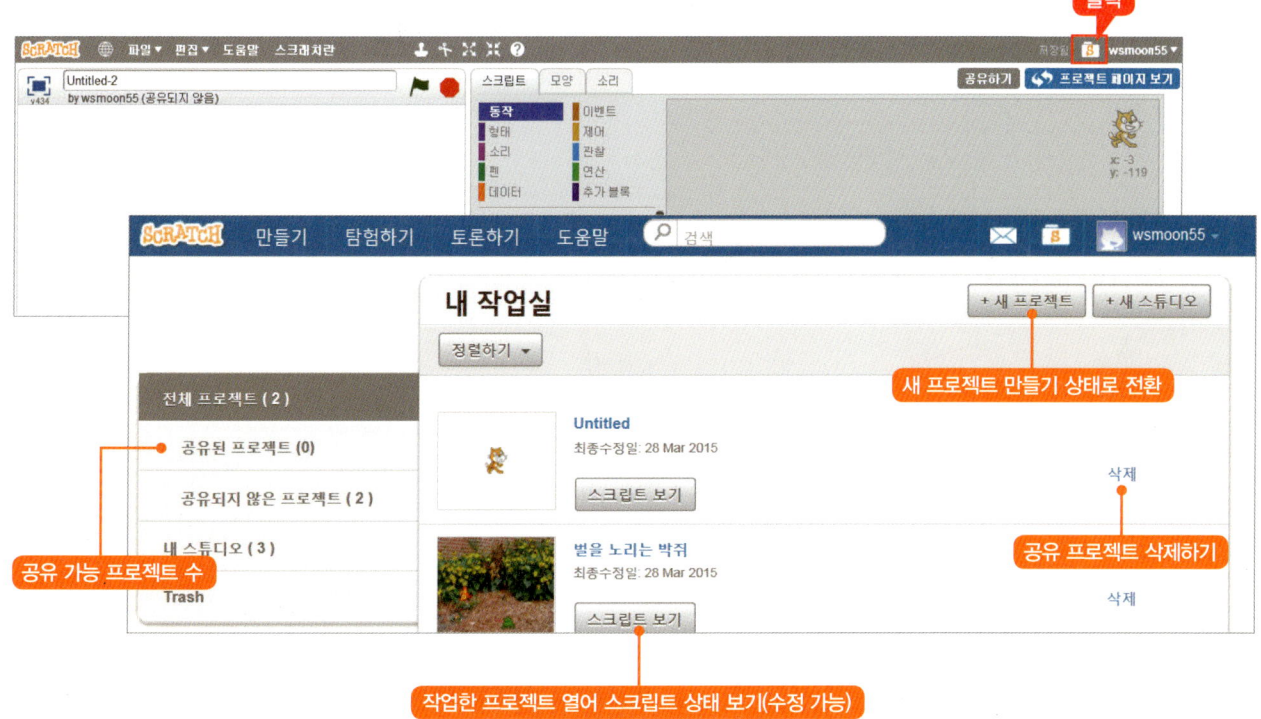

스크래치 카드 활용하기

스크래치 2.0에서는 스크래치 프로젝트의 작성을 도와주는 보조 자료로 매뉴얼과 같은 PDF 파일을 제공합니다. http://scratch.mit.edu/help 사이트에 접속한 후 열두 개의 '스크래치 가이드' 항목에서 필요한 항목을 무료로 다운로드(http://scratch.mit.edu.help/cards)하여 사용할 수 있습니다.

스크래치 카드의 앞면에는 '카드를 어디에 사용할 수 있는지'가 나타나 있고, 뒷면에는 작업을 수행할 수 있는 방법에 대해 자세히 기술되어 있습니다. 스크래치 2.0의 '스크래치 가이드'에는 [Scratch Cards]뿐만 아니라 [초보자 가이드(영어)], [비디오 튜토리얼]이 있어서 응용 프로젝트를 만들 때 매우 유용합니다.

01 'Scratch Cards'를 선택합니다.

02 예로서 여기서는 다양한 스크래치 카드가 나타나면 드럼 박자에 맞추어 춤을 추는 스프라이트의 제작 방법을 알려주는 'Move to a Beat'를 선택합니다.

03 사용 문서가 PDF로 제공되어 매우 쉽게 프로젝트를 수정하고 추가할 수 있습니다. 다음의 PDF 파일에 있는 스크립트를 그대로 따라서 새로 작성하고 실행 및 수정해 봅니다.

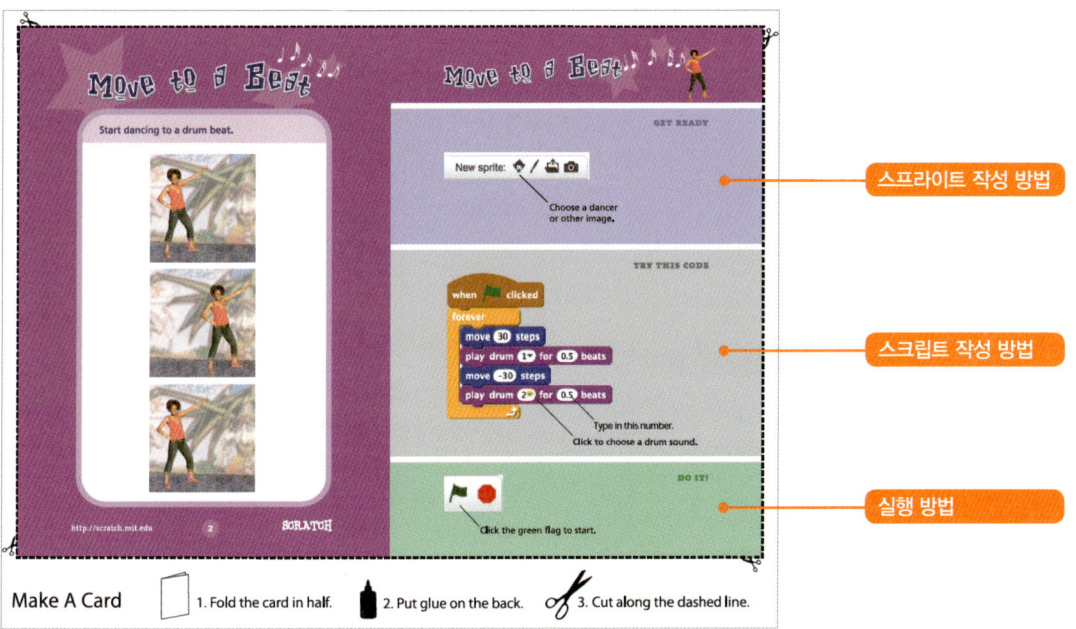

Chapter 02

블록 팔레트의 코드 기능과 프로젝트 살펴보기

1. 동작 팔레트의 코드 블록
2. 형태 팔레트의 코드 블록
3. 소리 팔레트의 코드 블록
4. 펜 팔레트의 코드 블록
5. 데이터 팔레트의 코드 블록
6. 이벤트 팔레트의 코드 블록
7. 제어 팔레트의 코드 블록
8. 관찰 팔레트의 코드 블록
9. 연산 팔레트의 코드 블록
10. 추가 블록 팔레트의 **코드** 블록

01 　동작　팔레트의 코드 블록

`동작` 팔레트는 스프라이트의 위치, 방향, 회전, 이동을 제어하는 기능이 포함된 코드 블록으로, 색상은 청색입니다.

`동작` 팔레트의 구성

스크래치 프로젝트의 핵심 요소 중 하나는 스프라이트를 움직이게 하는 행동입니다. `동작` 블록에 포함된 코드 블록은 스프라이트를 무대에서 움직이게 하고, 방향 이동 및 회전, 스프라이트의 위치 또는 방향 정보를 활용하며, 벽에 닿으면 튀는 기능 등을 가진 블록의 모음입니다. `동작` 블록은 기능이 서로 다른 열일곱 개의 코드 블록으로 구성되어 있습니다.

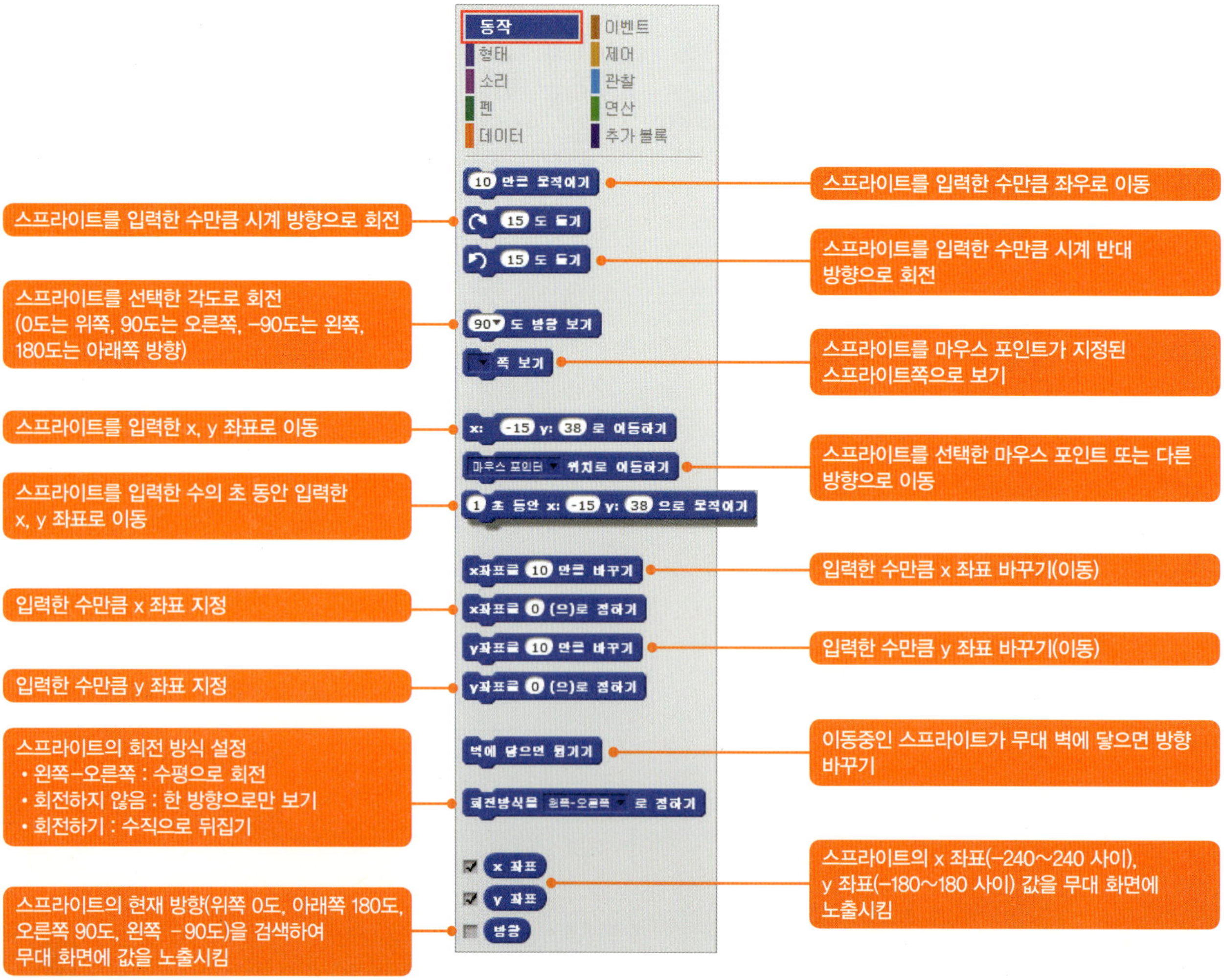

- 스프라이트를 입력한 수만큼 좌우로 이동
- 스프라이트를 입력한 수만큼 시계 방향으로 회전
- 스프라이트를 입력한 수만큼 시계 반대 방향으로 회전
- 스프라이트를 선택한 각도로 회전 (0도는 위쪽, 90도는 오른쪽, -90도는 왼쪽, 180도는 아래쪽 방향)
- 스프라이트를 마우스 포인트가 지정된 스프라이트쪽으로 보기
- 스프라이트를 입력한 x, y 좌표로 이동
- 스프라이트를 선택한 마우스 포인트 또는 다른 방향으로 이동
- 스프라이트를 입력한 수의 초 동안 입력한 x, y 좌표로 이동
- 입력한 수만큼 x 좌표 바꾸기(이동)
- 입력한 수만큼 x 좌표 지정
- 입력한 수만큼 y 좌표 바꾸기(이동)
- 입력한 수만큼 y 좌표 지정
- 이동중인 스프라이트가 무대 벽에 닿으면 방향 바꾸기
- 스프라이트의 회전 방식 설정
  - 왼쪽-오른쪽 : 수평으로 회전
  - 회전하지 않음 : 한 방향으로만 보기
  - 회전하기 : 수직으로 뒤집기
- 스프라이트의 x 좌표(-240~240 사이), y 좌표(-180~180 사이) 값을 무대 화면에 노출시킴
- 스프라이트의 현재 방향(위쪽 0도, 아래쪽 180도, 오른쪽 90도, 왼쪽 -90도)을 검색하여 무대 화면에 값을 노출시킴

[그림 2-1] `동작` 블록의 코드 블록 기능

스프라이트 이동과 회전하기

다음은 스프라이트를 이동하고 회전시키는 코드 블록입니다.

10 만큼 움직이기	스프라이트가 입력한 수만큼 이동합니다. 음수를 지정하면 현재 스프라이트가 있는 반대 방향으로 이동합니다.
15 도 돌기 (시계 방향)	스프라이트가 입력한 수만큼의 각도로 오른쪽(시계 방향)으로 회전합니다. 사용자가 음수를 입력하면 반대 방향으로 회전하는데, 입력한 수가 360도가 넘으면 360도를 넘은 값만큼만 회전합니다. 예를 들어 375도를 입력하면 15도 만큼 오른쪽으로 회전합니다.
15 도 돌기 (반시계 방향)	스프라이트가 입력한 수만큼의 각도로 왼쪽(반시계 방향)으로 회전합니다. 음수를 입력하면 반대 방향으로 회전하고, 360도를 넘는 값을 입력하면 360도를 넘은 값만큼만 이동합니다.

예를 들어 제어 구조 블록에서 설명할 반복 제어 블록인 를 함께 사용하여 스크립트 영역으로 드래그하면 스프라이트가 10만큼 움직이고 열 번 반복합니다.

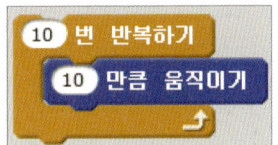

다음의 화면과 같이 스크립트를 작성하면 스프라이트가 현재 방향에서 오른쪽으로 반복해서 15도 회전합니다.

만약 입력하는 각도를 360도를 넘어 '375'로 입력하면 15 도 돌기 의 결과와 같습니다.

01 다음은 현재 스프라이트 방향에서 10만큼 이동하고 1초 기다렸다가 15도 각도인 오른쪽 방향으로 회전하고 또다시 1초 기다렸다가 15도 각도인 왼쪽 방향으로 10회 반복해서 회전하는 예입니다. 다음에서 함께 사용된 `1초 기다리기` 코드 블록은 `제어` 블록에 있는 코드 블록으로, 입력한 수만큼의 초 동안 동작을 중지하는 명령어입니다.

02 스프라이트가 의도한 것과 다른 방향으로 이동할 때는 스프라이트 방향의 초기화가 잘못 설정된 경우일 수 있으므로 다음과 같이 설정해야 합니다.

03 위의 화면에서는 스프라이트의 위치가 x는 17, y는 15이고 스프라이트 방향은 90도 등으로 값이 설정되어 있습니다. 스프라이트의 방향을 조정하려면 마우스로 아이콘을 클릭하여 원하는 각도로 회전시킵니다. 스프라이트의 회전 방식을 설정하려면 다음의 아이콘 중 하나를 선택하는데, 선택하면 선택된 아이콘은 연한 푸른색으로 변합니다.

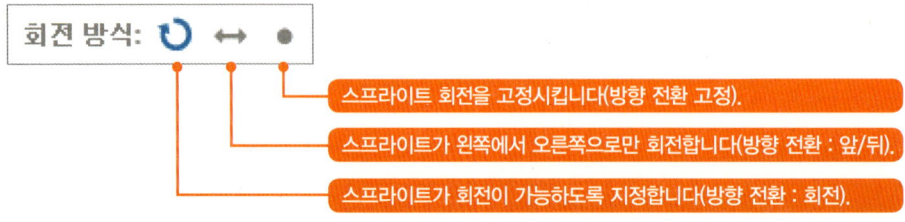

다음은 ↻ 아이콘과 ● 아이콘을 선택하여 회전 방식을 설정한 후 스크립트를 실행한 결과입니다.

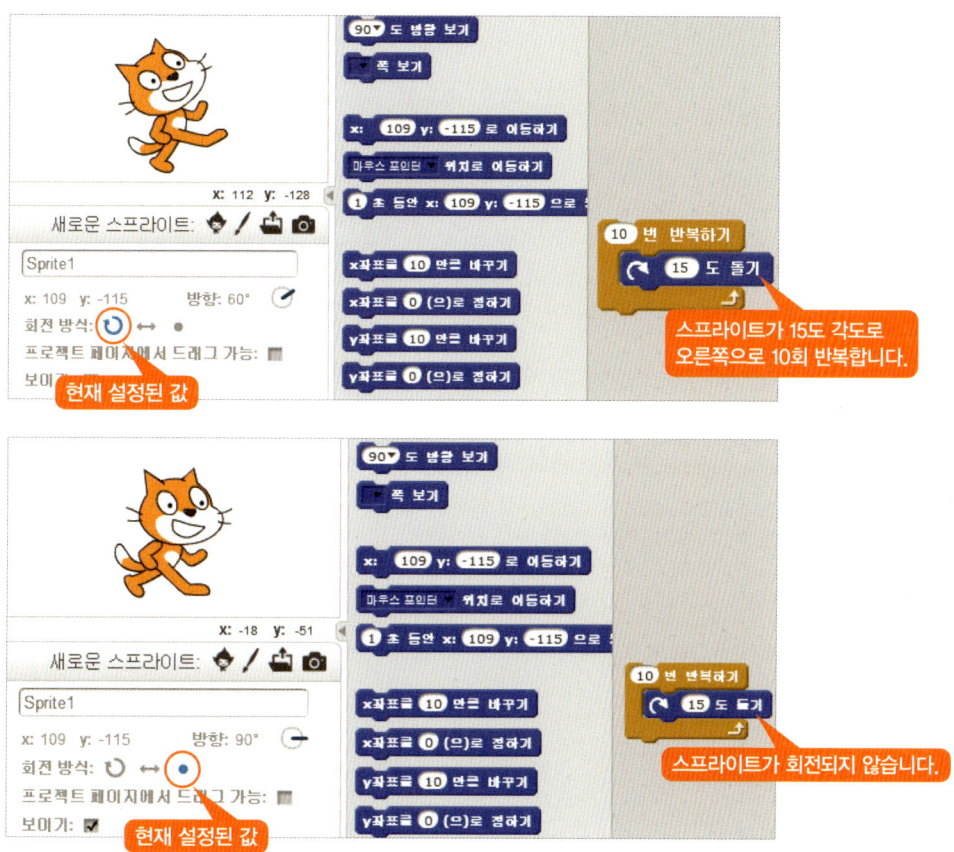

스프라이트의 방향 지정하기

다음은 스프라이트의 진행 방향을 가리키거나, 마우스 포인트가 있는 방향으로 스프라이트가 바라볼 수 있도록 지정할 때 사용하는 코드 블록입니다.

90▼ 도 방향 보기	목록에서 선택한 각도만큼 스프라이트의 방향이 바뀝니다.
▼ 쪽 보기	목록에서 선택한 스프라이트의 방향(쪽, 스프라이트)으로 바뀝니다.

90▼ 도 방향 보기 코드 블록은 90▼에 원하는 숫자 각도를 직접 입력하여 사용할 수 있습니다. 또한 [(90) 오른쪽], [(-90) 왼쪽], [(0) 위], [(180) 아래] 중 하나를 마우스로 선택하여 사용할 수 있습니다.

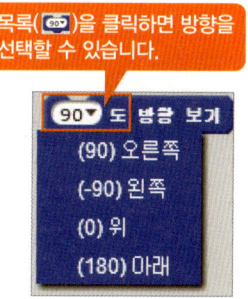

목록(90▼)을 클릭하면 방향을 선택할 수 있습니다.

다음은 스프라이트의 방향을 각각 1초 동안의 간격을 두고 오른쪽(90도), 왼쪽(-90도), 위쪽(0도), 아래쪽(180도)으로 방향을 전환시키는 스크립트로, 회전 방식은 ↻로 설정되어 있습니다.

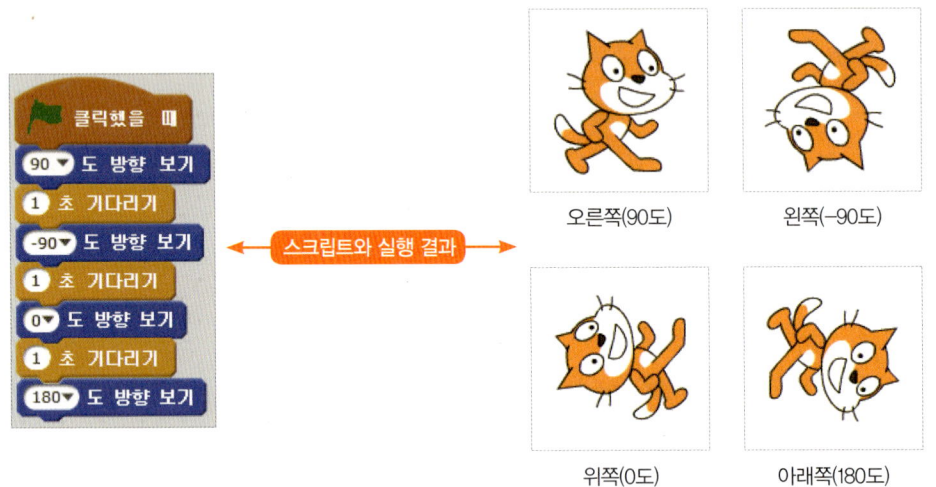

쪽 보기 코드 블록은 스프라이트가 기본적으로 제공되는 하나(고양이)일 때 ▼을 클릭하면 [마우스 포인트]만 선택할 수 있습니다. 그러나 여러 개의 스프라이트가 있으면 목록 부분에 다양한 스프라이트가 나타납니다.

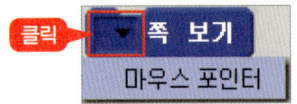

다음은 마우스의 포인트가 이동하는 방향으로 스프라이트의 위치를 바꾸는 스크립트입니다. ▶ 아이콘을 클릭하여 실행한 후 마우스를 이동해 보세요.

무대에 두 개 이상의 스프라이트가 있으면 쪽 보기의 ▼에는 여러 개의 방향을 선택할 수 있습니다. 예를 들어 다음과 같이 기본 스프라이트인 '고양이' 외에 사람(Anna)을 두 번째 스프라이트로 만든 후 사람이 움직이는 방향으로 고양이의 방향을 전환시킵니다.

01 저장소에서 새로운 스프라이트를 선택하기 위해 아이콘을 클릭하고 [스프라이트 저장소]에서 'Anna'를 선택합니다.

02 무대에 두 번째 스프라이트인 'Anna'가 나타나면 'Anna'의 크기를 조금 줄여볼까요? 아이콘을 여러 번 클릭하여 'Anna'를 원하는 크기만큼 축소합니다. 이 작업을 하지 않아도 프로젝트는 실행되지만, 이렇게 하려면 반드시 가장 먼저 해당 스프라이트 섬네일을 클릭한 후 작업해야 수정할 수 있습니다.

03 스프라이트 이름을 'Anna'에서 '안나'로 바꿉니다.

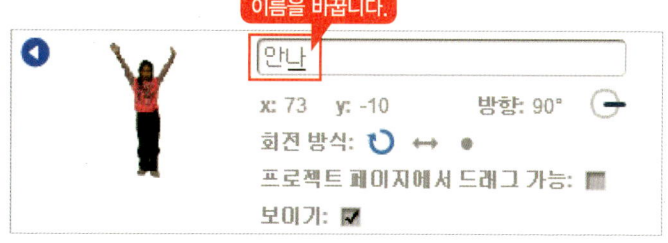

04 스프라이트1인 '고양이'를 선택하면 스프라이트1의 스크립트 영역으로 바뀝니다. 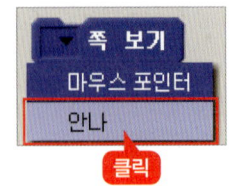를 스크립트 영역으로 드래그한 후 조금 전에 추가 삽입한 [안나]를 선택하여 'Anna'가 '안나'로 바뀌었는지 확인합니다.

05 실행할 '고양이' 스프라이트의 스크립트를 작성하기 위해 스프라이트1인 '고양이' 섬네일( )을 선택하고 오른쪽 화면과 같이 스크립트를 작성합니다.

위와 같이 스크립트를 작성하고 '안나'를 마우스로 클릭한 상태에서 이동하면 '고양이'는 '안나'가 가는 쪽으로 방향을 돌립니다.

스프라이트의 위치 지정하기

다음은 스프라이트를 무대의 특정한 좌표 위치로 이동하거나, 마우스 포인트가 있는 위치로 이동하거나, 특정 스프라이트로 이동하거나, 지정한 시간(초) 동안 특정 좌표 위치로 움직이게 하는 코드 블록입니다.

x: -46 y: -108 로 이동하기	입력한 x, y의 좌표로 스프라이트가 이동합니다.
마우스 포인터 위치로 이동하기	마우스 포인트가 선택한 스프라이트의 위치로 이동합니다.
1 초 동안 x: -46 y: -108 으로 움직이기	입력한 초 동안 입력한 x, y 좌표로 스프라이트가 움직입니다.

코드 블록에 x 값과 y 값을 지정하면 스프라이트는 x, y 좌표값이 있는 쪽으로 이동하고, x 값과 y 값을 음수로 지정하면 반대 방향으로 이동합니다. 만약 x, y 좌표값을 각각 '0'으로 지정하면 무대의 한가운데로 이동합니다.

코드 블록은 마우스 포인트의 위치 또는 선택한 다른 스프라이트로 이동합니다. 마우스 포인트가 있는 위치로 스프라이트를 이동하려면 ▼을 클릭하고 를 선택합니다.

만약 무대에 다른 스프라이트가 있을 경우 그 스프라이트로 이동하려면 다음과 같이 진행합니다. 이번에는 앞에서 설명한 '안나' 스프라이트로 고양이가 이동하도록 스크립트를 작성해 볼까요?

01 '고양이' 스프라이트 섬네일( )을 클릭하고 고양이의 스크립트 영역 상태에서 오른쪽 화면과 같이 코드 블록을 드래그합니다.

02 `1초 동안 x: -46 y: -108 으로 움직이기` 코드 블록은 입력한 초 동안 입력한 x 좌표값과 y 좌표값으로 스프라이트가 이동합니다. 이때 x와 y의 값은 음수로 지정할 수 있으며, 양수로 지정한 반대 방향으로 이동합니다. 오른쪽은 무대의 좌표 위치를 나타내는 화면으로, 좌표 (X:240,Y:0)에서 (X:-240,Y:0)으로 스프라이트가 이동한 상태에서 1초 후 다시 반대로 이동하는 코드 블록의 조합인 스크립트입니다.

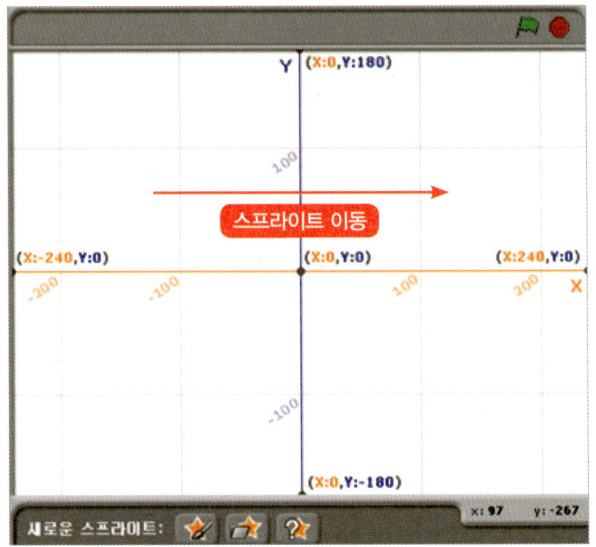

03 스크립트 영역에서 사용한 `1초 기다리기`는 `제어` 블록에 있는 코드 블록으로, 사용자가 입력한 초만큼 실행을 정지하는 명령입니다. 다음의 화면과 같이 스크립트를 작성하여 실행하면 무대에 있는 스프라이트는 현재의 위치에서 x 값(240), y 값(0)으로 이동한 후 1초가 지나면 다시 원래 위치인 좌표값(x:-240, y:0)으로 되돌아옵니다.

스프라이트의 좌표 바꾸기

다음은 좌표를 새로운 값으로 바꾸거나 새로 입력하여 무대 위의 스프라이트 위치를 수정할 수 있는 코드 블록입니다.

`x좌표를 10 만큼 바꾸기`	기존의 x 좌표값을 입력한 수(양수 또는 음수)만큼 바꿉니다.
`x좌표를 0 (으)로 정하기`	x 좌표를 입력한 수(양수 또는 음수)로 정합니다.
`y좌표를 10 만큼 바꾸기`	기존의 y 좌표값에 입력한 수(양수 또는 음수)만큼 바꿉니다.
`y좌표를 0 (으)로 정하기`	y 좌표값을 입력한 수(양수 또는 음수)로 정합니다.

명령은 x 좌표값을 입력한 값(기본값 10)만큼 바꾸어 오른쪽으로 이동하라는 코드 블록입니다. 만약 -10을 지정하면 왼쪽으로 10만큼 이동하고, x 좌표값을 100으로 입력( )하면 x 좌표 위치인 100으로(오른쪽) 이동하며, 음수로 입력하면 왼쪽으로 이동합니다. 는 입력한 수를 y 좌표값으로 정합니다. 이때 양수로 입력하면 위로, 음수로 입력하면 아래로 이동합니다. 예를 들어 로 입력하면 y 좌표 위치인 -100, 즉 아래쪽으로 이동합니다.

다음은 스프라이트(고양이)가 무대의 중앙에 위치하였을 경우 오른쪽으로 150 이동한 후 1초 동안 기다렸다가 왼쪽으로 150만큼 이동하는 스크립트의 예입니다. 다시 1초 동안 기다렸다가 위쪽으로 150만큼 이동한 후 또다시 1초를 기다립니다. 다시 아래쪽으로 150 이동한 후 마지막으로 무대의 맨 왼쪽 중앙(x 좌표 : -240)으로 이동합니다.

무대 벽에 닿으면 튕기기

 코드 블록은 스프라이트가 이동하다가 무대 벽에 닿으면 튕겨서 반대 방향으로 이동합니다. 예를 들어 다음의 화면과 같이 스크립트를 작성할 경우 무대 위의 스프라이트는 5만큼 오른쪽으로 계속 움직이다가 무대 벽에 닿으면 튕겨졌다가 스프라이트가 반대 방향으로 180도(아이콘을 선택한 경우) 회전한 후 5만큼 계속 반복해서 이동합니다.

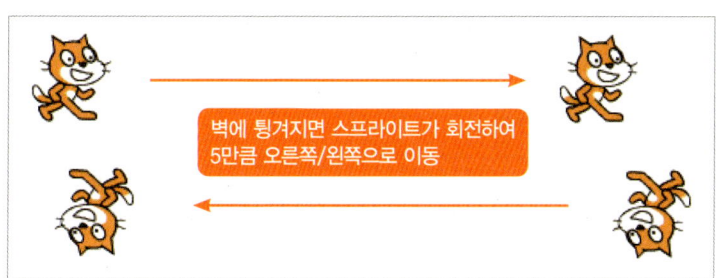

앞에서처럼 스프라이트가 180도 회전하지 않고 돌아서 이동하려면 스프라이트 영역의 왼쪽에서 오른쪽으로 이동하는 ↔ 아이콘을 선택한 후 앞에서와 같은 코드 블록을 실행하면 됩니다.

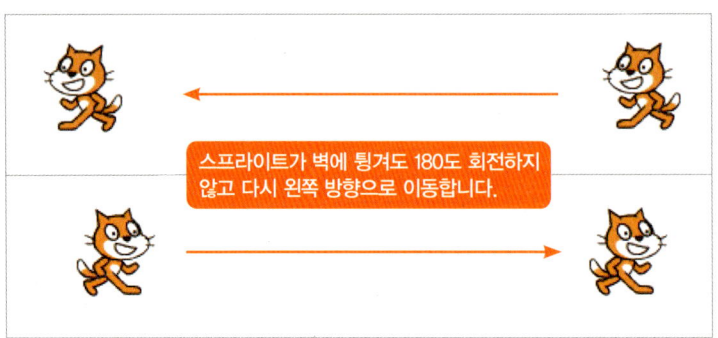

스프라이트의 회전 방식 지정하기

지금까지는 스프라이트의 회전 방식(회전방식: ↻ ↔ •)의 기능을 사용하였는데, 동작 블록의 회전방식을 왼쪽-오른쪽 로 정하기 코드 블록은 목록에서 직접 회전 방식을 지정할 수 있습니다. 이 코드 블록의 목록을 선택하면 [왼쪽-오른쪽], [회전하지 않기], [회전하기]의 세 가지 메뉴 중에서 선택할 수 있습니다.

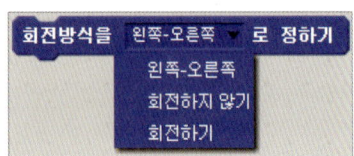

다음의 스크립트를 실행하면 스프라이트가 왼쪽에서 오른쪽으로 10만큼 움직이다가 스프라이트가 벽에 닿으면 튕기는 동작을 무한 반복합니다.

무대에서 좌표와 방향으로 스프라이트의 위치 확인하기

다음은 무대에 있는 스프라이트의 현재 위치를 x 및 y 좌표값으로 확인할 수 있고, 스프라이트의 방향을 모니터하는 코드 블록입니다. 이때의 x, y 좌표값과 방향을 나타내는 범위는 x축은 -240에서 240, y축은 -180에서 180까지 해당하는 모든 값입니다.

☐ x 좌표	☐에 체크하면 무대에 현재 스프라이트의 x 좌표값을 나타냅니다.
☐ y 좌표	☐에 체크하면 무대에 현재 스프라이트 y 좌표값을 나타냅니다.
☐ 방향	☐에 체크하면 무대에 현재 스프라이트의 방향을 나타냅니다.

다음은 동작 블록에 있는 ☐ x 좌표, ☐ y 좌표, ☐ 방향에 모두 체크하고 스크립트를 작성한 후 실행한 결과입니다. 스프라이트가 10만큼 오른쪽으로 움직일 때마다 스프라이트의 현재 위치와 방향이 무대의 왼쪽 위에 나타납니다.

나비를 노리는 박쥐 만들기

동작 블록을 이용하여 가상의 정원에서 박쥐가 나비만 노리며 움직이는 프로젝트를 작성해 보겠습니다. 무대에 있는 🏁 아이콘을 클릭하면 스크래치 프로젝트가 실행되고 🔴 아이콘을 클릭하면 프로그램이 종료됩니다.

[그림 2-2] 나비를 노리는 박쥐

나비를 노리는 박쥐 프로젝트의 작성 순서는 다음과 같습니다.

01 무대에 배경 그림을 삽입합니다.
02 무대에 이미 배치된 스프라이트(고양이)를 제거하고 세 개의 새로운 스프라이트(개구리, 나비, 박쥐)를 추가합니다.
03 세 개의 개체인 '개구리', '나비', '박쥐' 스프라이트의 움직임을 표현하기 위한 프로그래밍 논리에 따라 코드 블록을 추가하여 스크립트를 작성합니다.
04 완성한 프로젝트를 실행하고 정확하게 움직이는지 확인한 후 저장합니다.

스크래치 프로젝트 시작하기

스크래치 프로젝트를 만들기 위해 [파일]-[새로 만들기] 메뉴를 선택합니다.

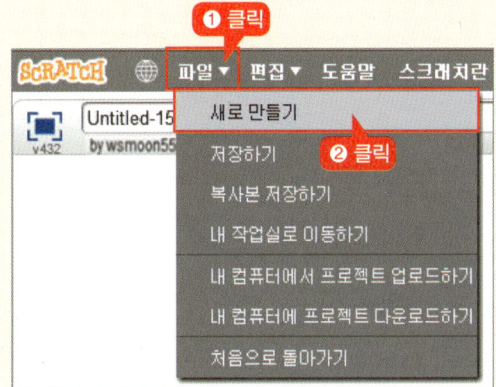

 ## 무대 배경과 스프라이트 삽입하기

01 무대에 원하는 배경을 지정해 볼까요? 무대 목록에 있는 '무대' 섬네일(☐)을 클릭하고 [배경] 탭을 클릭한 후 🖼 아이콘을 클릭하여 [배경 저장소]에서 원하는 배경 그림을 선택합니다.

Chapter 02 블록 팔레트의 코드 기능과 프로젝트 살펴보기 | 75

02 무대에 원하는 배경이 삽입되었으면 무대에 있는 기존 스프라이트(고양이)에서 마우스 오른쪽 버튼을 클릭하고 바로 가기 메뉴에서 [삭제]를 선택하여 '고양이' 스프라이트를 삭제합니다. 그런 다음 아이콘을 클릭하세요.

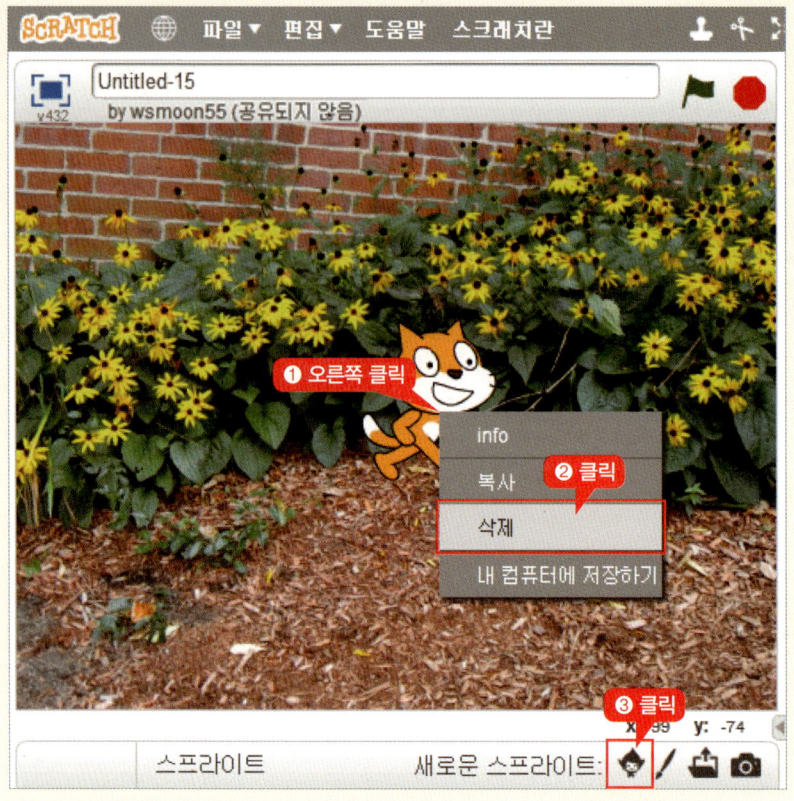

03 [스프라이트 저장소]에서 원하는 스프라이트인 'Frog'를 선택하고 확인 버튼을 클릭합니다.

04 무대에 삽입된 첫 번째 스프라이트인 'Frog'는 무대인 정원보다 크기 때문에 조금 작게 조절해야 합니다. ✖ 아이콘을 클릭하고 축소할 스프라이트인 'Frog'로 이동하여 원하는 크기만큼 클릭합니다.

05 두 번째 스프라이트인 'Butterfly2'를 무대에 추가하기 위해 앞의 **03**~**04** 과정을 반복합니다.

06 무대에 나타난 'Butterfly2'의 크기를 **04** 과정처럼 작게 축소합니다. 그런 다음 'Butterfly2'가 무대의 벽에 닿으면 5도 위로 올라가서 날아가도록 마우스로 드래그하여 85도로 조정합니다. 이때의 85도는 임의의 수입니다.

07 앞의 **03**~**04** 과정을 참고하여 마지막 스프라이트인 'Bat1'을 가져옵니다.

08 위와 같이 실습하면 날개를 편 박쥐 'Bat1'이 삽입되는데, 모양 탭을 클릭하면 'bat1-a', 'bat1-b'가 자동으로 생성됩니다. 이것은 나중에 박쥐가 날갯짓을 할 수 있도록 애니메이션을 설정할 때 필요합니다. 삽입된 스프라이트를 원하는 모양으로 수정하려면 스프라이트 목록에 있는 해당 스프라이트 섬네일을 클릭한 후 화면의 오른쪽에 있는 그림판에서 수정합니다.

09 무대에 삽입한 '박쥐' 스프라이트의 크기와 벌과 나비가 날아가야 할 높이 등을 마우스로 적당히 조절합니다.

무대 위에 있는 각 스프라이트의 위치를 마우스로 조정합니다.

10 각 스프라이트 이름이 'Frog', 'Butterfly2', 'Bat1'처럼 영어로 되어 있는데, 한글로 수정할 수 있습니다. 물론 프로젝트 실행에는 큰 문제가 없지만 깔끔하게 프로그램을 구성하려면 오른쪽 화면과 같이 스프라이트의 이름을 변경합니다.

11 위와 같이 하면 스프라이트 목록에 수정한 스프라이트 이름이 나타납니다. 프로젝트의 바깥 모양이 모두 완성되었으면 스프라이트가 움직이도록 명령을 지정하는 코드 블록을 조합해야 합니다.

각 스프라이트에 코드 블록을 삽입해 논리적인 스크립트 작성하기

무대에 삽입된 각 스프라이트의 움직임을 지정하기 위해 코드 블록을 각 스프라이트에 삽입하여 스크립트를 작성해 보겠습니다.

01 첫 번째 스프라이트인 '개구리'의 동작을 위한 스크립트를 작성해 볼까요? 우선 스프라이트 목록에 있는 '개구리' 섬네일(🐸)을 클릭하고 스크립트 탭을 클릭한 후 다음의 화면과 같이 스크립트를 드래그하여 만듭니다. 이때 개구리의 회전 방식은 좌우로 움직이는 ↔ 아이콘을 클릭합니다.

- 이벤트 블록에 있는 코드 블록으로, 🏁 아이콘을 클릭하면 실행합니다.
- '개구리' 스프라이트가 2만큼 움직이다가 무대 벽에 닿으면 튕겨져 나오는데, 이 과정을 무한 반복합니다(🛑 아이콘을 클릭하면 중지).

02 두 번째 스프라이트인 '나비'의 동작을 위한 스크립트는 다음의 화면과 같이 지정합니다.

- 회전 방식은 ↔ 아이콘을 사용하였습니다(동일).

03 세 번째 스프라이트인 '박쥐'의 동작을 위한 스크립트는 다음의 화면과 같이 지정합니다.

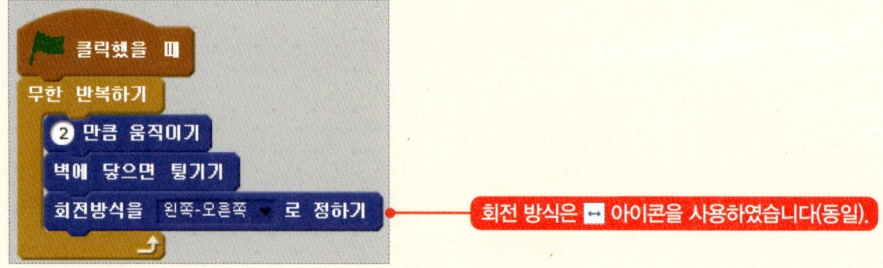

목록에서 [나비] 선택

04 위의 코드 블록의 조합인 스크립트 명령은 다음과 같습니다.
- `나비 쪽 보기` : '박쥐'가 나비만 바라봅니다.
- `다음 모양으로 바꾸기` : '박쥐'가 날갯짓을 하도록 다른 모양(bat1-a, bat1-b)으로 바꿉니다.
- `0.5초 기다리기` : 날갯짓의 속도를 조정합니다. 입력한 시간(초)이 클수록 날갯짓의 속도가 느려지는데, 이러한 과정을 무한 반복하도록 `제어` 블록의 `무한 반복하기`을 사용하였습니다.

05 무대 위의 ▶ 아이콘을 클릭하여 스크래치 프로젝트의 완성 결과를 실행하면 무대 위에서 '개구리'는 좌우 수평 방향으로 이동하다가 벽에 닿으면 반대 방향으로 이동합니다. '나비'는 날아다니다가 벽에 닿으면 5도 위로 향해서 반대 방향으로 날아다니고, '박쥐'는 날갯짓을 하면서 '나비'가 이동하는 방향으로 바라봅니다. 실행을 종료하려면 ● 아이콘을 클릭합니다.

06 마지막으로 스크립트 이름을 입력하고 저장합니다.

예 "나비를 노리는 박쥐"

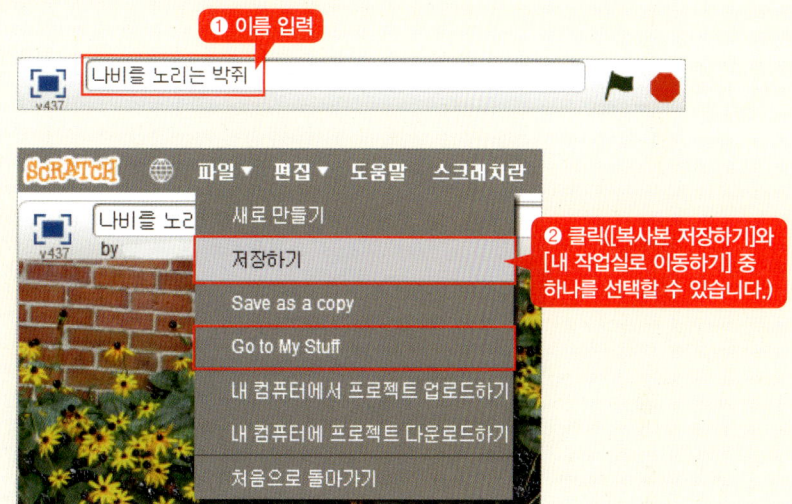

07 위와 같이 작업하고 📁 아이콘을 클릭하면 방금 전에 저장한 스크립트(나비를 노리는 박쥐)가 나타납니다. 만약 이름을 지정하지 않고 저장하면 'Untitled-1', 'Untitled-2'와 같은 이름으로 저장됩니다. `스크립트 보기` 버튼을 클릭하면 스크립트를 볼 수도 있고, 수정할 수도 있습니다.

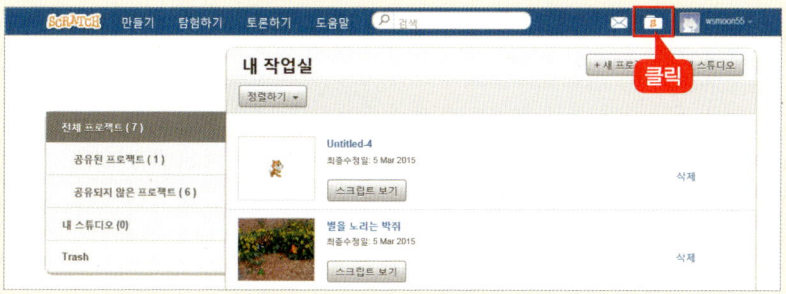

가상의 수족관 만들기

바다 느낌의 수족관에서 세 마리의 물고기와 불가사리, 문어, 이렇게 다섯 개의 스프라이트를 사용하여 자유롭게 헤엄치는 프로젝트를 작성해 보겠습니다.

`동작` 블록의 `10 만큼 움직이기` 코드 블록을 기본으로 간단하게 스크립트를 작성할 것인데, 스크립트의 작성 과정은 앞의 실습 과정과 같습니다.

[그림 2-3] 가상의 수족관

스크래치 프로젝트 시작하기

스크래치 프로젝트를 만들기 위해 [파일]-[새로 만들기] 메뉴를 선택합니다.

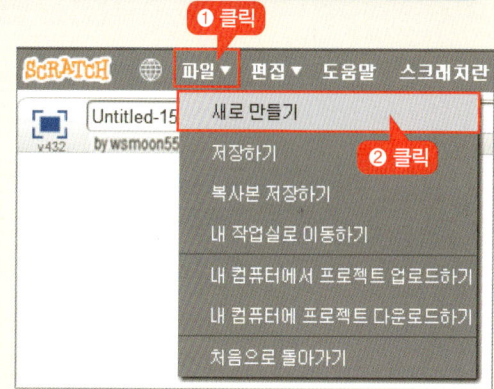

무대 배경과 스프라이트 삽입하기

01 '무대' 섬네일(🖳)을 클릭하고 배경 탭을 클릭한 후 배경 그림을 찾아 삽입합니다.

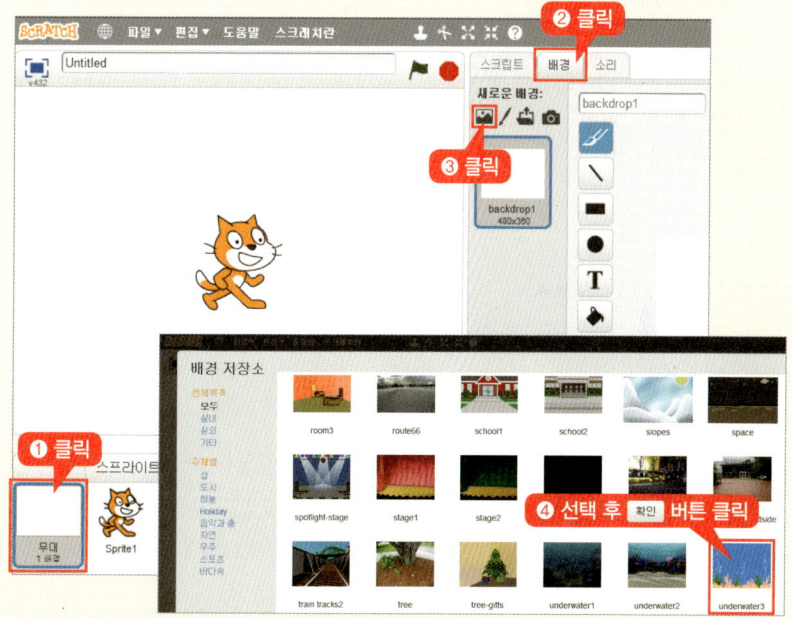

02 기존의 스프라이트인 '고양이'를 삭제하기 위해 '고양이'에서 마우스 오른쪽 버튼을 클릭하고 바로 가기 메뉴에서 [삭제]를 선택합니다.

03 새 스프라이트를 선택하기 위해 🐱 아이콘을 클릭한 후 수족관에 사용할 불가사리(Starfish)와 물고기 세 마리(Fish1, Fish2, Fish3), 문어(Octopus)를 차례대로 삽입합니다. 이때 각 스프라이트 이름인 'Starfish', 'Fish1', 'Fish2', 'Fish3', 'Octopus'를 한글 이름으로 수정해도 됩니다. 이 과정은 스크립트 실행 조건과 상관 없으므로 수정하지 않아도 프로젝트를 실행하는 데 전혀 문제가 없습니다.

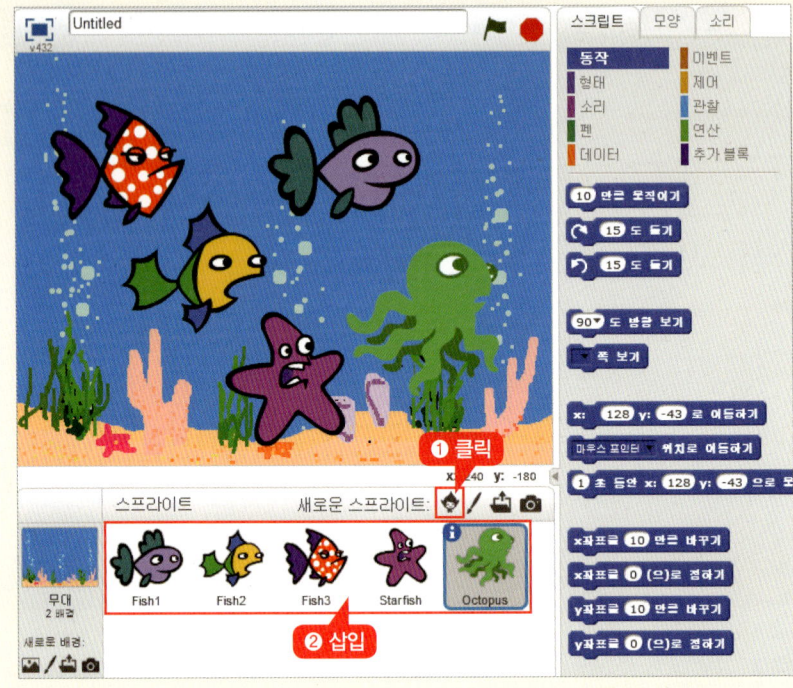

04 위의 상태에서 ⬚ 아이콘과 ⬚ 아이콘을 클릭하여 각 스프라이트의 크기를 적당하게 조절합니다.

05 물고기들이 자연스럽게 움직이도록 스프라이트 목록에 있는 각 섬네일의 ⓘ 아이콘을 클릭하고 '방향'을 각각 적당히 수정합니다. 여기서는 'Starfish'는 '90도', 'Fish1'은 '105도', 'Fish2'는 '85도', 'Fish3'은 '105도', 'Octopus'는 '100도'로 수정하였습니다.

배경에 바다소리 지정하기

수족관에 물소리(물방울소리)를 지정해서 실제 수족관 느낌을 연출할 수 있습니다. 배경에 소리를 삽입하려면 다음의 화면과 같이 지정합니다.

각 스프라이트에 코드 블록을 논리적으로 삽입해 스크립트 작성하기

무대에 삽입된 각 스프라이프의 스크립트는 다음과 같습니다.

01 해당 스프라이트 섬네일을 클릭하고 스크립트 버튼을 클릭한 후 스크립트를 작성합니다.

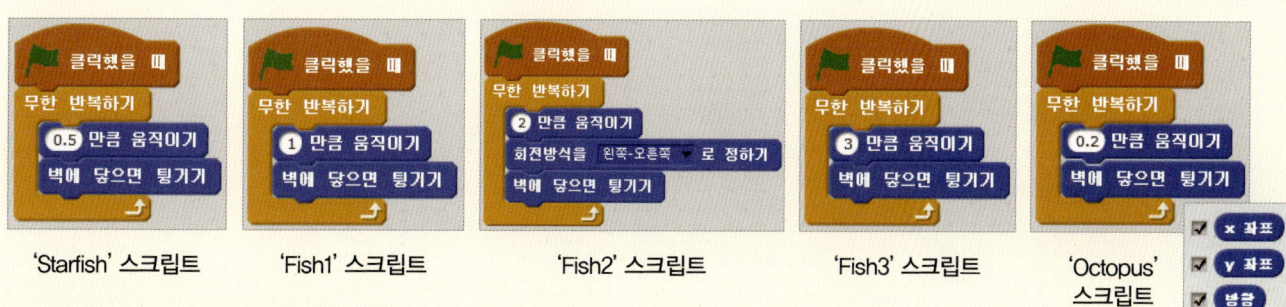

02 스크래치 프로젝트를 실행한 후 [파일]-[내 컴퓨터에 프로젝트 다운로드하기] 메뉴를 선택합니다.

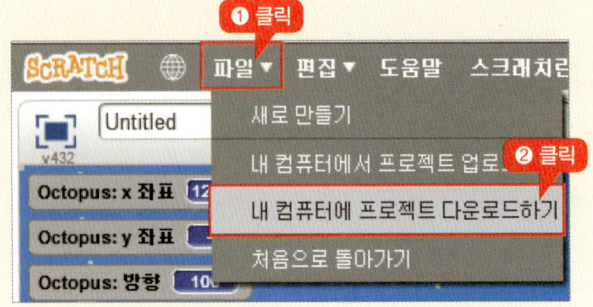

03 이제까지 작성한 스크래치 프로젝트를 저장합니다.

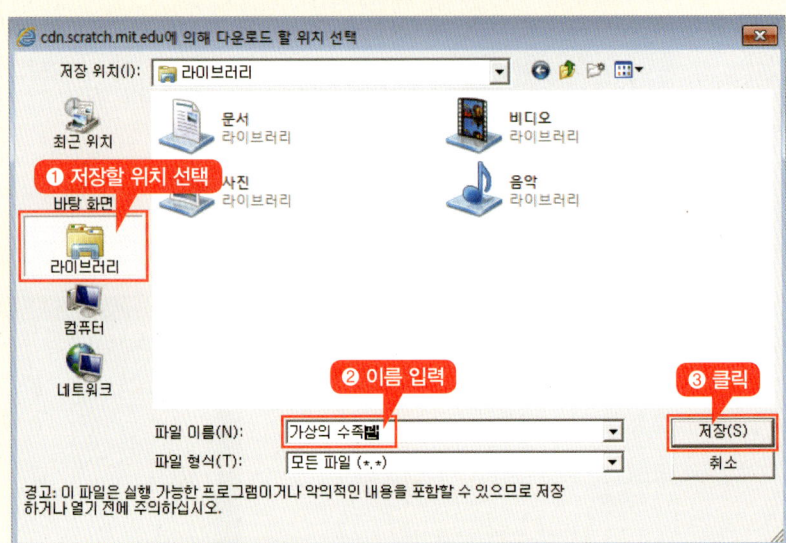

Level Up

개구리 뜀뛰기

다음의 프로젝트를 지금까지 배운 작성 과정을 활용해서 만들어보고 실행 후 스크립트의 논리적인 과정을 설명해 보세요.

형태 팔레트의 코드 블록

형태 팔레트는 스프라이트, 배경 모양, 말풍선을 사용할 수 있는 기능이 포함된 코드 블록으로, 색상은 보라색입니다.

형태 팔레트의 구성

형태 블록의 팔레트에는 스프라이트의 멀티미디어적인 모습을 구현하는 명령이 있습니다. 즉 **형태** 팔레트는 스프라이트의 모양을 변경하고 말 또는 생각을 나타내는 풍선 등을 표현하거나, 무대 배경을 지정하거나 바꾸며, 스프라이트에 그래픽 효과를 적용하고, 스프라이트의 표시 및 숨기기, 이동하는 데 사용하는 열아홉 개의 코드 블록으로 구성되어 있습니다.

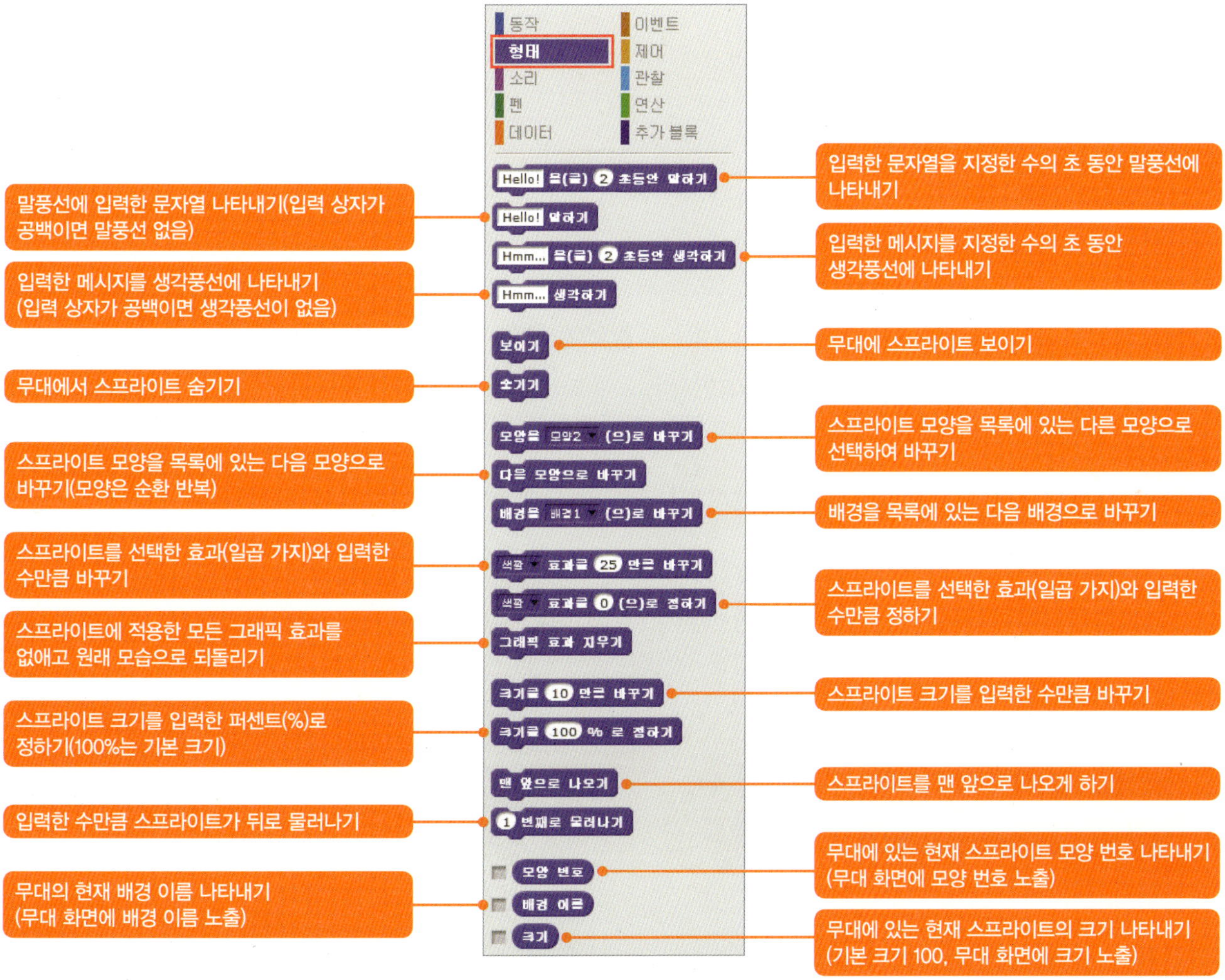

말풍선에 입력한 문자열 나타내기(입력 상자가 공백이면 말풍선 없음)

입력한 메시지를 생각풍선에 나타내기 (입력 상자가 공백이면 생각풍선이 없음)

무대에서 스프라이트 숨기기

스프라이트 모양을 목록에 있는 다음 모양으로 바꾸기(모양은 순환 반복)

스프라이트를 선택한 효과(일곱 가지)와 입력한 수만큼 바꾸기

스프라이트에 적용한 모든 그래픽 효과를 없애고 원래 모습으로 되돌리기

스프라이트 크기를 입력한 퍼센트(%)로 정하기(100%는 기본 크기)

입력한 수만큼 스프라이트가 뒤로 물러나기

무대의 현재 배경 이름 나타내기 (무대 화면에 배경 이름 노출)

입력한 문자열을 지정한 수의 초 동안 말풍선에 나타내기

입력한 메시지를 지정한 수의 초 동안 생각풍선에 나타내기

무대에 스프라이트 보이기

스프라이트 모양을 목록에 있는 다른 모양으로 선택하여 바꾸기

배경을 목록에 있는 다음 배경으로 바꾸기

스프라이트를 선택한 효과(일곱 가지)와 입력한 수만큼 정하기

스프라이트 크기를 입력한 수만큼 바꾸기

스프라이트를 맨 앞으로 나오게 하기

무대에 있는 현재 스프라이트 모양 번호 나타내기 (무대 화면에 모양 번호 노출)

무대에 있는 현재 스프라이트의 크기 나타내기 (기본 크기 100, 무대 화면에 크기 노출)

[그림 2-4] **형태** 블록의 코드 블록 기능

스프라이트의 모양 및 배경 바꾸기

다음은 스프라이트의 모양 및 배경을 바꾸는 코드 블록입니다.

블록	설명
모양을 costume2 (으)로 바꾸기	costume2 를 선택하면 스프라이트의 모양이 바뀝니다.
다음 모양으로 바꾸기	저장되어 있는 다음 모양의 스프라이트로 바꿉니다. 만약 더 이상의 모양이 없으면 바뀌지 않습니다.
모양 번호	선택하면 현재 스프라이트 모양의 블록 번호 수가 나타납니다.
배경을 backdrop1 (으)로 바꾸기	무대의 배경을 배경 탭에 있는 다른 배경으로 바꿉니다.

스크래치에서는 두 개의 '고양이' 스프라이트 모양을 제공합니다. 스프라이트 영역에서 모양 탭을 클릭하면 오른쪽 화면과 같이 모양 1인 'costume1' 스프라이트와 모양 2인 'costume2' 스프라이트가 나타나는데, 다른 스프라이트를 추가 삽입할 수도 있습니다.

다음 모양으로 바꾸기 코드 블록을 사용하여 앞에서 실행한 고양이가 움직이는 모습을 똑같이 재현하려면 다음과 같이 진행합니다. 여기서 스프라이트는 두 개의 모양(costume1, costume2)만 가지고 있기 때문에 다음 모양으로 바꾸기 를 실행하면 'costume1' 스프라이트와 'costume2' 스프라이트가 교대로 바뀝니다.

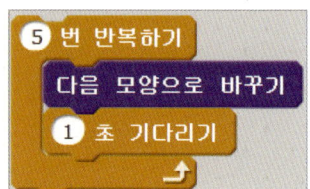

> **Tip**
>
> **스크립트 이용해 걷는 고양이 만들기**
>
> 스크립트 탭을 클릭하면 나타나는 스크립트 영역에서 스크립트를 작성합니다. 다음의 코드 블록은 'costume2'로 바뀐 후 1초를 기다렸다가 다시 스프라이트가 'costume1'로 바뀌면서 다시 1초를 기다리는 명령으로, 이러한 과정을 5회 반복합니다. 이렇게 하면 고양이가 걸어가는 모습으로 보이는데, 입력하는 시간을 짧게 지정하면 더 빨리 움직입니다.
>
>
>
> 스크립트   실행 과정

■ 모양 번호 는 무대 위에 있는 스프라이트의 현재 모양 번호를 나타냅니다. 다음은 무대 위에 나타나는 스프라이트의 모양 번호를 나타내는 예로, 다음의 화면과 같이 스크립트 영역에 스크립트를 작성합니다. 여기서 모양 번호 초 기다리기 로 코드 블록을 조합하기 위해 형태 블록에 있는 ■ 모양 번호 를 클릭한 후 스크립트 영역에 있는 1 초 기다리기 의 1 로 드래그하면 모양# 초 기다리기 가 됩니다.

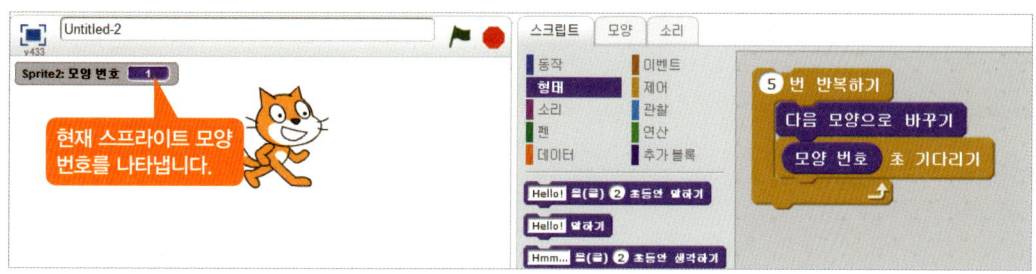

배경을 backdrop1 (으)로 바꾸기 는 스크래치 1.4에는 없던 코드 블록으로, backdrop1 에서 선택한 다음 배경 화면과 이전 배경 화면으로 바뀝니다.

이번에는 무대에 다른 무대 배경을 추가하여 스크립트를 작성해 보겠습니다.

01 '무대' 섬네일(□)을 클릭하고 배경 탭을 클릭합니다. 배경 화면을 선택하기 위해 🖼 아이콘을 클릭한 후 [배경 저장소]에서 배경 중 하나를 선택합니다.
예 'beach malibu'

02 무대의 배경 화면이 바뀌면서 모양 탭에 새롭게 배경 화면이 추가되었습니다(beach malibu).

03 스프라이트 목록에 있는 섬네일을 클릭하고 스크립트 탭을 클릭한 후 스크립트를 작성합니다. 그러면 모양 목록에 있는 배경 화면 'backdrop1'과 'beach malibu'가 1초 간격으로 바뀝니다.

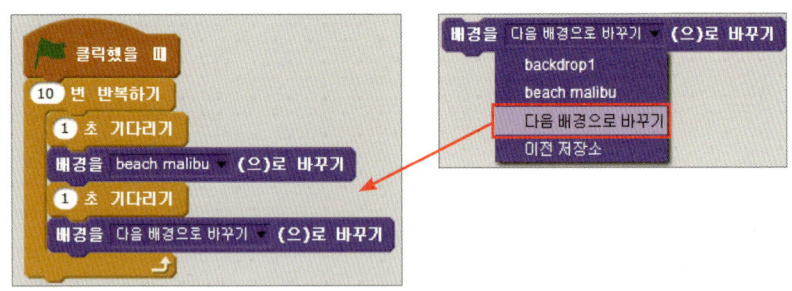

무대 선택할 때 사용할 수 있는 배경 바꾸기

앞에서 설명한 무대의 배경 바꾸기는 스프라이트를 선택하였을 때 사용할 수 있는 배경 바꾸기 코드 블록이지만, 이번에는 무대를 선택하였을 때('무대' 섬네일) 사용할 수 있는 코드 블록을 사용해 보겠습니다. 이 코드 블록도 기존의 스크래치 1.4 버전에는 없습니다. 다음은 '무대' 섬네일()을 클릭한 후 나타나는 배경 바꾸기 코드 블록입니다.

 는 목록(backdrop1)에 있는 배경 중 하나를 선택하여 바꾸는데, 이 경우에는 목록에 배경이 추가되어 있어야 합니다. 다음은 무대를 선택하였을 때 배경을 바꾸는 과정과 스크립트입니다.

「배경을 brick wall2 (으)로 바꾸고 기다리기」 코드 블록은 목록에서 선택한 배경으로 바꾼 후 다음 명령을 기다립니다. 다음 스크립트는 배경 화면인 'brick wall2'를 무대에 나타낸 후 다음 명령을 기다립니다.

「다음 배경으로 바꾸기」는 목록에 있는 다음 배경을 무대에 나타냅니다. 연속하여 무대 배경을 바꿀 때는 배경 목록에 있는 각 배경을 차례대로 나타냅니다.

스프라이트에 말풍선과 생각풍선 만들기

다음은 만화책에서 흔히 볼 수 있는 말하는 말풍선과 생각을 표현하는 생각풍선을 만드는 코드 블록입니다.

블록	설명
Hello! 을(를) 2 초동안 말하기	Hello! 에 입력된 말을 입력한 2 초 동안만 말풍선에 나타냅니다.
Hello! 말하기	Hello! 에 입력한 말을 말풍선에 나타냅니다.
Hmm... 을(를) 2 초동안 생각하기	Hmm... 에 입력한 생각을 입력한 2 초 동안만 생각풍선에 나타냅니다.
Hmm... 생각하기	Hmm... 에 입력한 생각을 생각풍선에 나타냅니다.

「Hello! 을(를) 2 초동안 말하기」 코드 블록을 이용하여 무대 위의 스프라이트가 "Scratch프로그램은 배우기 쉽습니다."라고 3초 동안 말풍선 모양()으로 나타내려면 다음과 같이 진행합니다.

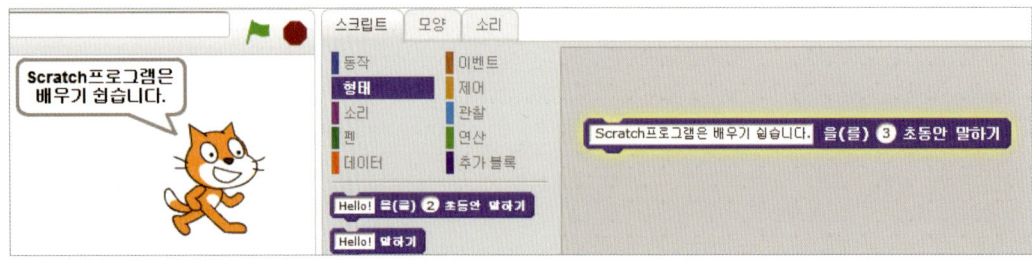

앞의 코드 블록은 입력한 초 동안만 말풍선을 나타내고 사라집니다. 그러나 `Hello! 말하기` 코드 블록은 지정한 말풍선이 🔴 아이콘을 클릭할 때까지 계속 나타납니다.

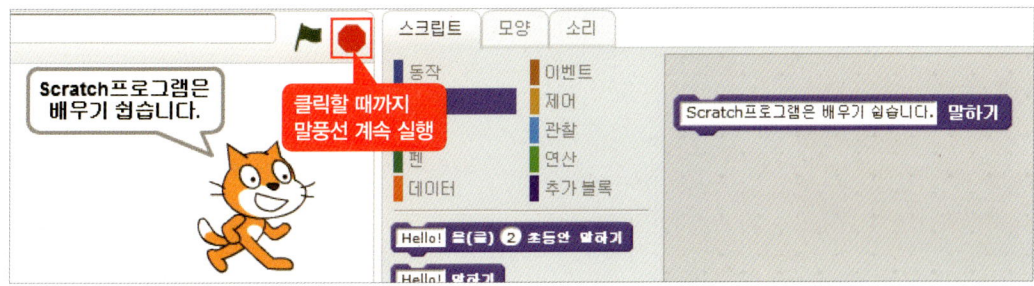

`Hmm... 을(를) 2 초동안 생각하기` 코드 블록은 `Hmm...`에 입력한 생각을 임의로 입력한 `2` 초 동안만 생각풍선 모양(💭)으로 나타냅니다. 다음은 `Hmm...`에 "정말, 배우기 쉬울까?"라는 생각을 2초 동안만 생각풍선에 나타냅니다.

`Hmm... 생각하기`는 🔴 아이콘을 클릭할 때까지 말풍선이 계속 나타납니다. 만약 중간에 말풍선의 생각을 지우려면 `Hmm...` 안의 내용을 모두 지워야 합니다.

스프라이트와 무대에 그래픽 효과 지정하기

다음은 스프라이트와 무대에 여러 가지 특별한 일곱 가지 효과를 주는 코드 블록입니다.

블록	설명
`색깔 ▾ 효과를 25 만큼 바꾸기`	`색깔` 목록에서 선택한 효과를 `25` 안에서 입력한 수만큼 바꿉니다.
`색깔 ▾ 효과를 0 (으)로 정하기`	`색깔` 목록에서 선택한 하나의 효과를 `0` 안에서 입력한 수만큼 지정합니다(고정).
`그래픽 효과 지우기`	스프라이트에 적용한 모든 효과를 지웁니다(처음 상태로 되돌아옴).

다음은 스프라이트와 무대에 그래픽 효과를 주는 목록입니다.

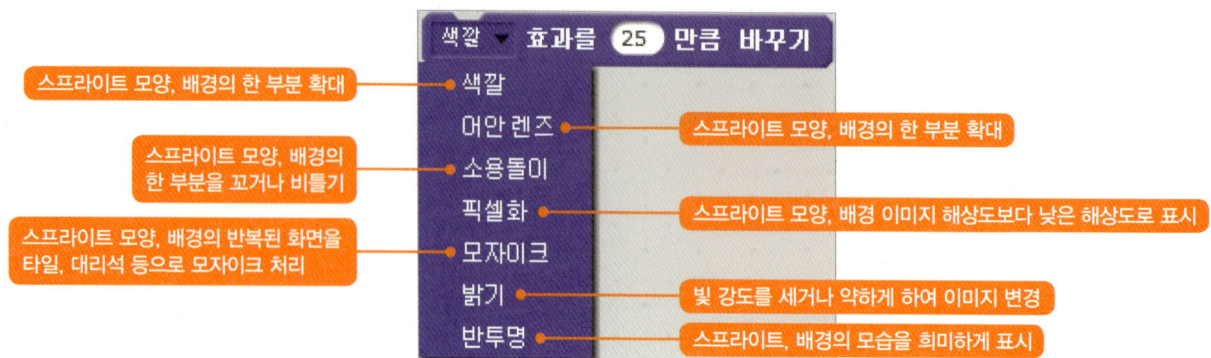

다음의 스크립트는 현재 스프라이트에 색깔을 선택하고 15만큼씩 변경합니다. 색깔이 바뀔 때마다 1초 동안 멈추는 명령을 10회 반복합니다.

다음은 색깔의 목록에 있는 [어안 렌즈], [소용돌이], [픽셀화], [모자이크]를 선택하였을 때의 스프라이트 모양입니다.

코드 블록은 에서 선택한 유형을 입력한 수로 고정시키고, 는 지금까지 수정한 모든 명령 기능을 최초 상태로 되돌립니다. 다음의 스크립트는 스프라이트가 색깔을 50만큼 바꾼 후 5초 후에 최초 상태로 되돌립니다.

무대 선택할 때 사용할 수 있는 배경 그래픽 효과 바꾸기

오른쪽 화면은 '무대' 섬네일()을 선택하였을 때 스프라이트가 아닌 무대 배경을 바꿀 수 있는 코드 블록입니다.

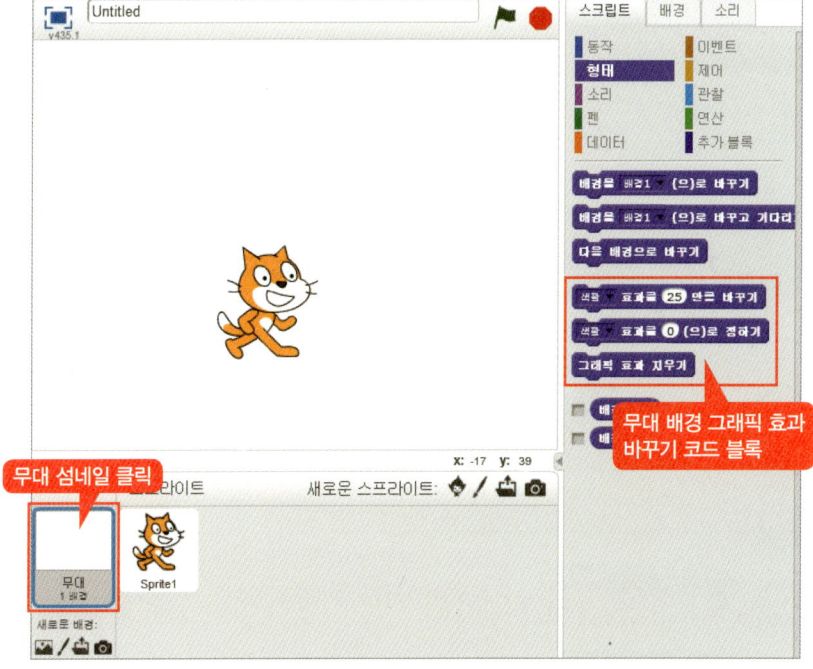

다음은 무대 배경을 25만큼 1초 간격으로 소용돌이치는 효과를 주며 10회 반복하는 스크립트입니다.

`색깔 효과를 0 (으)로 정하기` 와 `그래픽 효과 지우기` 코드 블록은 앞에서 설명한 스프라이트 그래픽 효과 지정하기의 명령과 기능이 같습니다.

스프라이트의 크기 바꾸기

스프라이트의 크기를 입력한 수만큼 바꾸거나 기존 크기의 스프라이트를 상대 비율(%)로 크기를 변경할 수 있습니다. 그리고 스프라이트 모양 번호와 배경 이름, 비율을 활용한 스프라이트 크기를 무대에서 확인할 수 있는 세 개의 코드 블록이 있습니다.

`크기를 10 만큼 바꾸기`	스프라이트의 현재 크기를 입력한 수만큼 크게 또는 작게 바꿉니다. 즉 스프라이트의 크기가 양수를 입력하면 커지고, 음수를 입력하면 작아집니다.
`크기를 100 % 로 정하기`	현재 스프라이트의 크기를 100%를 기준으로 하여 지정한 비율(%) 값에 따라 스프라이트가 커지나 작아집니다. 즉 100%보다 작게 입력하면 원래 스프라이트의 크기보다 작아집니다.
`모양 번호`	무대 위에 있는 스프라이트 모양 번호를 나타냅니다.
`배경 이름`	무대의 배경 이름을 나타냅니다.
`크기`	스프라이트 크기를 비율(%)로 나타냅니다.

크기를 10 만큼 바꾸기 코드 블록은 ◯ 안에 입력한 수만큼 현재 크기보다 증가 또는 감소하는데, 현재 스프라이트 크기보다 작게 나타내려면 음수를 지정합니다. 다음은 스프라이트의 현재 크기에서 20만큼 커지고, -20만큼 작아지는 명령 결과입니다.

크기를 100 % 로 정하기 는 ◯ 안에 입력한 수의 비율(%)에 따라 상대적으로 현재 스프라이트의 크기가 변경됩니다. 기본적으로 만들어진 스프라이트의 크기는 100%로, 음수의 비율값을 입력하면 현재의 스프라이트가 작아집니다. 오른쪽 화면의 경우 현재 크기 스프라이트에서 50% 만큼의 비율로 크기가 작아집니다.

다음은 모양 번호, 배경 이름, 크기 코드 블록에 체크하면 무대 위의 왼쪽에 [모양 번호], [배경 이름], 스프라이트의 [크기]가 나타납니다.

'무대' 섬네일()을 선택한 후 나타나는 코드 블록 ▢ 배경 이름 , ▢ 배경 번호 를 함께 사용해 보면 기능이 같다는 것을 알 수 있습니다.

스프라이트 숨기기와 보이기, 순서 지정하기

무대 위에 있는 스프라이트를 숨기려면 숨기기 코드 블록을 사용하고, 숨겼던 스프라이트를 나타내려면 보이기 코드 블록을 사용합니다. 예를 들어 오른쪽 화면과 같이 스크립트를 작성하면 무대 위의 스프라이트가 2초 간격으로 숨기기와 보이기를 10회 반복합니다.

맨 앞으로 순서 바꾸기 코드 블록은 무대 위에 복수 개의 스프라이트가 겹쳐있을 때 선택한 스프라이트가 무조건 맨 앞에 나타나게 합니다. 그리고 1 번째로 물러나기 코드 블록은 선택한 스프라이트가 현재 위치에서 하나 뒤로 물러나게 하는 코드 블록입니다. 만약 두 번째로 물러나게 하려면 '2'를 입력해야 합니다. 예를 들어 다음의 화면에는 무대 위에 세 개의 스프라이트가 있는데, 맨 마지막에 위치한 '고양이' 스프라이트를 무조건 맨 앞으로 오게 하려면 어떻게 해야 할까요?

앞의 결과인 스프라이트 위치 상태에서 '고양이' 스프라이트를 클릭한 후 ① 번째로 물러나기 코드 블록을 실행하면 두 번째 위치한 어린이의 뒤로 이동합니다.

① 번째로 물러나기 실행 전의 '고양이' 스프라이트 위치   ① 번째로 물러나기 실행 후의 '고양이' 스프라이트 위치

사자가 고양이를 만나면 잡아먹는 장면

스프라이트 숨기기와 보이기 기능을 이용하여 사자가 움직이다가 고양이를 만나면 잡아먹는 장면을 구현해 보세요.

프로젝트 03 고양이와 오리 만들기

숲속에서 고양이가 오리를 추적하여 잡는 프로젝트를 작성해 보겠습니다. 작성한 스크래치 프로젝트는 무대 위에 있는 🏁 아이콘과 🔴 아이콘을 클릭해서 실행합니다.

[그림 2-5] 고양이와 오리

스크래치 프로젝트 시작하기

스크래치 프로젝트를 만들기 위해 [파일]-[새로 만들기] 메뉴를 선택합니다.

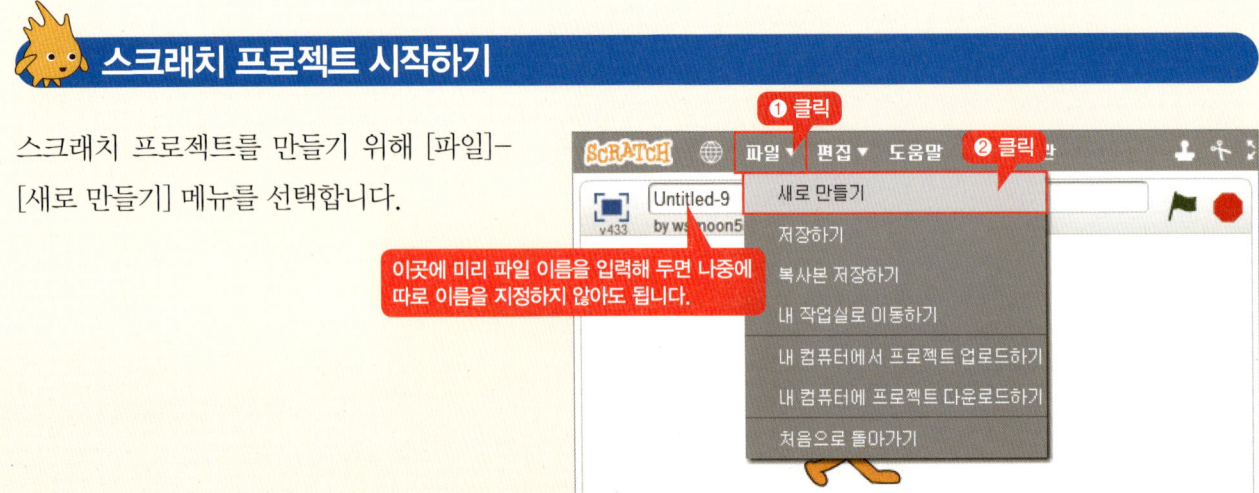

무대 배경과 스프라이트 삽입하기

01 무대에 원하는 배경을 삽입해 볼까요? '무대' 섬네일(□)을 클릭하고 배경 탭을 선택한 후 🖼 아이콘을 클릭합니다. [배경 저장소]에서 'Forest'를 선택합니다.

02 무대에 새로운 배경을 삽입했으면 두 번째 스프라이트인 '오리(Duck)'를 삽입합니다.

Chapter 02 블록 팔레트의 코드 기능과 프로젝트 살펴보기 | 101

03 배경에 두 개의 스프라이트('고양이'와 '오리')를 삽입했으면 ⊠ 아이콘과 ⊠ 아이콘을 클릭하여 '고양이'와 '오리'의 크기를 적절하게 수정합니다.

04 각 스프라이트를 클릭한 후 스프라이트 이름을 '고양이'와 '오리'로 변경합니다. '오리'가 이동하여 벽에 닿을 때 좌우 수평(90도)이 아닌 10도 정도 꺾여서 움직이도록 '오리' 스프라이트의 방향을 90도에서 100도로 바꾸었습니다. 이것은 사용자가 임의로 지정한 것이므로 큰 의미가 없습니다.

이제 스크래치 프로젝트의 외관인 모양 만들기를 종료하였습니다. 다음 단계에서는 스프라이트가 주어진 명령대로 움직일 수 있도록 논리적인 코드 블록을 조합하는 스크립트를 작성할 것입니다.

각 스프라이트에 코드 블록 삽입해 스크립트 작성하기

01 '고양이' 스프라이트를 클릭한 후 [스크립트] 상태에서 코드 블록을 조합하여 스크립트를 구성해 볼까요? 먼저 [형태] 블록에 있는 [크기]를 클릭하여 '고양이' 스프라이트의 크기가 얼마인지를 퍼센트(%)로 나타냅니다. 여기서는 100이 기본적으로 제공하는 스프라이트이기 때문에 고양이 크기가 100보다 크면 🔲 아이콘을 이용하여 스프라이트를 크게 조정했습니다.

코드 블록의 조합인 스크립트의 논리적 명령은 다음과 같습니다. 두 개의 스크립트 중 맨 처음에 삽입한 [클릭했을 때] 코드 블록은 [이벤트] 블록에 있는 것입니다. 따라서 스크래치 프로젝트가 완성된 상태에서 무대 위에 있는 🚩 아이콘을 클릭하면 실행되고, 🔴 아이콘을 클릭하면 프로젝트 실행이 종료됩니다.

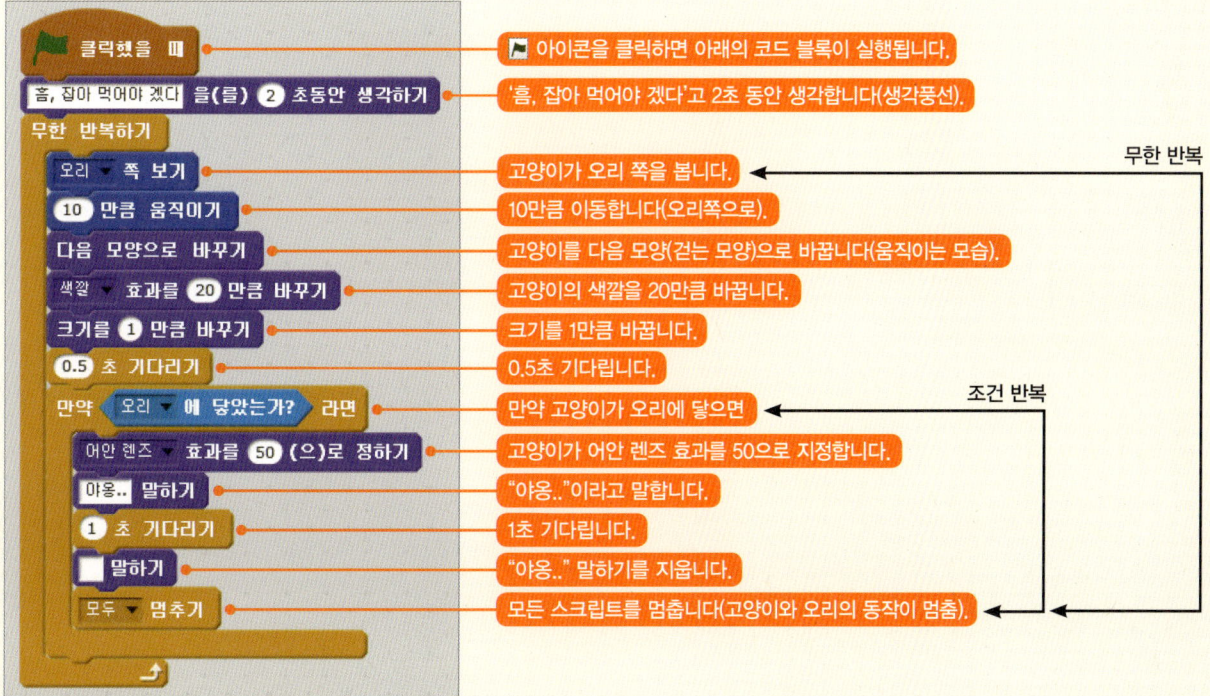

Chapter 02 블록 팔레트의 코드 기능과 프로젝트 살펴보기 | 103

02 다음으로 오리를 동작시키는 스크립트를 만들어야 합니다. 먼저 '오리' 섬네일( ) 스프라이트를 클릭한 후 나타나는 스크립트 영역에서 스크립트를 작성합니다.

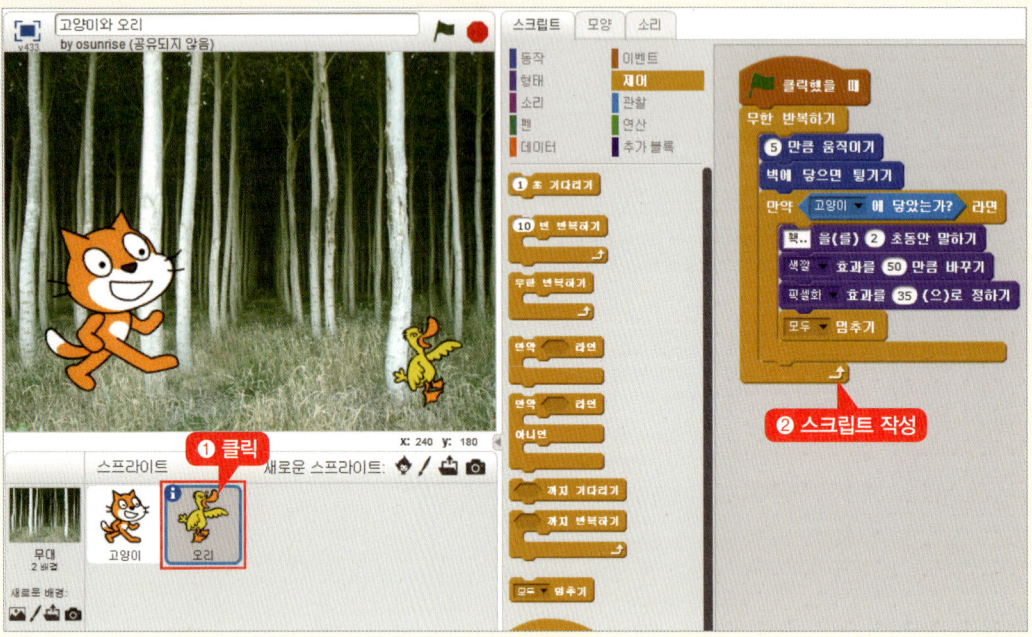

앞의 코드 블록의 명령은 다음과 같습니다.

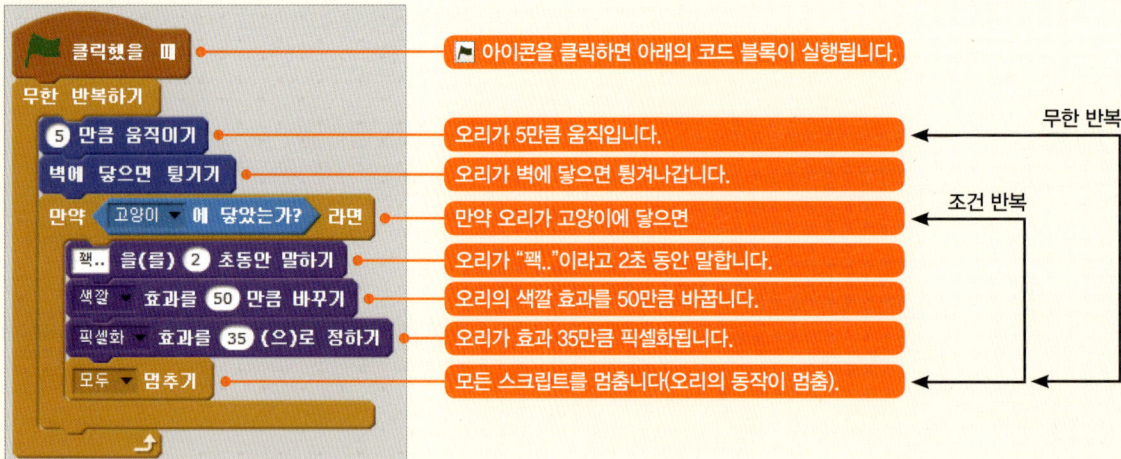

03 이와 같이 작업하면 프로젝트의 모든 작업이 종료되므로 프로젝트를 실행하기 위해서 🏳 아이콘을 클릭합니다. 그러면 고양이는 '흠, 잡아 먹어야 겠다'라고 생각한 후 오리가 이동하는 방향으로 계속 추적합니다. 고양이가 오리에 닿으면 "야옹"이라고 말하면서 어안렌즈 효과로 바뀝니다. 이때 오리는 "꽥.."이라고 말하고 오리의 색깔 효과를 50만큼 바꾸면서 35만큼 픽셀화가 되어 스크립트 동작을 멈춥니다. 최종적으로 프로젝트의 실행을 멈추려면 🔴 아이콘을 클릭합니다.

04 스크립트가 정상적으로 실행되면 [파일] 메뉴를 선택하고 하위 메뉴 중에서 하나를 선택하여 프로젝트를 저장합니다.

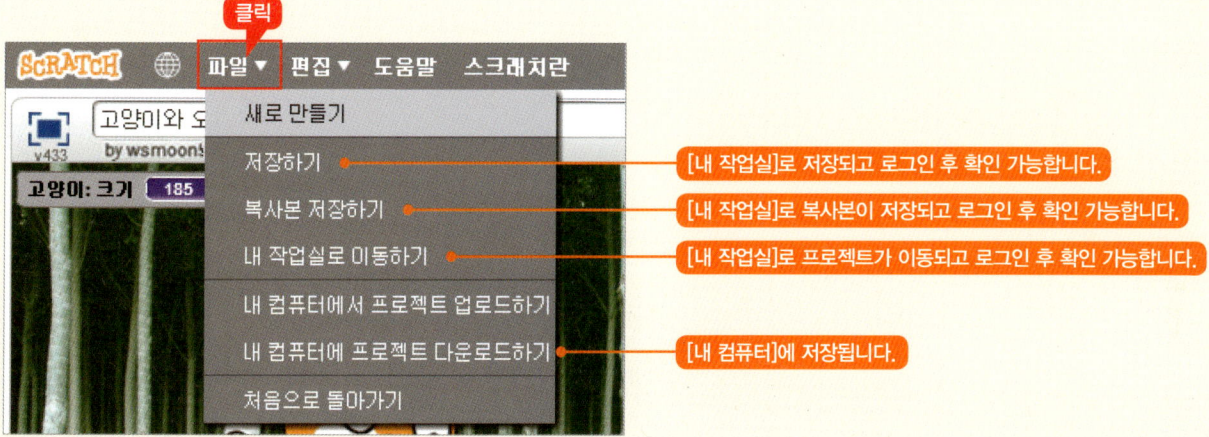

03 소리 팔레트의 코드 블록

소리 팔레트는 음악을 재생하고, 스크래치 프로젝트에 소리 효과를 추가하는 기능이 포함된 코드 블록으로, 색상은 분홍색입니다.

 소리 팔레트의 구성

소리 팔레트는 스크래치 프로그램에 멀티미디어 기능을 포함시킨 코드 블록을 가지고 있습니다. 즉 오디오 파일인 소리를 재생하고, 녹음과 음계 및 소리의 크기인 음량을 조절하며, 드럼 등의 다양한 악기를 연주할 수 있는 열세 개의 코드 블록이 있습니다.

[그림 2-6] 소리 블록의 코드 블록 기능

스프라이트 무대 배경에 소리 재생하기

다음은 소리를 재생 및 중지할 때 사용하는 코드 블록입니다.

블록	설명
`meow 소리내기`	`meow`에서 선택한 소리를 재생합니다.
`meow 끝까지 소리내기`	스크립트가 끝날 때까지 `meow`에서 선택한 소리를 재생합니다.
`모든 소리 끄기`	스크립트의 모든 소리 재생을 중지합니다.

`meow 소리내기` 코드 블록은 `meow`의 목록을 클릭하면 나타나는 소리 종류 중 하나를 선택하여 재생합니다. 기본적으로 제공되는 소리는 고양이 울음소리인 "야옹"이지만 사용자가 임의로 소리를 녹음하여 재생할 수도 있습니다. 스크립트 영역에 `소리` 블록을 삽입한 후 `소리` 탭을 클릭하면 소리 파일이 삽입되었는지 확인할 수 있습니다.

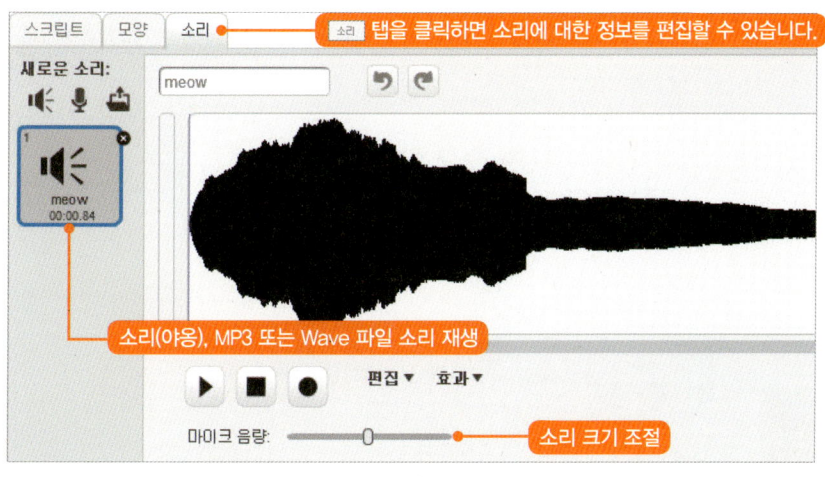

`meow 끝까지 소리내기` 코드 블록은 `meow`의 소리를 재생하는 기능으로, 기본적으로 `meow 소리내기`와 같습니다. 그러나 `meow 소리내기`는 소리가 끝나지 않아도 다음 코드 블록을 실행하지만, `meow 끝까지 소리내기`는 지정한 소리 파일의 재생이 끝난 후 다음 코드 블록을 실행합니다. 다음 두 개의 스크립트를 실행한 후 소리를 비교해 보세요.

"야옹" 소리가 끝나지 않아도　　"야옹" 소리가 끝난 후
스프라이트가 움직입니다.　　　스프라이트가 움직입니다.

모든 소리 끄기 코드 블록은 모든 소리의 재생을 중지시킵니다.

스프라이트에 기본적으로 제공되는 소리 외에 다른 소리를 들으려면 스크래치 저장소에서 선택해야 합니다. 예를 들어 스크래치에서 기본적으로 제공하는 고양이 소리인 "야옹" 대신 "computer beeps2" 소리를 들으려면 다음과 같이 진행합니다.

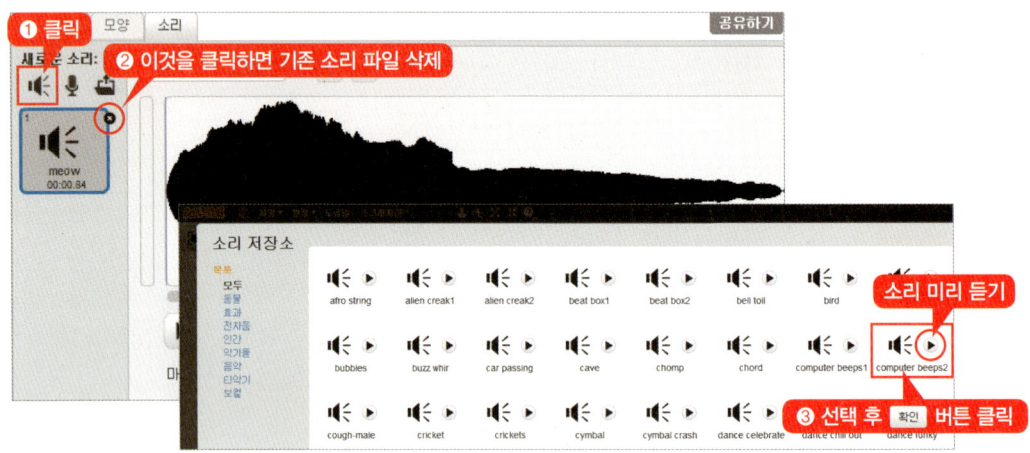

위와 같이 하면 소리 탭에 새로 선택한 소리가 추가됩니다. 스크래치에서는 기본적으로 확장자가 .wav인 wave 파일을 재생할 수 있고, mp3 파일도 재생할 수 있습니다.

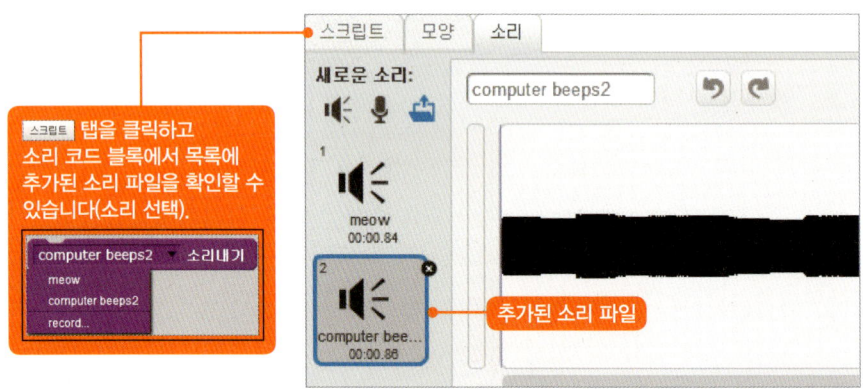

인터넷과 컴퓨터 등의 외부에 저장된 소리 파일을 가져와서 재생할 경우 스크래치에 저장된 소리 파일을 불러오는 방법은 다음과 같습니다.

01 내 컴퓨터의 '라이브러리'에 있는 '음악 샘플' 폴더에서 'Sleep Away' mp3 소리 파일을 스크래치로 가져오려면 다음의 화면과 같은 순서로 진행합니다.

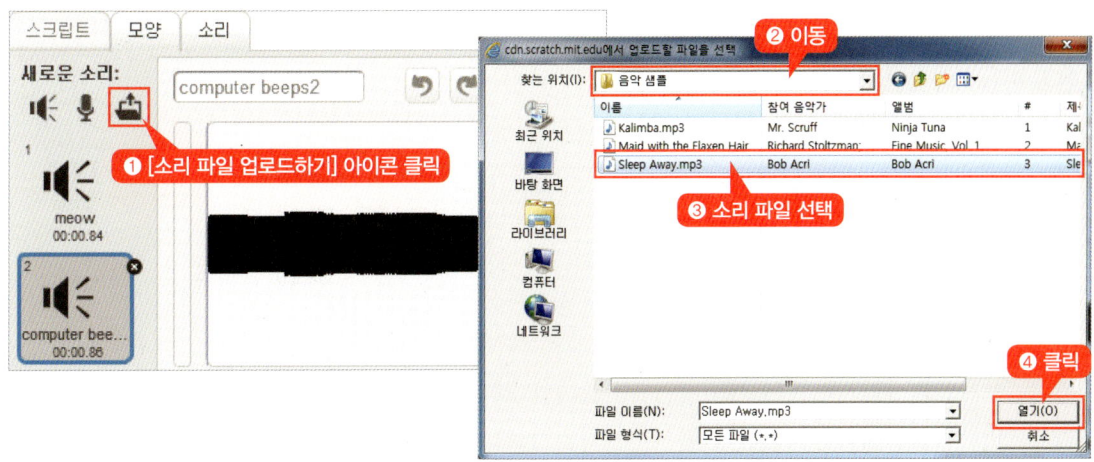

02 내 컴퓨터에 있는 소리 파일이 mp3 파일로 변환하는 과정이 나타나면서 소리 탭에 저장됩니다.

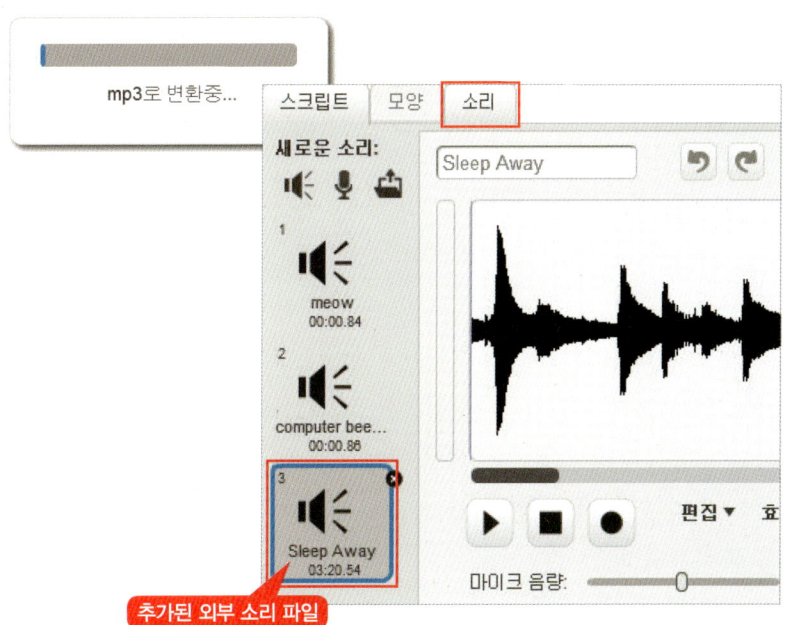

03 스크립트 탭을 클릭하면 소리 코드 블록의 목록에 소리 파일이 추가된 것을 볼 수 있습니다. 목록에 있는 소리 파일을 배경 음악이나 스프라이트 소리로 활용할 수 있습니다.

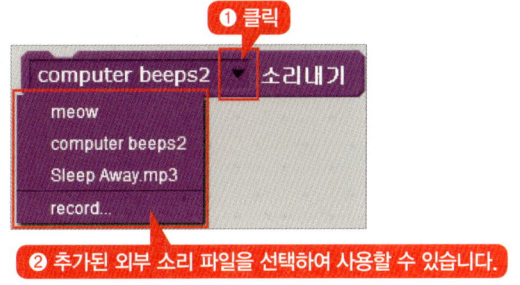

다음은 소리 파일을 직접 녹음하여 스크래치 프로그램에 사용하는 과정입니다.

01 컴퓨터에 마이크를 연결하고 스프라이트 영역에 있는 소리 탭을 클릭한 후 아이콘을 선택하면 '녹음 1' 파일이 나타납니다. ● 아이콘을 클릭하면 아이콘의 색이 붉게 변하면서 소리를 녹음할 수 있습니다.

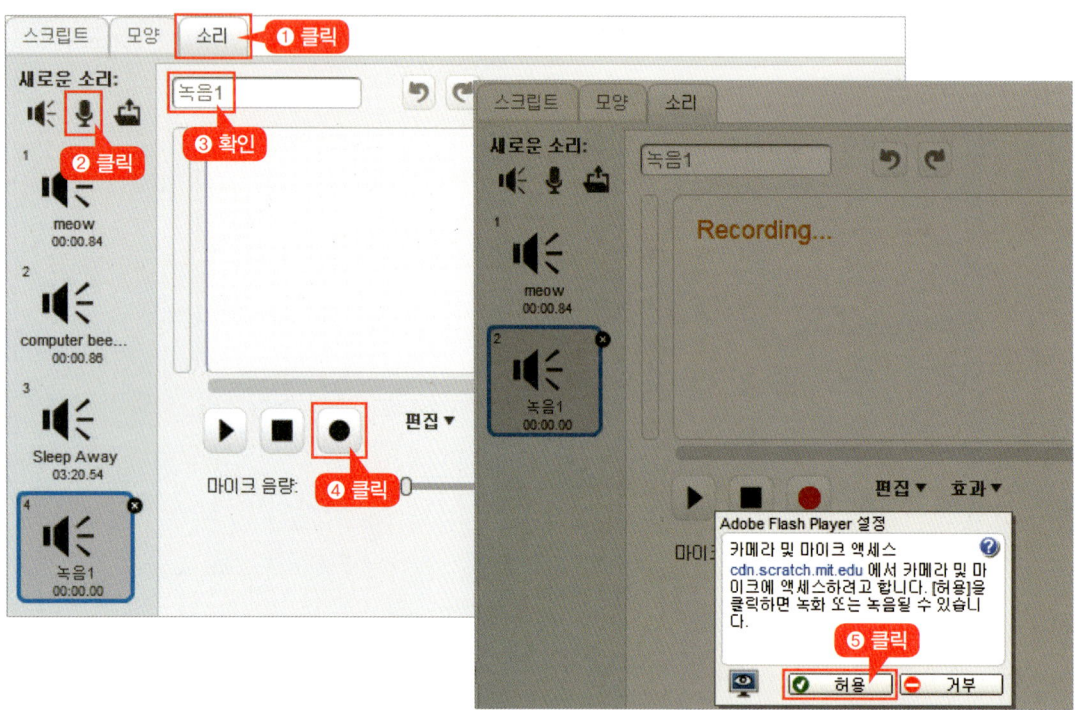

02 자신만의 소리를 녹음합니다. 녹음을 종료하려면 ■ 아이콘을, 녹음한 소리를 확인하려면 ▶ 아이콘을 클릭합니다.

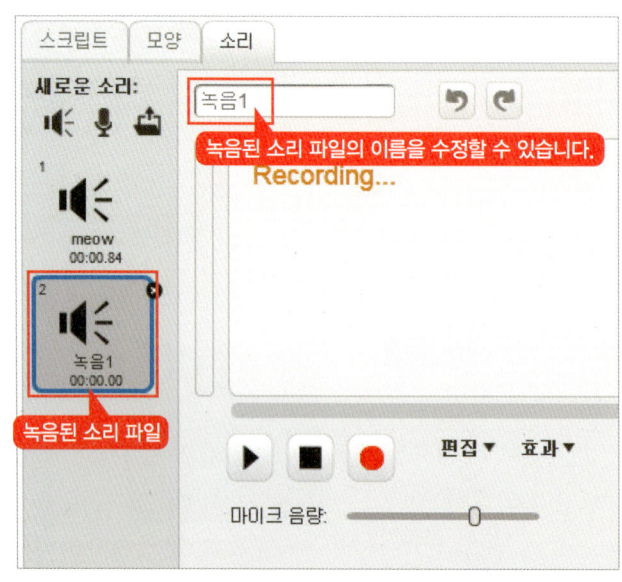

03 스크립트 탭을 클릭하면 소리 코드 블록의 목록에 소리 파일이 추가되어 있는데, 스크래치 프로젝트를 작성할 때 소리 파일을 선택하여 사용할 수 있습니다.

추가된 녹음 소리 파일

이곳을 클릭하면 계속 녹음할 수 있습니다.

무대에서 사용할 소리 파일 재생하기

이제까지 무대에 있는 스프라이트와 연관된 소리 파일을 설명하였는데, 무대에서 소리(배경 음악)를 사용하려면 어떻게 해야 할까요?

'무대' 섬네일(□)을 클릭한 후 소리 탭을 클릭하면 소리 파일을 재생(저장소에서 가져오기, 녹음하기, 외부에서 소리 파일 업로드)할 수 있습니다. 만드는 방법은 앞에서 설명한 스프라이트 소리 파일의 재생 방법과 같습니다.

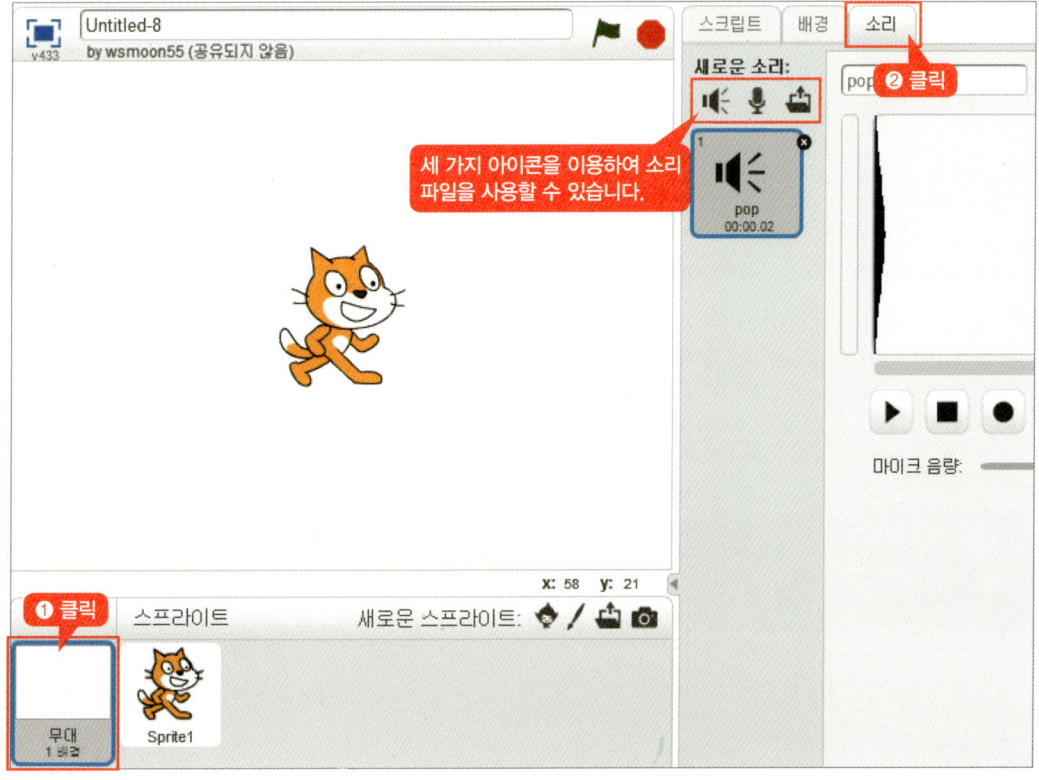

다양한 타악기 연주하기

다음의 코드 블록을 이용해서 박자에 맞추어 다양한 타악기 연주를 추가할 수 있습니다.

`1▼ 번 타악기를 0.25 박자로 연주하기`	`1▼`에 있는 다양한 타악기를 박자에 맞추어 연주합니다.
`0.25 박자 쉬기`	`0.25`에 입력한 시간(초) 동안 박자를 쉽니다.

`1▼ 번 타악기를 0.25 박자로 연주하기`는 `1▼` 목록에 있는 열여덟 개의 다양한 타악기 중 하나를 선택하고 `0.25 박자 쉬기`의 `0.25`에서 입력한 시간(초)으로 박자에 맞추어 연주합니다.

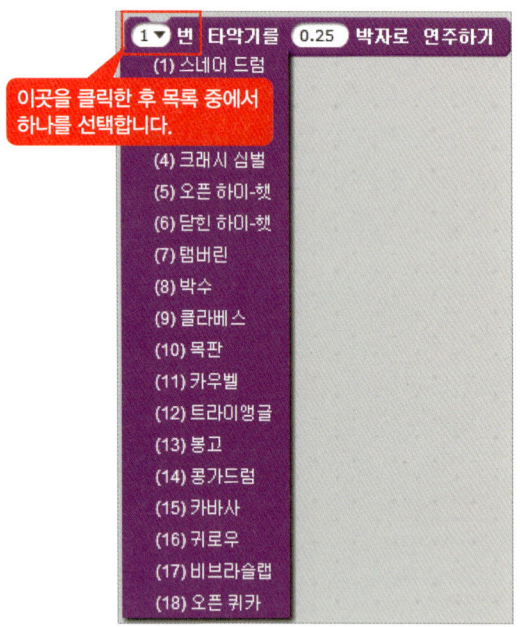

예를 들어 목판 소리((10) 목판)를 두 박자로 연주한 후 한 박자 쉬기를 열 번 반복하는 스크립트를 작성해 봅니다.

음계 연주하기

음계(scale)란, 어떤 기준 음(으뜸음)을 시작으로 여덟 개의 음을 정해진 간격으로 차례대로 늘어놓은 것을 말합니다. 즉 악보를 보면 음들이 여러 가지 모양으로 조합되어 있는데, '도레미파솔라시도'로 올라가는 모양 또는 '도시라솔파미레도'로 내려가는 모양의 음 조합을 말합니다. 다음은 스크래치에서 음계 연주에 사용하는 코드 블록입니다.

`60▼ 번 음을 0.5 박자로 연주하기`	`60▼` 목록에서 선택한 음계를 `0.5` 에서 입력한 수만큼의 박자로 연주합니다.
`1▼ 번 악기로 정하기`	`1▼` 에서 선택한 악기를 연주에 사용합니다.

`60▼ 번 음을 0.5 박자로 연주하기` 코드 블록은 `60▼` 에 있는 음계 중 선택한 음계를 `0.5` 에서 입력한 수만큼의 박자로 연주합니다. `60▼` 에는 다음의 화면과 같이 피아노 건반이 나타나며, 직접 음계 번호를 입력하거나 마우스로 해당 음계를 클릭합니다. 음계의 범위는 0부터 127까지이고, 중간 C(60)음을 기준으로 60개의 음계를 가지고 있습니다.

건반에 마우스를 올려놓으면 음계 번호가 나타나고, 건반을 클릭하면 해당 음계가 들립니다.

`1▼ 번 악기로 정하기` 코드 블록은 `1▼` 에 있는 악기 중 하나의 악기를 선택하여 연주에 사용합니다.

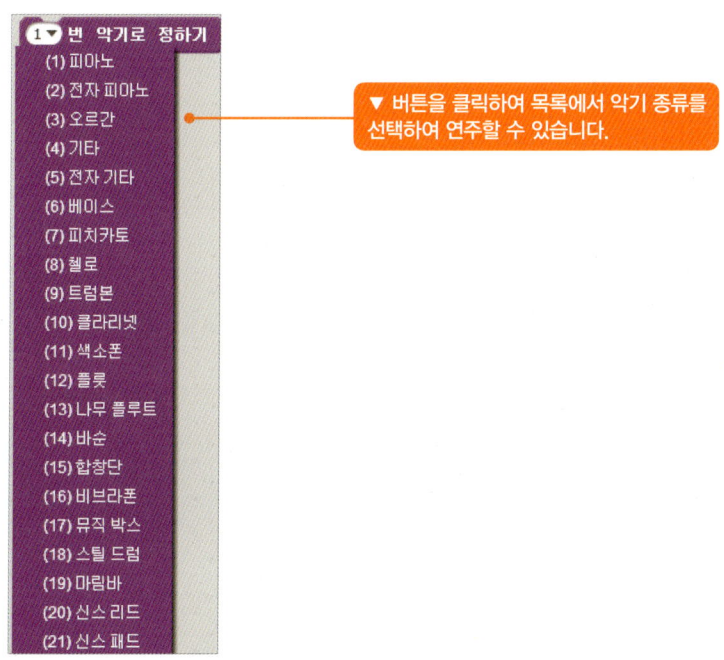

▼ 버튼을 클릭하여 목록에서 악기 종류를 선택하여 연주할 수 있습니다.

오른쪽 화면은 동요인 '고향의 봄'의 음계 일부를 피아노로 연주한 스크립트로, 악기는 [(2) 전자 피아노]를 선택하였습니다. 만약 [(11) 색소폰]을 선택하여 연주하려면 11번인 로 바꾸어야 합니다.

이곳을 클릭하여 악기를 선택합니다.

소리의 음량 조정하기

스크래치에서 제공되는 소리 파일 및 컴퓨터에서 다운로드한 소리와 앞에서 설명한 피아노 등 각종 악기 연주에 필요한 음량(볼륨)은 크기를 조정할 수 있습니다. 음량의 조정은 해당 스프라이트 안에서만 가능하므로 무대 위에 여러 개의 스프라이트가 있을 때는 각 스프라이트마다 서로 다른 음량을 지정할 수 있습니다. 다음은 음량을 조정할 때 사용하는 코드 블록입니다.

음량을 -10 만큼 바꾸기	-10 에 지정된 크기만큼 음량을 바꿉니다.
음량을 100 %(으)로 정하기	100 에 지정된 백분율(%) 크기만큼 음량을 조정합니다.
□ 음량	□에 체크하면 무대에 소리의 음량이 나타납니다.

음량을 -10 만큼 바꾸기 코드 블록은 -10 에 지정한 숫자만큼 소리의 음량을 높이거나 낮추고, 해당 스프라이트에서만 소리 재생 음량을 조정할 수 있습니다. -10 에 음량의 크기를 '0'으로 입력하면 소리가 나지 않으며, 최대 100까지 지정할 수 있습니다.

오른쪽 스크립트는 3번 악기인 오르간으로 '도래미'를 연주한 후 1초 동안 기다렸다가 음량을 −10으로 바꾸고 다시 '도래미' 연주를 시작합니다. 이 과정을 10회 반복하면 음량을 음수로 지정하였기 때문에 점점 소리 크기가 줄어들다가 열 번째 실행할 때는 음량이 0으로 되어 소리가 들리지 않습니다.

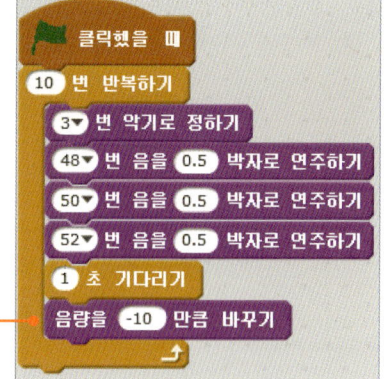

'도래미' 연주 후 음량을 −10씩 바꾸면 마지막 열 번째 실행할 때는 소리가 들리지 않습니다. 음량의 수가 0이면 소리가 나지 않습니다.

다음은 22번 악기인 아코디언을 최초 음량 0으로 지정한 후 계속하여 10씩 증가시키면서 연주하는 예입니다.

`음량을 100 %(으)로 정하기` 코드 블록은 음량을 백분율인 %로 선택하여 소리의 크기를 조정합니다. 이때 백분율은 0에서 100까지 지정할 수 있는데, 가장 큰 소리는 100이고, 0으로 지정하면 소리가 나지 않습니다. 이 블록 코드도 해당 스프라이트에서만 음량 조정이 가능합니다.

다음의 스크립트는 음량이 10%일 때 "야옹" 소리를 내고 2초 후 다시 음량이 100%일 때 "야옹" 소리를 냅니다. 이때 ☑ 음량 에 체크하면 소리를 낼 때마다 무대에 음량이 나타납니다.

☑ 음량 에서 ☐ 를 클릭하여 체크하면 무대 위의 스프라이트 음량이 백분율 값으로 나타납니다.

스프라이트 음량이 백분율 값으로 나타납니다.

소리의 템포 조정하기

다음은 소리의 빠르기, 느리기와 관련된 템포를 지정하고 변경할 수 있는 코드 블록입니다.

블록	설명
빠르기를 20 만큼 바꾸기	20에 입력한 수만큼 템포를 빠르게/느리게 바꿉니다.
빠르기를 60 BPM 으로 정하기	60에 지정한 수의 BPM으로 템포를 일정하게 조정합니다.
빠르기	를 클릭하여 체크하면 템포의 값이 무대에 나타납니다.

빠르기를 20 만큼 바꾸기 코드 블록은 20에 지정한 수만큼 연주 템포를 빠르게 또는 느리게 바꾸는데, 숫자를 크게 입력할수록 빠르게 연주합니다.

빠르기를 60 BPM 으로 정하기 코드 블록은 60에 지정한 수의 BPM만큼 템포를 일정하게 맞춥니다. BPM은 'Beats Per Minute'의 약자로, 템포를 분당 비트 수로 나타내는 것을 말합니다. 즉 분당 나타내는 박자 수로 빠르기를 계산합니다. 예를 들어 기본적으로 입력된 템포 수 60은 1초 동안 연주되는 음계인데, 만약 두 배인 '120'을 입력하면 0.5초 동안 음계가 연주됩니다. 따라서 템포 수가 클수록 빠르게 음계를 연주할 수 있습니다.

무대 위에서 춤추는 소녀 만들기

프로젝트 04

방향키 →를 누르면 소녀가 박자에 맞추어 좌우로 세 번 엉덩이를 흔들고, ←를 누르면 박자에 맞추어 춤을 추도록 프로젝트를 작성해 보겠습니다.

[그림 2-7] 무대 위에서 춤추는 소녀

무대 위에서 춤추는 소녀 프로젝트의 작성 순서는 다음과 같습니다.

01 무대에 배경 그림을 삽입합니다.

02 무대에 이미 배치된 스프라이트1(고양이)을 제거하고, 새로운 스프라이트 그림인 '여자1(anna-a)'과 '여자2(anna-b)' 그림을 차례대로 삽입합니다.

03 스프라이트의 스크립트 영역에서 소녀가 춤을 출 수 있게 동작하도록 논리적 코드 블록을 조합하는 스크립트를 작성합니다.

무대에 배경 화면 삽입하기

01 스프라이트1인 고양이에서 마우스 오른쪽 버튼을 클릭하고 바로 가기 메뉴에서 [삭제]를 선택하여 고양이를 삭제합니다.

02 '무대' 섬네일(□)을 클릭하고 배경 탭의 아이콘을 클릭합니다. [배경 저장소]에서 원하는 무대 배경인 'spotlight-stage'를 선택하고 확인 버튼을 클릭합니다.

03 무대 위에 스프라이트1을 삽입해 볼까요? 먼저 '새로운 스프라이트'에서 아이콘을 클릭합니다. [스프라이트 저장소]에서 추가할 스프라이트인 'Anna'를 선택하고 확인 버튼을 클릭합니다.

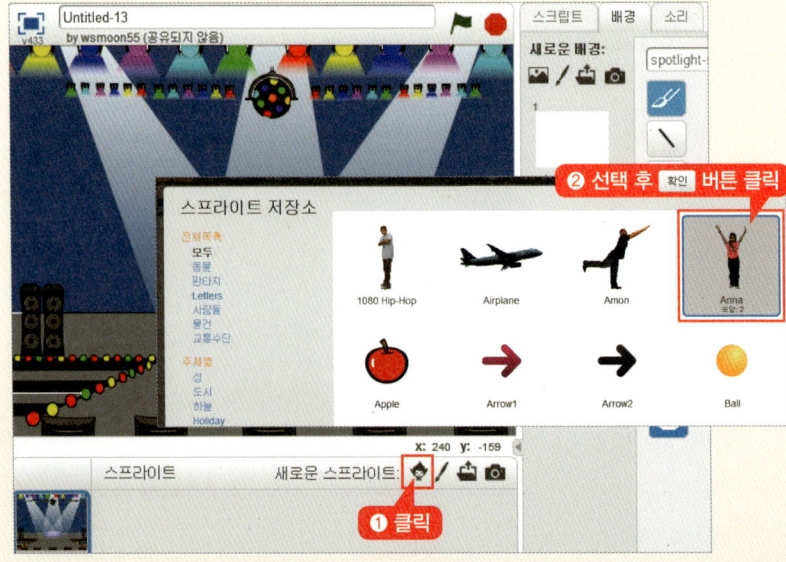

04 무대에 'Anna' 그림이 스프라이트1로 삽입됩니다. 여기서 'Anna' 스프라이트의 크기를 무대에 맞추기 위해서 ✜ 아이콘을 클릭하여 'Anna' 스프라이트를 축소한 후 무대에 재배치합니다.

05 모양 탭에서 'anna-a'와 'anna-b' 스프라이트가 추가된 것을 확인합니다. 이들 스프라이트는 나중에 스프라이트를 움직일 때 사용할 것이므로 추가되어 있지 않으면 03 과정을 진행해야 합니다.

스크립트 작성하기

스프라이트 목록에 있는 'Anna'를 클릭하고 스크립트 탭을 클릭한 후 스크립트 영역에서 다음의 화면과 같이 스크립트를 작성합니다. 스크립트를 실행한 후 방향키 ↓를 누르면 박자에 맞추어 'Anna'가 좌우로 엉덩이를 흔들고, ←를 누르면 팔을 흔들며 춤을 춥니다.

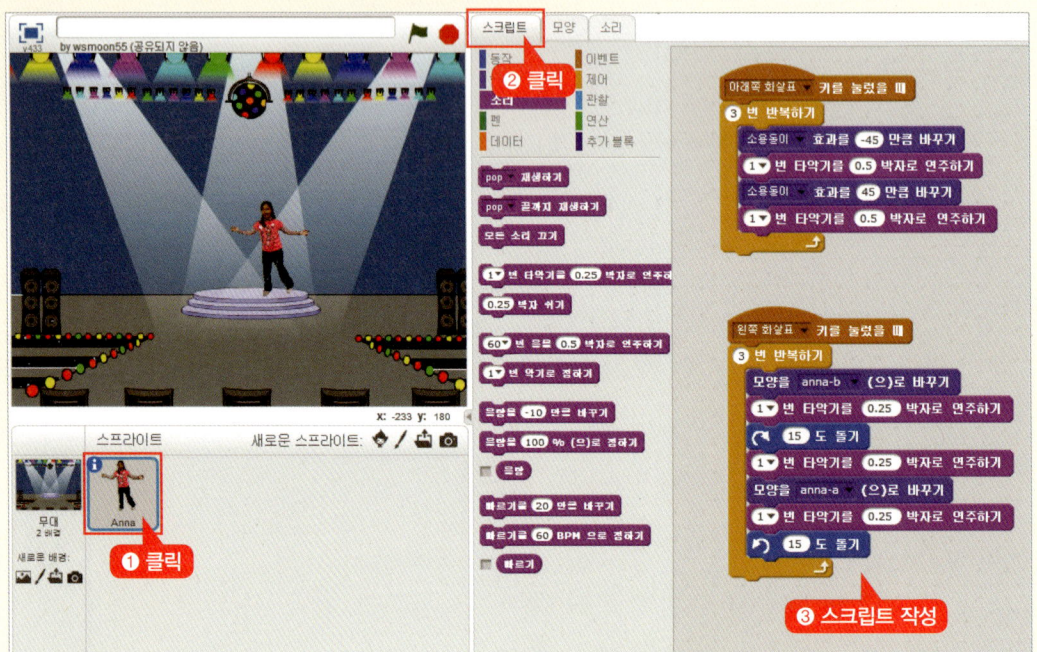

 ## 스크래치 프로젝트 저장하기

이제까지의 단계를 거쳐서 스크래치 프로젝트가 완성되어 정상적으로 실행되었으면 다음 중에서 하나의 메뉴를 선택하여 원하는 장소에 프로젝트를 저장합니다.

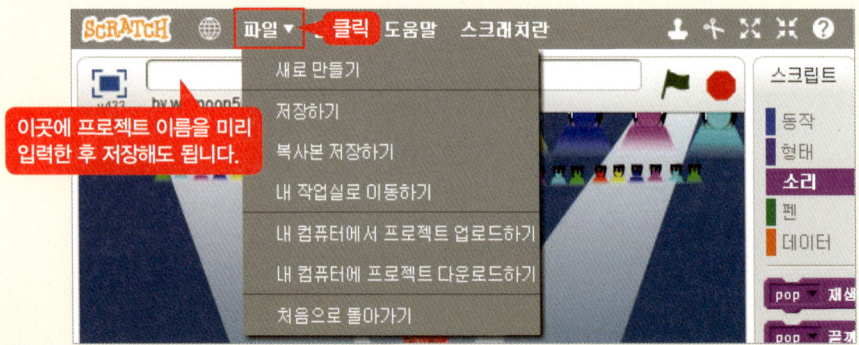

마법사와 동물들 만들기

프로젝트 05

10초 단위로 바뀌는 세 종류의 전원 풍경을 배경으로 마법사의 색깔이 3단계로 바뀌면서 하모니카 소리 형식의 '학교종' 동요가 반복적으로 연주되고, 새와 말이 움직이는 프로젝트를 작성해 보겠습니다.

움직이는 말의 발굽소리가 시간이 갈수록 커지고, 움직이는 새가 일정한 음량(50%)으로 소리를 내면서 날도록 프로젝트를 작성합니다. 이렇게 완성한 프로젝트는 ▶ 아이콘을 클릭하면 실행하고, ● 아이콘을 클릭하면 실행이 종료됩니다.

[그림 2-8] **마법사와 동물들**

마법사와 동물들 프로젝트의 작성 순서는 다음과 같습니다.

01 세 가지 무대의 배경을 외부(정보문화사 홈페이지)에서 가져와서 차례대로 추가해야 합니다.

02 무대에 삽입된 기존의 스프라이트를 제거하고, 새로운 스프라이트인 '말'과 '새' 그리고 '마법사'를 추가 삽입해야 합니다. 이때 '마법사' 스프라이트는 그림판을 이용하여 붉은색 안경을 추가합니다.

03 세 개의 스프라이트 동작을 위한 논리적 스크립트를 각각 구성해서 작성합니다.
04 완성한 프로젝트를 실행하고 정확하게 움직이는지 확인한 후 저장합니다.

무대에 배경 화면 삽입하기

01 스프라이트1인 '고양이'에서 마우스 오른쪽 버튼을 클릭하고 바로 가기 메뉴에서 [삭제]를 선택하여 기존 스프라이트인 '고양이'를 삭제합니다.

02 '무대' 섬네일(□)을 클릭하고 배경 탭에서 📤 아이콘을 클릭합니다. 대화상자가 나타나면 원하는 배경인 '배경그림1.png'를 선택하고 열기(O) 버튼을 클릭합니다.

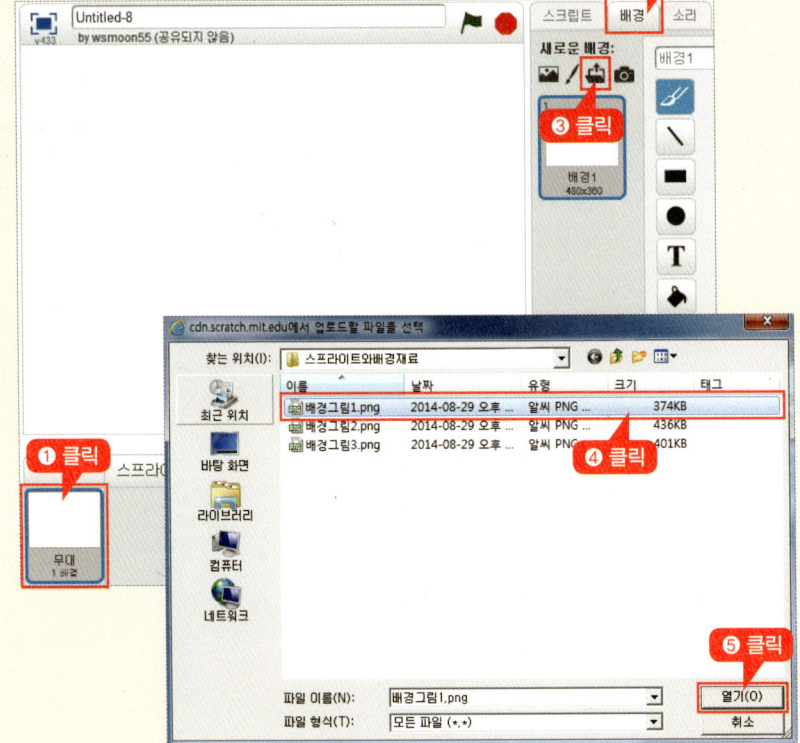

03 무대에 '배경그림1'이 삽입됩니다.

> **memo**
> 배경 그림은 정보문화사(www.infopub.co.kr) 자료실에 있습니다.

04 이와 같은 방법으로 [배경] 탭의 아이콘을 클릭하여 '배경그림2'와 '배경그림3'을 삽입합니다. 첫 번째 배경 그림은 빈 배경이므로 빈 배경 화면에 마우스 포인터를 올려놓고 아이콘을 클릭하여 삭제합니다.

 스프라이트 삽입하기

스크래치에 있는 스프라이트 저장소(Horse1, Parrot, Wizard Boy)를 이용해 무대에 세 종류의 스프라이트를 삽입합니다.

Chapter 02 블록 팔레트의 코드 기능과 프로젝트 살펴보기 | 123

01 '새로운 스프라이트'에서 아이콘을 클릭하여 [스프라이트 저장소]에 있는 'Horse1'을 삽입합니다.

02 아이콘을 클릭하고 그림(Horse1)으로 마우스를 이동한 후 무대에 비례하여 작게 조정합니다.

03 01~02 과정과 같은 방법으로 두 번째 스프라이트인 'Parrot'과 세 번째 스프라이트인 'Wizard Boy'를 삽입하고 크기를 조정합니다.

04 세 번째 스프라이트인 마법사는 원래의 그림을 조금 수정하여 배치해 보겠습니다(마법사에 붉은색 안경 착용). 그림판의 색상 팔레트에서 붉은색을 선택하고 타원을 삽입하는 ⬚ 아이콘과 선을 삽입하는 ⬚ 아이콘을 클릭한 후 마법사 얼굴에 안경을 그립니다.

05 배경과 세 종류의 스프라이트를 추가하면 오른쪽 화면과 같이 완성됩니다.

무대에 다음 배경으로 바꾸기

'무대' 섬네일(📋)을 클릭하고 코드 블록을 조합하여 스크립트를 작성합니다. 스크립트는 하나의 배경이 다음 배경으로 이동하는 데 10초가 걸립니다.

 ## 스프라이트의 스크립트 작성하기

다음은 새 'Parrot' 스프라이트의 스크립트를 작성하는 과정입니다.

01 'Parrot' 스프라이트를 먼저 클릭합니다. 여기서는 두 가지 단계, 즉 새소리를 삽입하는 과정과 새 동작을 위한 코드 블록의 조합 과정인 스크립트를 작성해야 합니다.

02 새소리를 삽입해 볼까요? 소리 탭을 클릭하고 새로운 소리를 선택하기 위해 🔊 아이콘을 클릭합니다. [소리 저장소]가 나타나면 'bird'를 선택하고 확인 버튼을 클릭합니다.

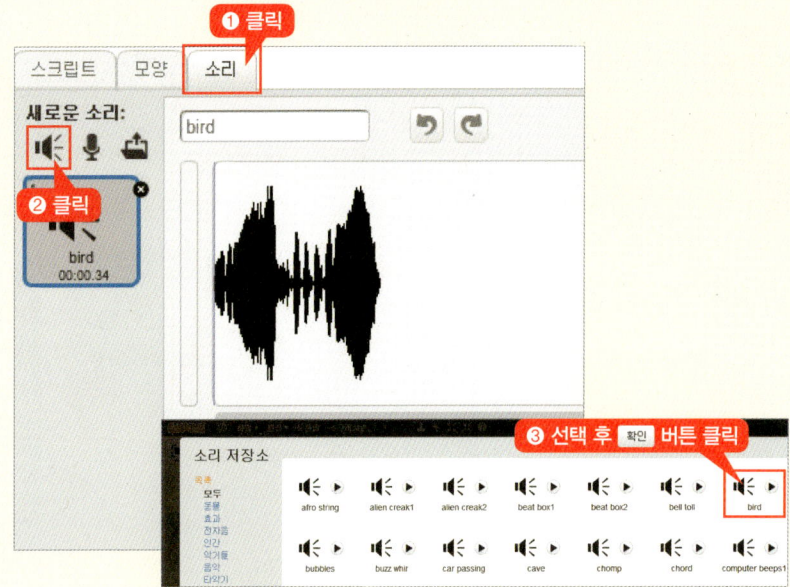

03 새가 움직이는 스크립트를 작성하기 위해 스크립트 영역에서 논리적 동작을 위한 스크립트를 작성합니다. 'Parrot' 스프라이트는 10만큼 움직이고, 날갯짓을 0.3초 단위로 하며, 음량을 50%로 고정하여 새소리를 지정합니다. 새 'Parrot'이 벽에 닿으면 다시 왼쪽으로 날아가는데, 이때는 왼쪽에서 오른쪽으로만 이동하는 ↔ 아이콘을 클릭하고 새가 90도 수평으로 날지만 약간씩의 각도로 오르내리면서 날도록 방향을 조절해야 합니다.

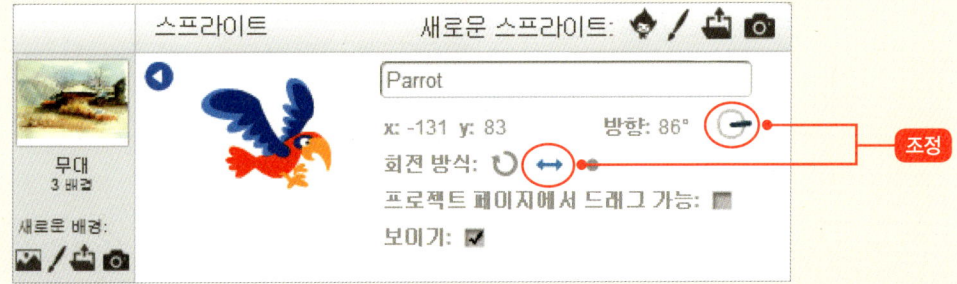

04 스크립트 탭을 클릭하고 스크립트를 작성합니다.

다음은 말 'Horse1' 스프라이트의 스크립트를 작성하는 과정입니다.

01 'Horse1' 스프라이트를 먼저 클릭하여 선택하는데, 여기서도 소리 삽입과 스크립트 작성 과정이 필요합니다.

02 말발굽 소리를 삽입하려면 [소리] 탭을 클릭한 후 새로운 소리를 선택하기 위해 🔊 아이콘을 클릭합니다. [소리 저장소]에서 'horse gallop'을 선택하고 [확인] 버튼을 클릭한 후 이미 있는 소리인 'meow'를 삭제합니다.

03 오른쪽 화면과 같이 'Horse1' 스프라이트 속성을 조정합니다. 이때 왼쪽에서 오른쪽으로 이동하기 위해 '회전 방식'에서 ↔ 아이콘을 클릭하고 방향은 90도로 지정합니다.

04 스크립트 탭을 클릭하여 스크립트 영역에서 말 동작을 위한 스크립트를 작성합니다. 'Horse1' 스프라이트는 10만큼 움직이고 말발굽소리의 음량을 5만큼 높였다가 말이 벽에 닿으면 다시 왼쪽으로 이동합니다.

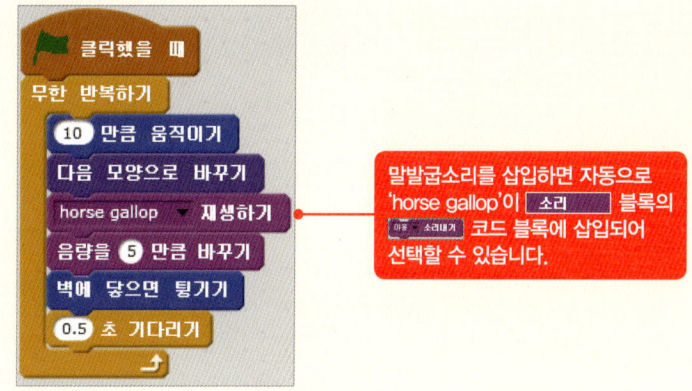

다음은 마법사 'Wizard Boy' 스프라이트의 스크립트를 작성하는 과정입니다.

01 'Wizard Boy' 스프라이트를 선택합니다. 여기서는 소리를 외부에서 가져오지 않고 소리 블록을 이용하여 직접 소리(학교종)를 제작할 것이므로 소리 삽입 과정은 생략하고 스크립트만 작성합니다.

02 'Wizard Boy' 스프라이트를 클릭하여 스크립트 영역 상태로 바꾸고 오른쪽 화면과 같이 스크립트를 작성합니다. 스크립트는 '학교종' 노래가 한 번 나올 때마다 마법사는 10만큼 색깔이 바뀝니다.

저장하기

스크래치 프로젝트가 완성되어 정상적으로 실행되면 [파일] 메뉴에서 제공하는 다양한 저장 방법을 이용하여 원하는 장소에 저장합니다.

피아노 건반 만들기

프로젝트 06

피아노 건반을 마우스로 클릭하면 해당 건반에 대한 음계가 소리로 표시되고, 무대 위에서 슬라이드를 드래그하여 원하는 악기를 선택한 후 건반을 클릭하면 원하는 악기의 음계 소리가 들리는 프로젝트를 작성해 보겠습니다.

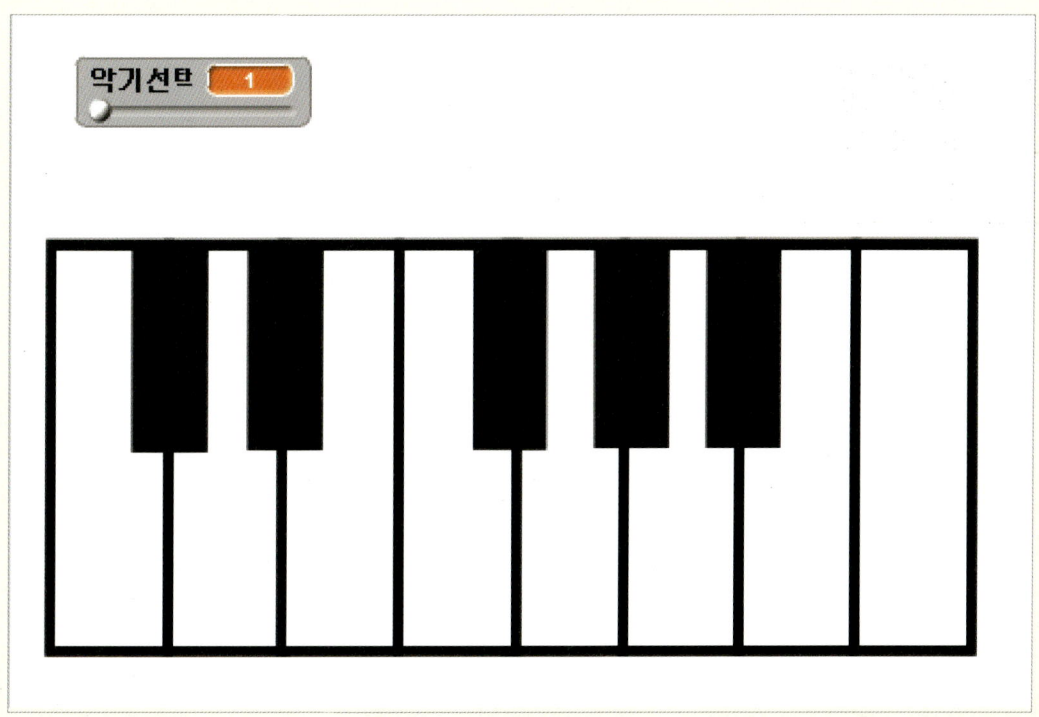

[그림 2-9] 피아노 건반 만들기

피아노 건반 만들기 프로젝트의 작성 순서는 다음과 같습니다.

01 기존에 있던 스프라이트1인 고양이를 삭제합니다.
02 그림판을 이용해 새로운 스프라이트인 건반 ☐과 ■을 만듭니다.
03 스크립트로 각 스프라이트(건반들)의 음계를 작성합니다.

스프라이트 만들기

01 새로운 스프라이트 목록에서 / 아이콘을 클릭합니다. 그림판이 나타나면 건반을 그리는데, ■ 아이콘과 ◆ 아이콘을 이용하여 □과 ■을 만들고 다음의 화면과 같이 첫 번째 건반인 'c1'을 그립니다.

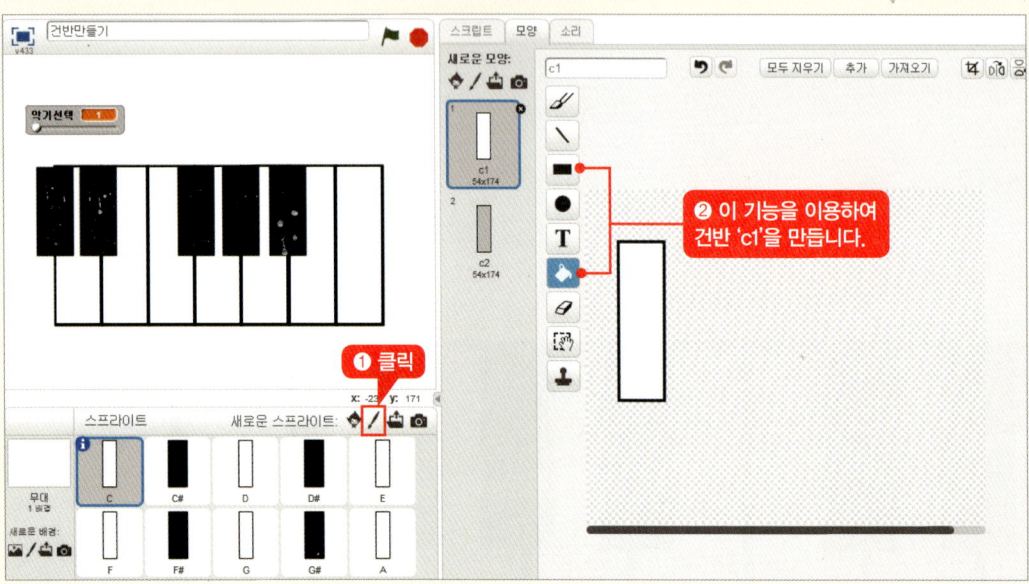

02 마우스로 건반을 클릭하였을 때 건반에 음영을 주어 건반이 눌러진 모습을 나타내기 위해 두 번째 건반인 'c2'를 만듭니다. 이때 처음 만든 건반과 크기가 같아야 하고, 눌러진 모습을 나타내기 위해 약간의 음영을 넣어야 합니다. 만든 건반에서 마우스 오른쪽 버튼을 클릭하고 바로 가기 메뉴에서 [복사]를 선택하면 두 번째 건반인 'c2'가 나타나는데, 이 건반에 ◆ 아이콘을 이용하여 적당한 음영을 넣습니다.

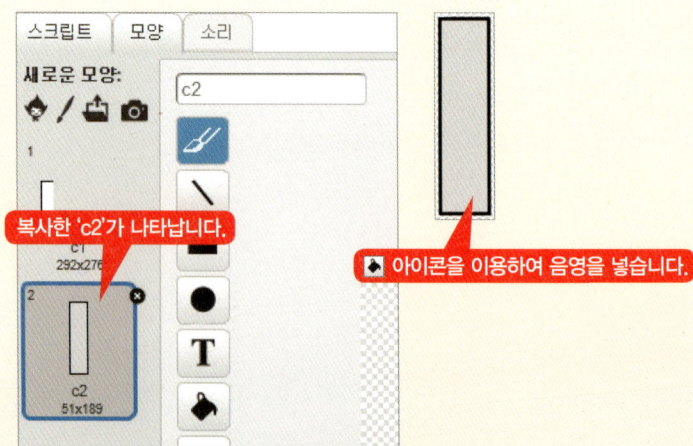

03 이와 같은 방법으로 검은색 건반인 ▮ 스프라이트도 그립니다. '건반' 스프라이트를 모두 완성했으면 스프라이트 목록 창에 오른쪽 화면과 같이 나타나는데, 만들어진 스프라이트 이름을 'C', 'C#', 'D', 'D#', 'E', 'F', 'F#', 'G', 'G#', 'A', 'A#', 'B', 'C8'로 지정합니다.

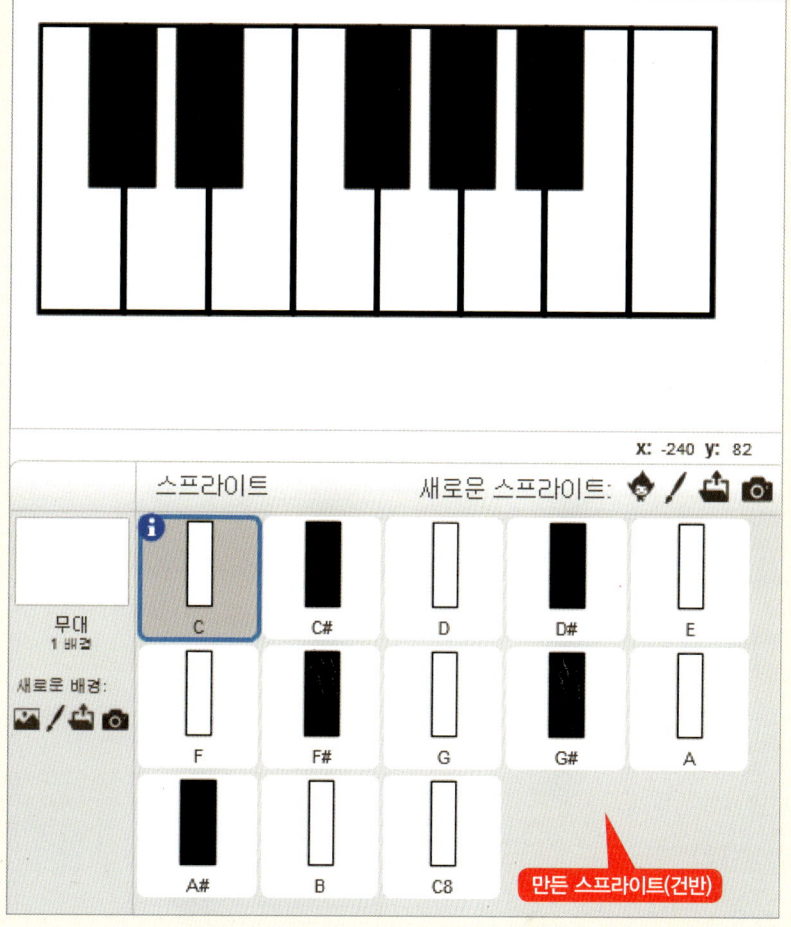

각 스프라이트의 스크립트 작성하기

01 C 스프라이트 섬네일을 클릭하고 스크립트 영역이 나타나면 다음의 화면과 같이 작성합니다.

02 다음은 'C#', 'D', 'D#', 'E', 'F', 'F#', 'G', 'G#', 'A', 'A#', 'B', 'C8' 스프라이트 스크립트입니다(스크립트에서 `악기선택`은 뒤에서 설명할 `데이터` 블록에 있는 변수 만들기로 합니다).

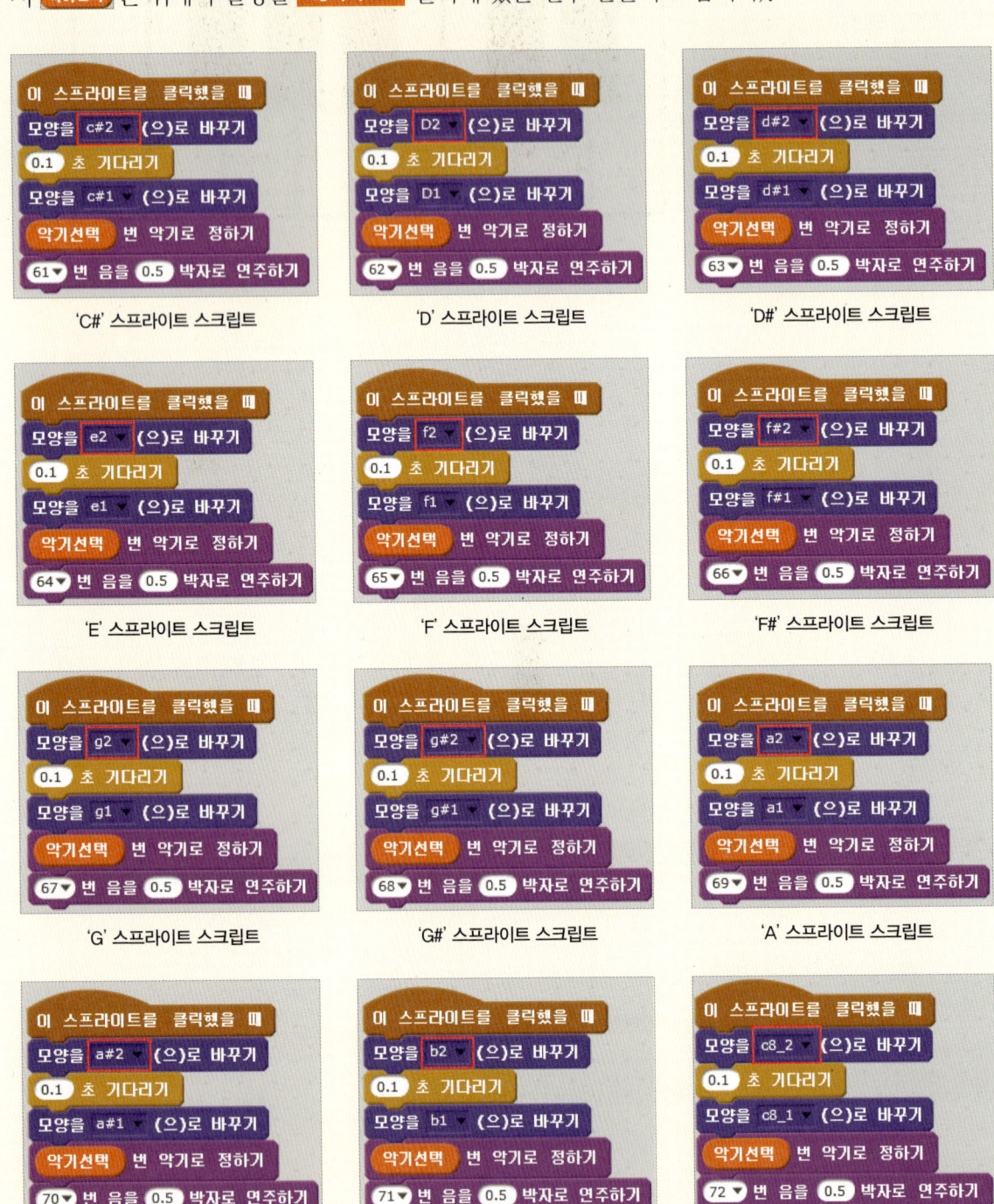

03 이와 같이 모든 스프라이트에 대한 스크립트를 작성한 후 무대 위에 있는 건반을 마우스로 클릭하면 해당 건반(스프라이트)에 대한 음계를 들을 수 있습니다. 정상적으로 피아노 건반이 실행되면 스크립트를 저장합니다.

Tip

변수 만들기

피아노 건반 만들기의 스크립트 작성에서 사용한 `악기선택`은 다음의 화면과 같이 `데이터` 블록에 있는 변수 만들기로 합니다. `데이터` 블록에서 [변수 만들기] 버튼을 클릭합니다. [새로운 변수] 대화상자가 나타나면 '변수 이름'에 이름을 입력하고 [확인] 버튼을 클릭하는 순서로 작업합니다. `데이터` 블록에 대해서는 5장에서 자세히 설명합니다.

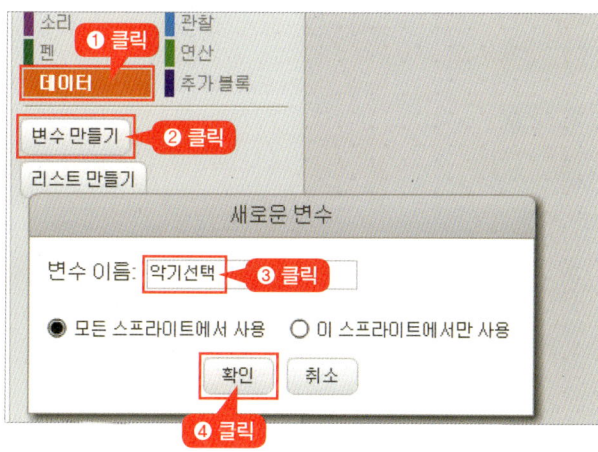

04 펜 팔레트의 코드 블록

펜 팔레트는 가상의 펜을 이용하여 선과 도형을 그리는 기능이 포함된 코드 블록으로, 색상은 민트 그린색입니다.

펜 팔레트의 구성

펜 블록은 선이나 도형 등의 그래픽을 그릴 수 있는 열한 개의 코드 블록으로 구성되어 있습니다. 스크래치 프로그램에서 그림을 그릴 때는 그림판을 이용하거나 펜 블록을 이용하는 두 가지 방법이 있습니다. 그림판에서 그린 그림 및 그래픽은 스프라이트나 배경 그림을 그릴 때 사용하지만, 펜 블록을 이용한 그림은 무대에서 스프라이트가 그림을 그리게 하는 방법입니다.

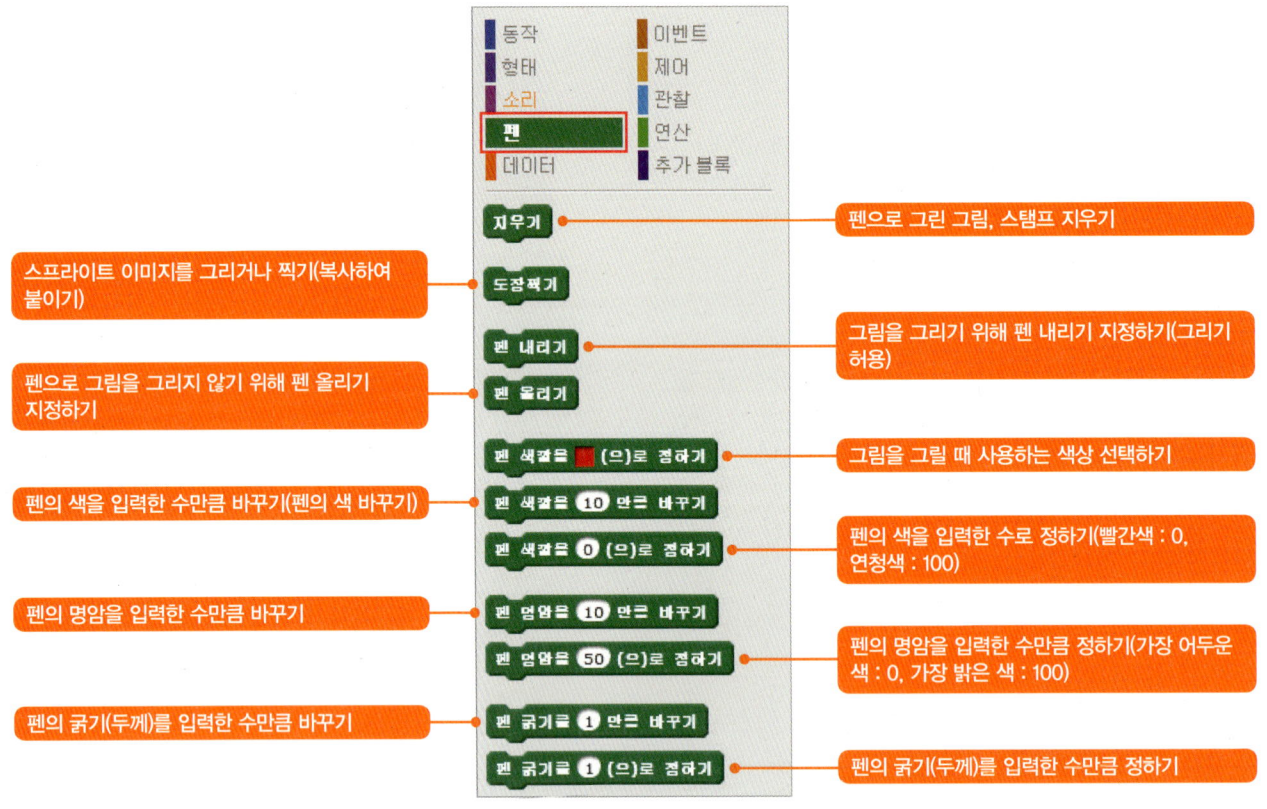

[그림 2-10] 펜 블록의 코드 블록 기능

그림 그리기와 지우기

다음은 무대에서 그림을 그리고 지울 수 있는 코드 블록입니다.

지우기	무대에 그린 그림 및 도형을 모두 지웁니다.
펜 내리기	무대에서 그림을 그릴 수 있습니다(펜 사용 가능).
펜 올리기	무대에서 그림을 그릴 수 없습니다(펜 사용 불가).

펜 내리기 는 무대에서 가상의 펜으로 그림을 그릴 수 있도록 펜이 무대에 내려집니다. 다음은 마우스 포인트로 무대 위에 그림을 그리는 스크립트의 예로, 이때의 마우스 포인트는 스프라이트가 됩니다.

펜 올리기 는 무대 위에 그림을 더 이상 그리지 않을 때 사용하는데, 이것은 마치 무대라는 칠판에서 펜을 들어 올리는 경우입니다.

다음은 위의 스크립트에 펜 올리기 코드 블록을 추가하여 마우스를 클릭한 상태가 아니면 그림을 그릴 수 없는 예로, 그림을 그릴 수 있는 상태와 그렇지 않은 상태를 스크립트하였습니다.

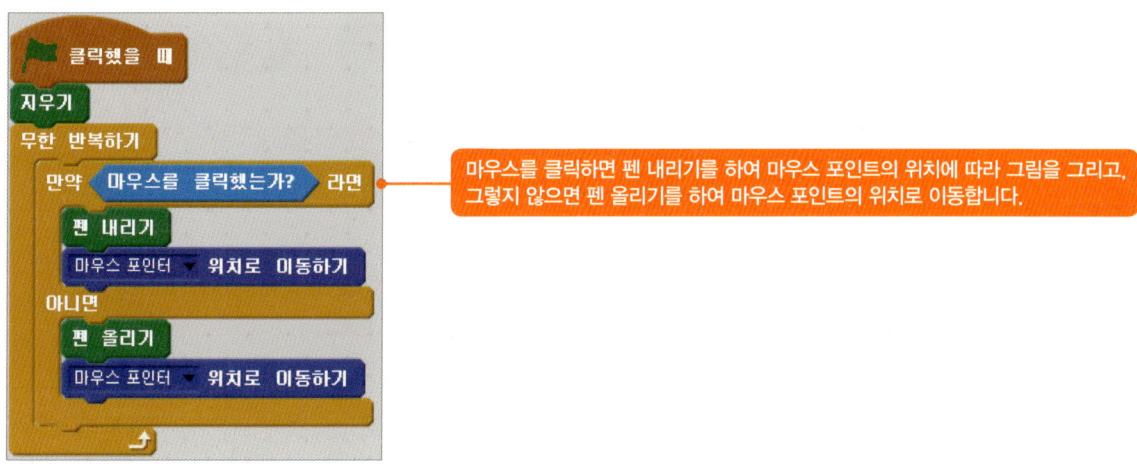

[지우기]는 무대 위에 그려진 모든 흔적을 지웁니다. 오른쪽 화면의 스크립트는 펜을 내린 상태에서 100만큼 움직여서 그림을 그린 후 펜을 올려서 그리기를 중단했다가 다시 1초 후 그린 선을 지웁니다.

[지우기], [펜 내리기], [펜 올리기]를 이용하여 간단한 예제 스크립트를 만들어 봅니다. 다음은 연필(스프라이트)이 무대 위의 한가운데에 있는 예제로, 무대에 이미 그린 선 등이 있으면 모두 지우고([지우기]), 무대에 마우스 포인트를 이동한 상태에서 드래그하면 펜 모양의 스프라이트가 그림을 그립니다([펜 내리기]). 마우스 포인트를 누르지 않으면 그림을 그릴 수 없게 되고([펜 올리기]), 펜은 무대의 중앙에 위치합니다.

01 무대의 '고양이' 스프라이트를 'Sprite1' 섬네일에서 마우스 오른쪽 버튼을 클릭한 후 바로 가기 메뉴에서 [삭제]를 선택합니다. 그런 다음 연필 모양의 새로운 스프라이트를 만들기 위해 ✏ 아이콘을 클릭합니다.

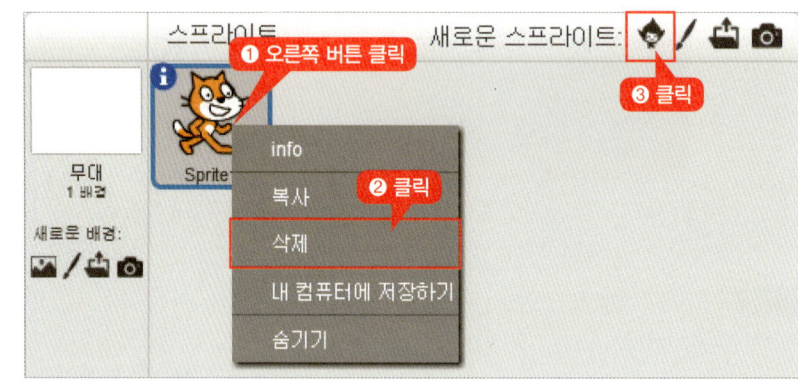

02 [스프라이트 저장소]가 나타나면 [물건]을 선택하고 'Pencil'을 클릭한 후 [확인] 버튼을 클릭합니다.

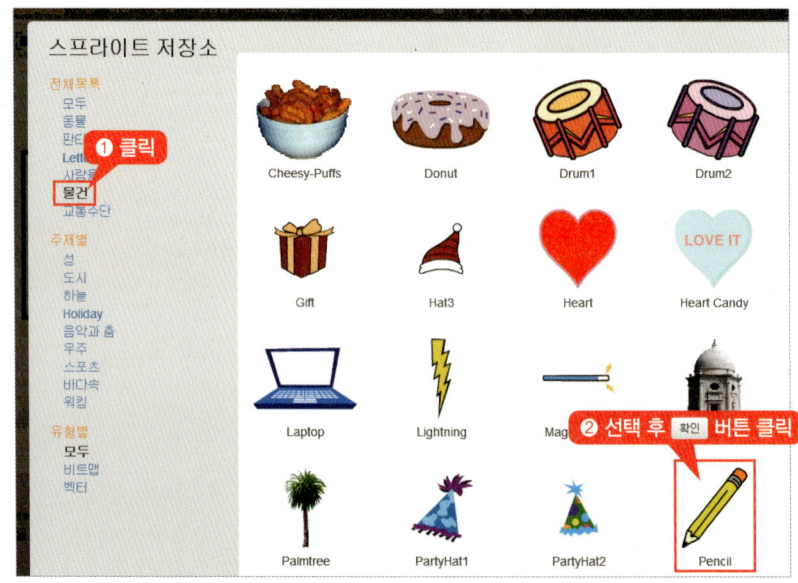

03 무대에 'Pencil' 스프라이트가 나타나면 ✥ 아이콘을 사용하여 연필을 적당한 크기로 축소한 후 다음의 화면과 같이 스크립트를 작성합니다.

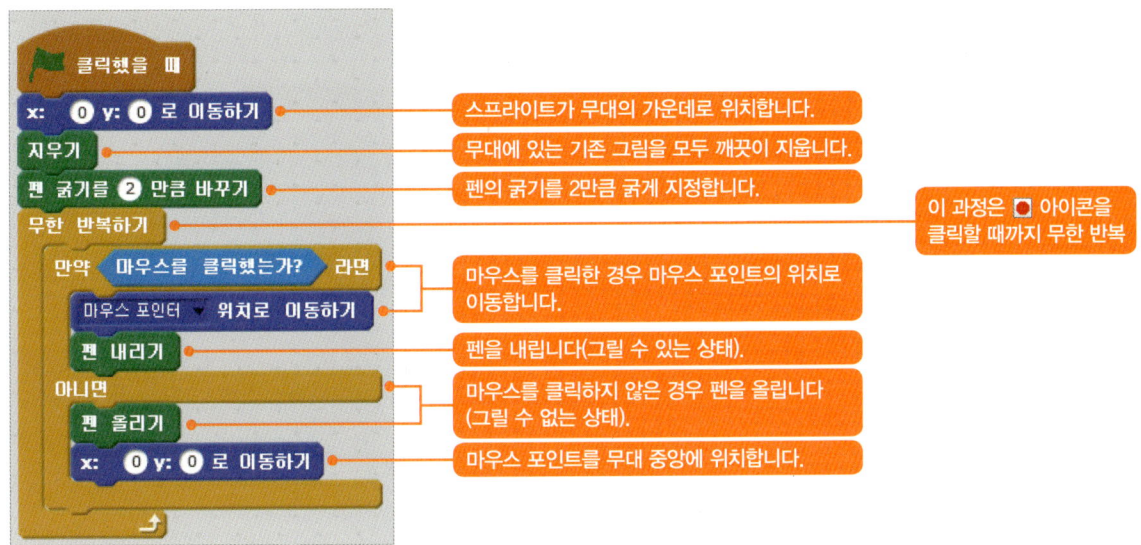

펜 색깔 지정하기

다음은 펜으로 그림을 그릴 때 특정한 색을 사용할 수 있는 코드 블록입니다.

블록	설명
펜 색깔을 ■ (으)로 정하기	펜 색깔을 선택합니다.
펜 색깔을 10 만큼 바꾸기	펜 색깔을 지정한 수만큼 바꿉니다.
펜 색깔을 0 (으)로 정하기	펜 색깔을 지정한 수의 값으로 정합니다.

 는 그림을 그리는 펜의 색깔을 지정하는 코드 블록입니다. 스크래치 1.4 버전에서는 코드 블록의 ■ 부분을 클릭하면 나타나는 무지개 색의 색상 팔레트에 마우스 포인트를 이동하여 색을 선택할 수 있었지만, 스크래치 2.0 버전에서는 이 기능이 생략되었습니다. 이런 면에서 볼 때 스크래치 2.0이 스크래치 1.4 버전보다 약간 불편하므로 1.4 버전처럼 색상 팔레트를 계속 사용하려면 인터넷 검색에서 'color hue' 용어를 찾아보세요.

자, 그러면 펜의 색을 선택하기 위해 다음과 같이 작성해 볼까요? 스크래치 편집 화면에 있는 색을 마우스로 이동하여 클릭하면 코드 블록의 ■ 영역에 해당 색이 나타납니다. 아무 색이나 클릭해도 되지만 여기에서는 동작 블록의 색인 청색을 선택합니다.

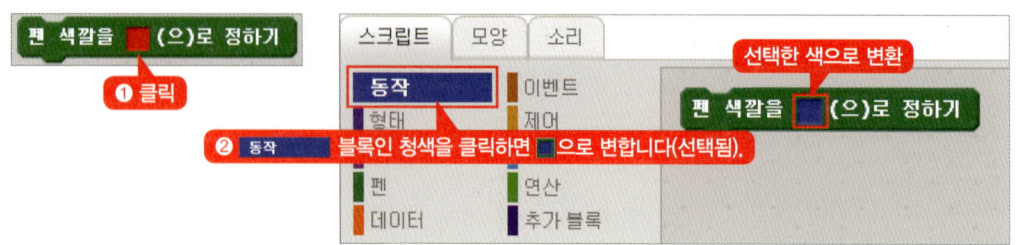

다음은 기존의 고양이 스프라이트를 삭제하고 그림판을 이용하여 ● 모양(빨간색)의 스프라이트를 만든 후 ● 스프라이트가 이동하면서 색깔별(빨간색, 파란색, 녹색)로 직선을 그리는 스크립트의 예입니다.

01 모양 탭을 클릭하고 '고양이' 스프라이트를 클릭한 후 모두 지우기 버튼을 클릭합니다.

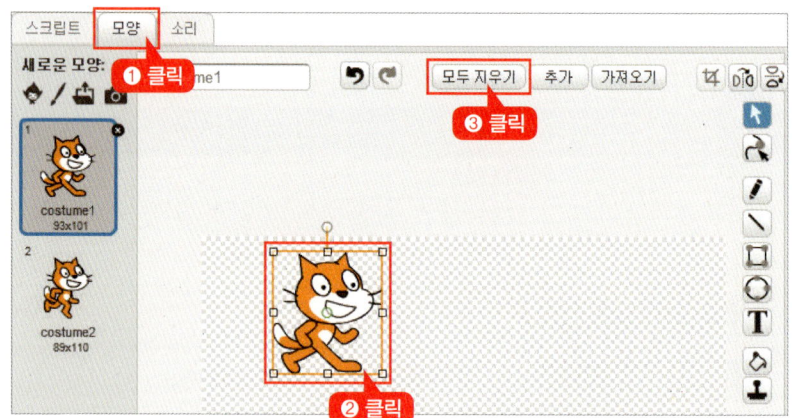

02 그림판의 오른쪽 아래에 있는 비트맵 이미지로 변환 버튼을 클릭하여 '비트맵 모드'로 전환하고 오른쪽 화면의 순서대로 스프라이트를 만듭니다. 이와 같이 하면 무대에 새로운 ● 스프라이트가 나타납니다.

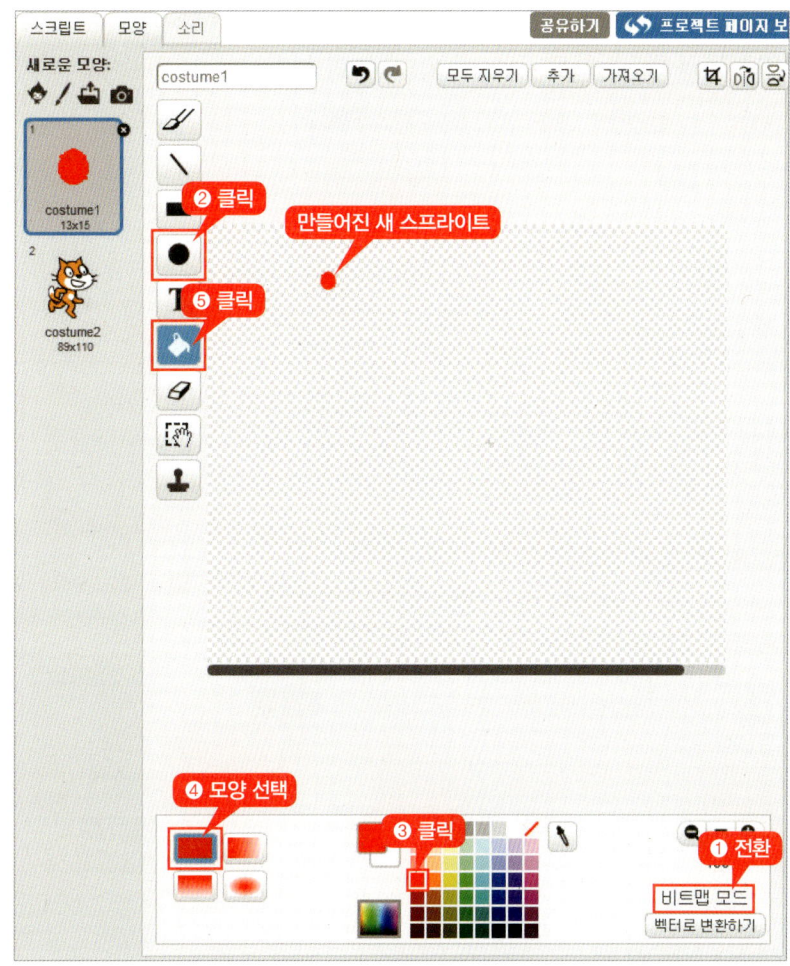

03 스크립트 탭을 클릭하여 오른쪽 화면과 같이 스크립트를 작성합니다. ● 스프라이트가 만들어졌으면 빨간색, 파란색, 녹색을 차례대로 선택하면서 100만큼씩 이동하여 선을 그립니다.

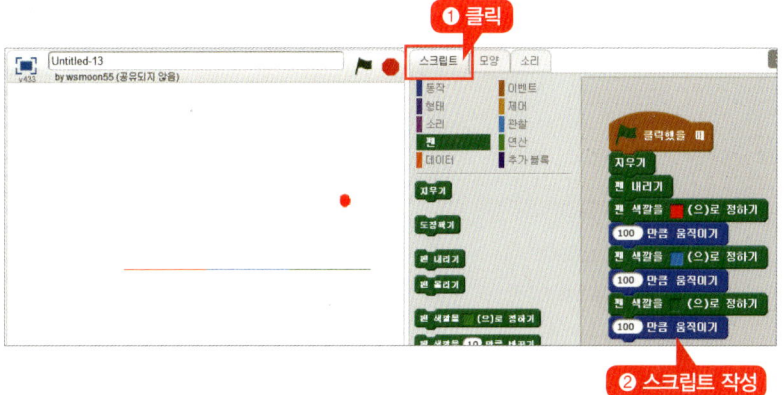

펜 색깔을 0 (으)로 정하기 코드 블록은 0 안에 수를 입력하면 수에 해당하는 만큼 펜 색깔이 지정됩니다. 이때 입력되는 최대 수는 200으로, 200이 넘으면 200으로 나눈 나머지 값이 현재의 펜 색깔 수가 됩니다. 예를 들어 '2003'을 입력하였다면 200을 나눈 나머지 값인 3이 현재 펜 색이 됩니다. 다음은 자주 사용하는 색깔별 입력 수입니다.

색깔	빨간색	주황색	노란색	초록색	파란색	보라색	분홍색
입력 수	0	20	35	70	130	150	175

다음은 딱정벌레를 스프라이트로 삽입하여 딱정벌레가 10step씩 이동하면서 빨간색(0), 주황색(20), 노란색(35), 초록색(70), 파란색(130), 보라색(150) 그리고 분홍색(175) 선을 긋는 스크립트입니다.

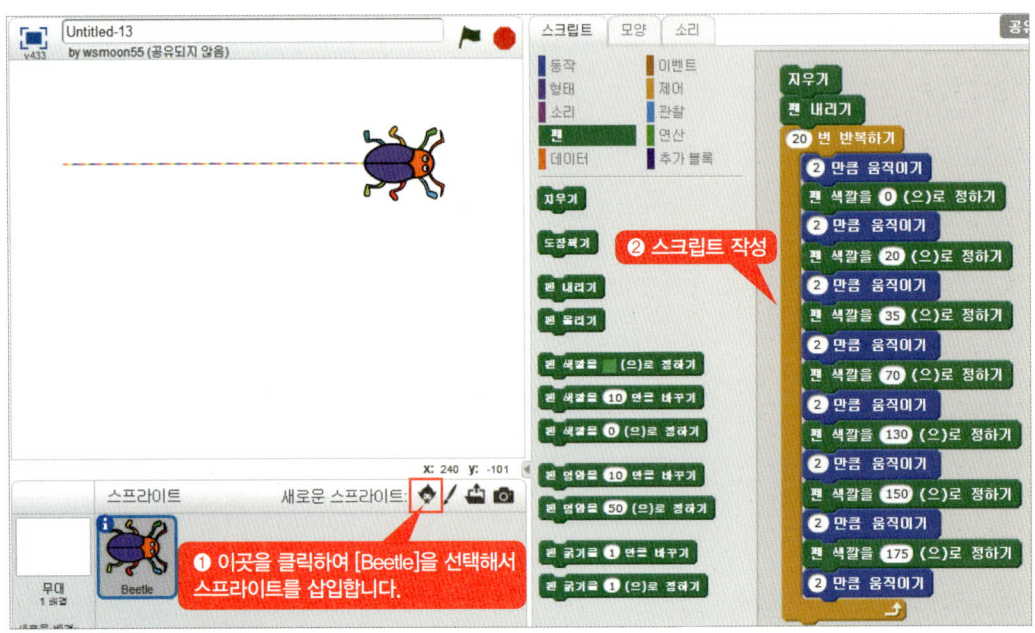

Tip

선을 그리는 다양한 방법 살펴보기

딱정벌레가 x축 방향으로 이동하면서 선을 그리려면 다음의 화면과 같이 스크립트를 작성합니다.

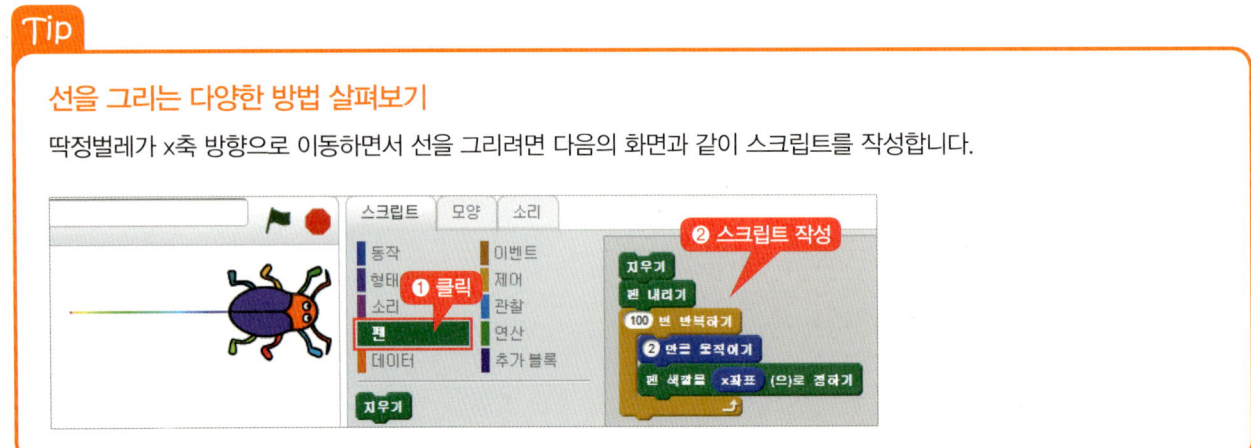

펜 색깔을 10 만큼 바꾸기 는 10 에 수를 입력하면 현재의 펜 색에서 지정한 수만큼 변경됩니다. 이때의 수는 양수나 음수를 입력하여 색깔을 증가 또는 감소시킬 수 있습니다.

다음은 현재의 펜 색에서 1씩 증가하여 원을 그리는 스크립트로, 선 색깔은 무지개 색을 띕니다.

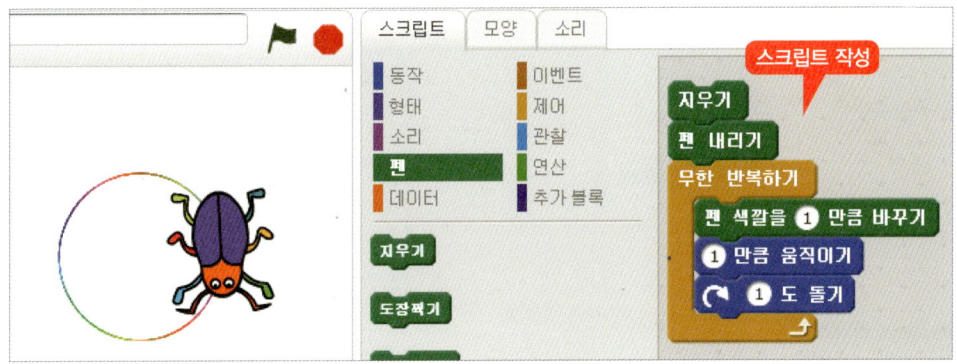

펜 그림자(명암) 지정하기

다음은 그림을 그릴 때 적용되는 펜의 그림자 범위(펜 색상 농도)를 지정하는 코드 블록입니다.

펜 명암을 10 만큼 바꾸기	10 에 입력한 수만큼 펜 그림자를 바꿉니다.
펜 명암을 50 (으)로 정하기	50 에 입력한 수(0에서 100까지)로 펜 그림자를 정합니다.

펜 명암을 50 (으)로 정하기 코드 블록은 펜 그림자를 50 안에 0에서 100까지 입력한 수로 지정할 수 있습니다. 스크래치에서 기본적으로 지정된 수는 50이고, 0으로 갈수록 펜 색상의 그림자(농도)는 현재 색이 진하게 되어 검은색에 가깝게 변하며, 100으로 갈수록 흐려지면서 흰색에 가까워집니다.

다음은 스프라이트 연필인 'pencil'을 추가하여 작성한 스크립트입니다.

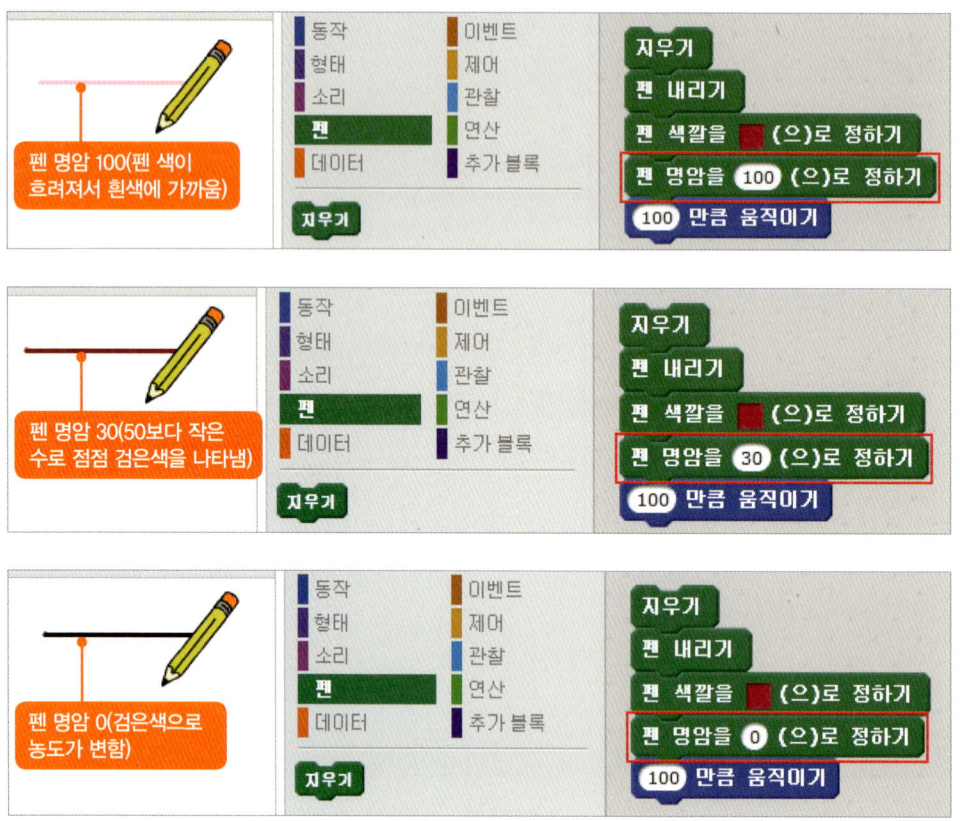

펜 명암을 10 만큼 바꾸기 는 10 안에 입력한 수만큼 펜 음영, 즉 그림자(농도)를 증가 또는 감소할 수 있습니다. 이때 양수를 입력하면 펜 그림자가 현재의 펜 그림자에서 증가하고, 음수를 입력하면 감소합니다.

다음은 빨간색 펜이 10만큼 움직이면서 동시에 펜 색상을 5만큼 바꾸는 예로, 이 과정을 20회 반복하면 서로 다른 색으로 선이 그려집니다.

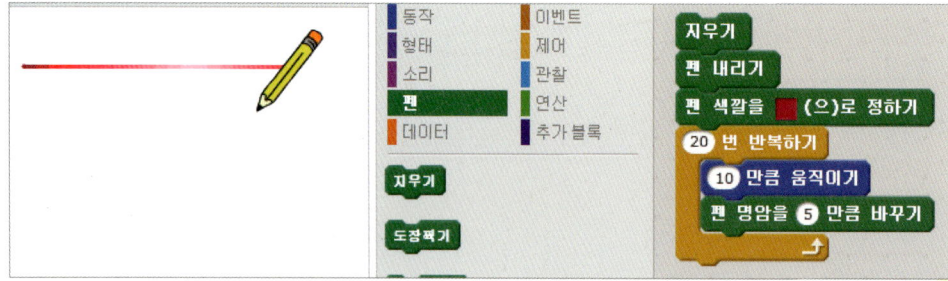

펜 굵기 바꾸고 지정하기와 도장 찍기

다음은 펜의 굵기를 바꾸고, 지정하며, 무대에 스프라이트를 복사하는 코드 블록입니다.

펜 굵기를 1 만큼 바꾸기	1 안에 지정한 수만큼 펜의 굵기를 바꿉니다.
펜 굵기를 1 (으)로 정하기	1 안에 지정한 수로 펜의 굵기를 정합니다.
도장찍기	무대에 스프라이트를 복사합니다.

펜 굵기를 1 (으)로 정하기 는 1 안에 입력한 수만큼 펜의 굵기를 지정하고(0에서 255까지), 기본적으로 제공되는 펜 굵기값은 1입니다. 다음은 펜의 굵기를 각각 5와 10 그리고 50으로 지정하였을 때 펜의 크기를 나타낸 예입니다.

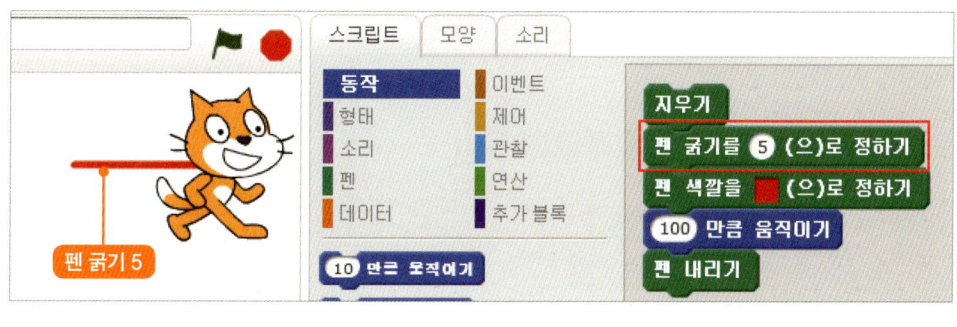

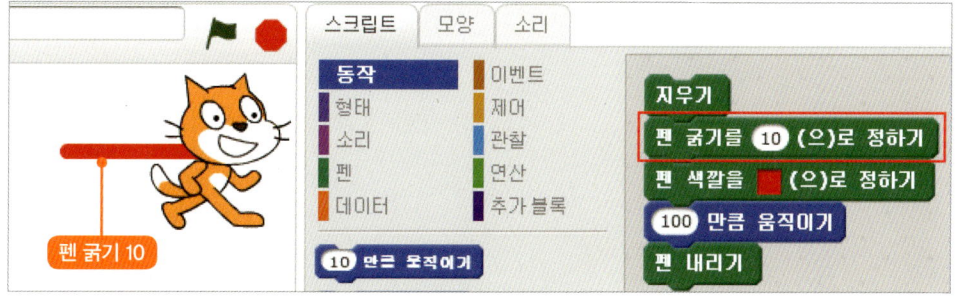

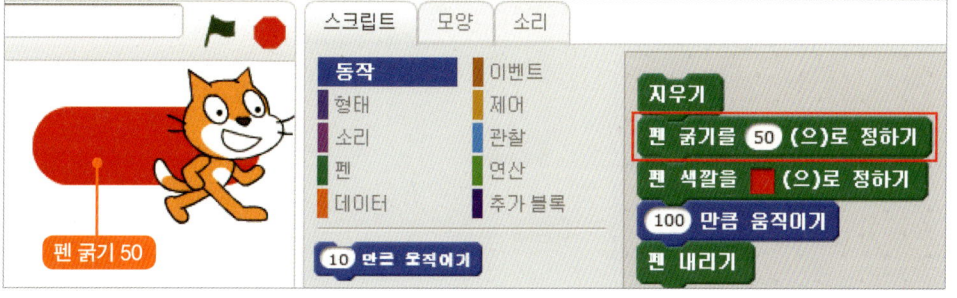

펜 굵기를 1 만큼 바꾸기 는 현재 펜 굵기에서 1 안에 입력한 수만큼 상대적으로 펜의 굵기를 변경합니다.

다음은 처음 펜의 굵기를 50으로 지정하였을 때 펜의 크기를 10만큼 바꾼 결과(10만큼 증가되어 펜의 굵기가 60 크기로 변함)와 -10만큼(10만큼 감소되어 펜의 굵기가 처음 지정된 굵기보다 10만큼 작은 40 크기의 굵기로 변함) 바꾼 결과의 예입니다.

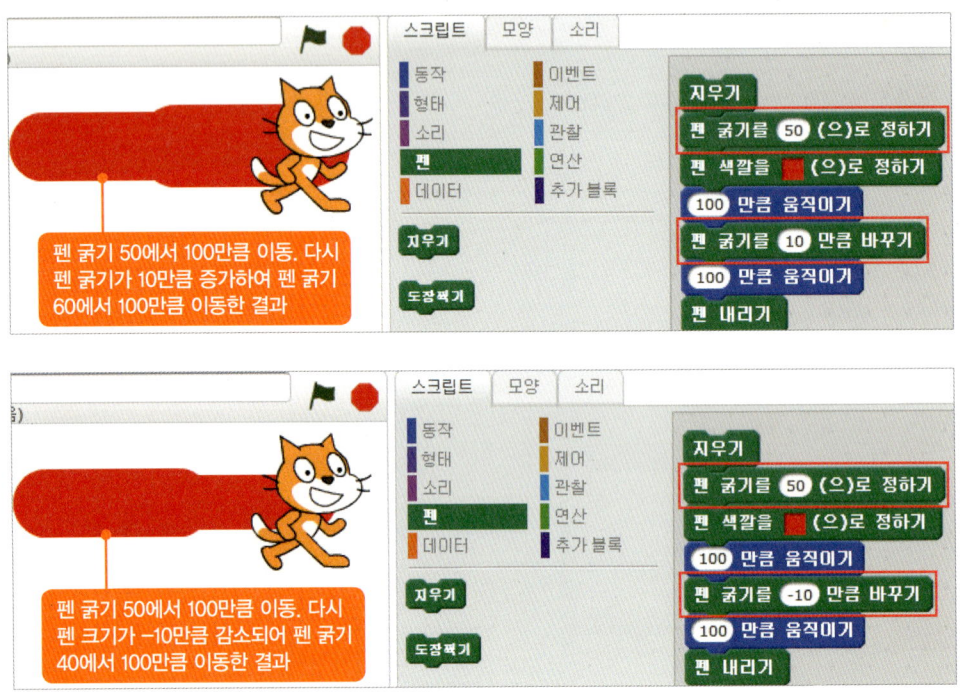

는 무대 위의 스프라이트를 캡처하여 도장을 찍듯이 복사합니다.

다음은 코드 블록을 사용하여 여러 개의 스프라이트를 캡처하여 무대 위에 복사하는 예입니다.

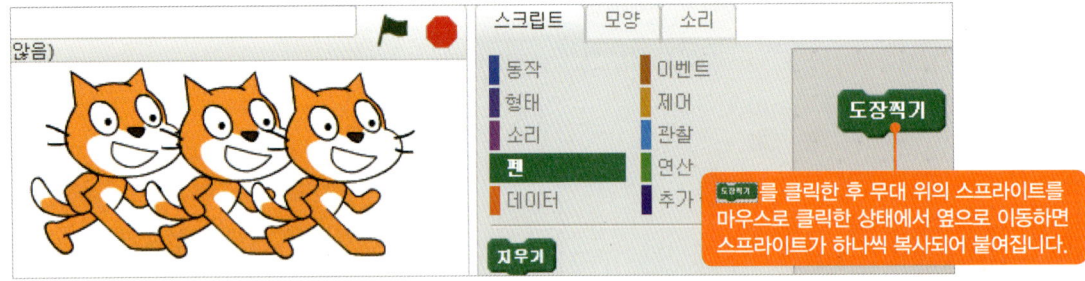

오른쪽 화면은 스프라이트가 50만큼 움직이면서 를 5회 반복하는 스크립트입니다.

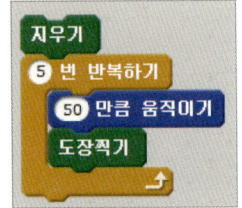

프로젝트 07 낙서장 만들기

다음의 화면과 같이 낙서장 프로젝트를 작성해 보겠습니다.

[그림 2-11] 낙서장

낙서장 프로젝트의 작성 조건은 다음과 같습니다.

01 마우스로 다섯 가지 색(검은색, 빨간색, 녹색, 청색, 보라색)을 선택합니다.
02 펜의 크기(1, 3, 5)를 선택하고 마우스로 드래그하면 그림을 그릴 수 있게 합니다.
03 ✐ 아이콘을 클릭한 후 그려진 낙서 및 그림에서 마우스로 드래그하면 지울 수 있게 합니다.
04 화면에 낙서한 모든 것을 한 번에 지우려면 모두삭제 버튼을 클릭합니다.
05 펜의 색이나 굵기를 선택하면 화면의 위쪽에서 선택한 펜 색깔과 굵기에 대한 정보를 나타냅니다.
06 실행 시작과 종료는 ⚑ 아이콘과 ⬤ 아이콘을 클릭합니다.

낙서장 프로젝트의 작성 순서는 다음과 같습니다.

01 무대 배경과 스프라이트(■, ■, ■, ■, ■와 /, /, / 그리고 와 모두삭제)를 삽입하고, 그림판에서 색깔을 나타내는 여섯 개의 펜 색상 포인트 버튼을 만들어서 삽입한 후 각각의 이름 등의 속성을 지정합니다.

02 앞에서 삽입한 각 스프라이트에 대한 논리적 프로그램을 스크립트합니다.

03 완성한 프로그램을 실행하고 정확하게 움직이는지 확인한 후 저장합니다.

새로운 프로젝트 만들기

[파일]-[새로 만들기] 메뉴를 선택하고 무대에 있는 스프라이트(고양이)에서 마우스 오른쪽 버튼을 클릭한 후 바로 가기 메뉴에서 [삭제]를 선택합니다.

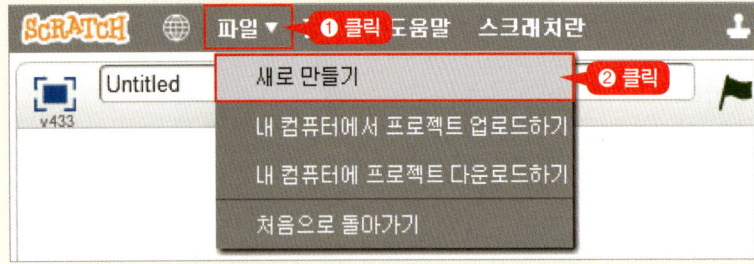

> 낙서장 프로젝트 실습에 사용된 무대 배경과 스프라이트는 정보문화사(www.infopub.co.kr) 자료실에 있습니다.

무대에 배경과 스프라이트 삽입하기

01 무대에 배경을 삽입합니다. 여기서는 무대의 배경과 스프라이트에 이미 만들어 둔 이미지를 사용하지만, 스크래치에서 제공하는 그림판을 이용해도 간단한 배경이나 스프라이트를 만들어서 사용할 수 있습니다. 무대 영역에 있는 '무대' 섬네일(□)을 클릭하고 배경 탭과 📤 아이콘을 차례대로 클릭한 후 사용자가 이미 저장한 특정 영역에서 무대의 배경 그림을 선택하고 열기(O) 버튼을 클릭합니다.

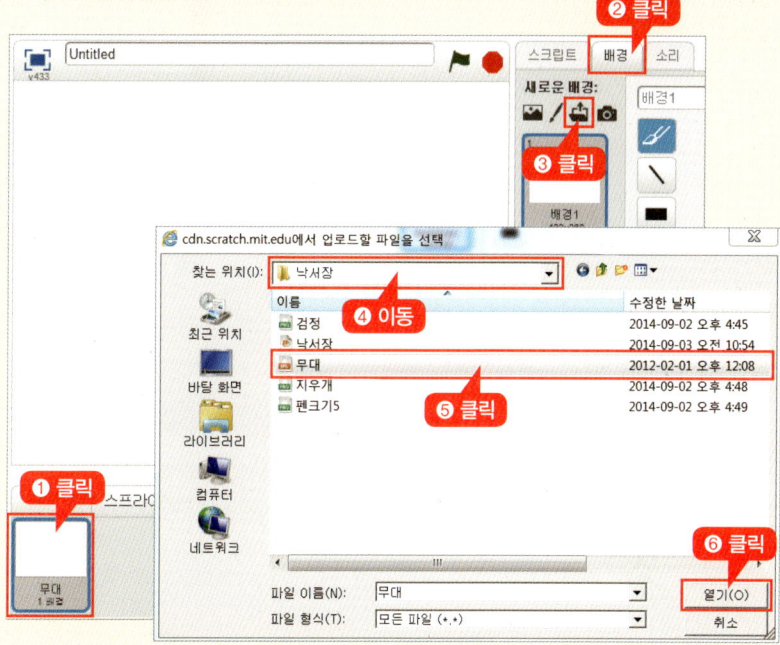

02 새로운 스프라이트를 삽입합니다. 낙서장에 사용할 스프라이트는 모두 열한 개로, 다음과 같은 순서대로 진행합니다. 이와 같은 방법으로 다른 새로운 스프라이트도 삽입합니다. 즉 📤 아이콘을 클릭하고 다음의 화면과 같이 지정하면 무대에 새로운 스프라이트가 나타나는데, 이곳에서 나머지 필요한 스프라이트를 차례대로 선택합니다.

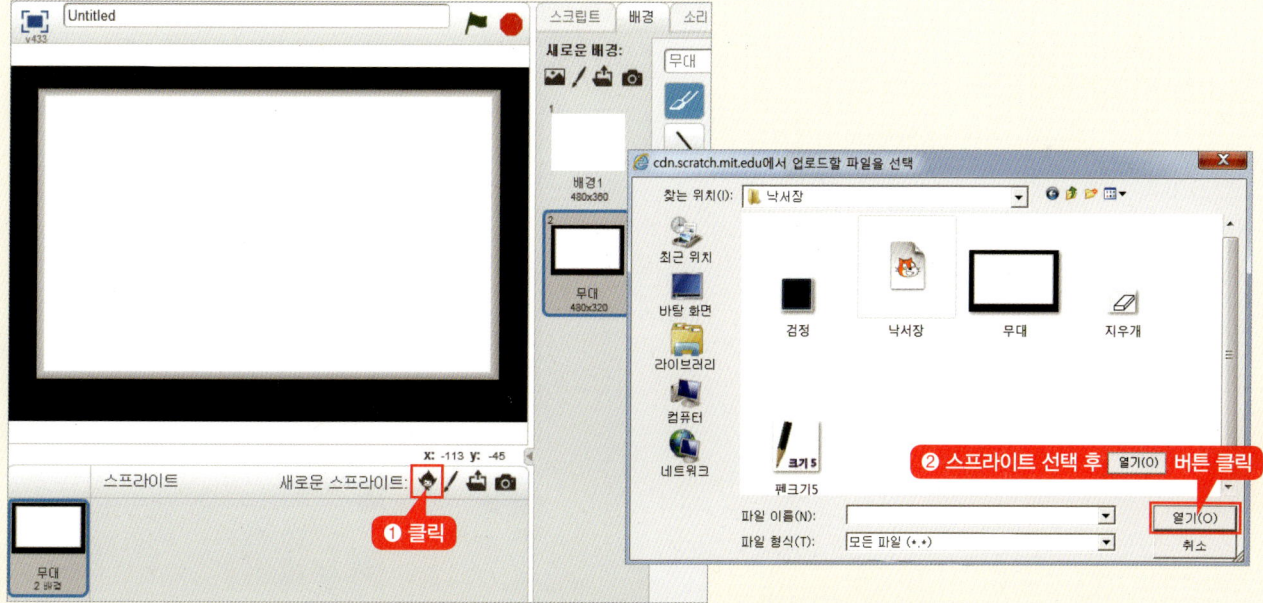

03 **02** 과정을 반복하여 낙서장에 사용할 스프라이트를 모두 삽입하고 오른쪽 화면과 같이 무대의 적당한 위치로 이동합니다.

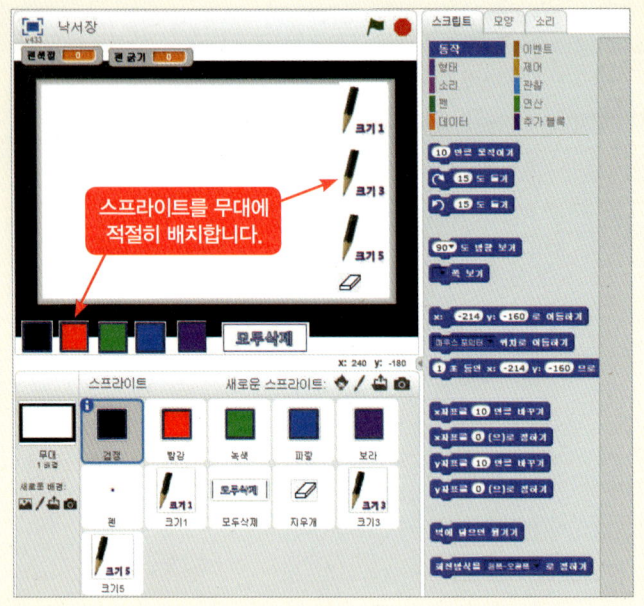

04 마우스로 그림을 그릴 때 색을 표현하는 점 모양의 작은 스프라이트가 낙서장에 마지막으로 추가할 스프라이트입니다. 이 펜 스프라이트는 실행할 때 열 개의 스프라이트와 닿기를 하면서 해당 속성을 인식할 때 필요합니다. 이때의 스프라이트는 다섯 가지 색(검은색, 빨간색, 녹색, 파란색, 보라색)만 표현하므로 이 숫자에 해당하는 다섯 개의 스프라이트가 필요합니다. 만약 낙서장에 더 많은 색이 필요하면 필요한 만큼 추가하면 됩니다. 다섯 가지 스프라이트는 스크래치에서 제공하는 그림판을 이용하여 만드세요.

아이콘을 클릭하여 그림판을 나타내고 첫 번째 펜 스프라이트인 검은색을 선택하여 작게 그린 후 확인 버튼을 클릭합니다. 이때 점만 찍어도 됩니다.

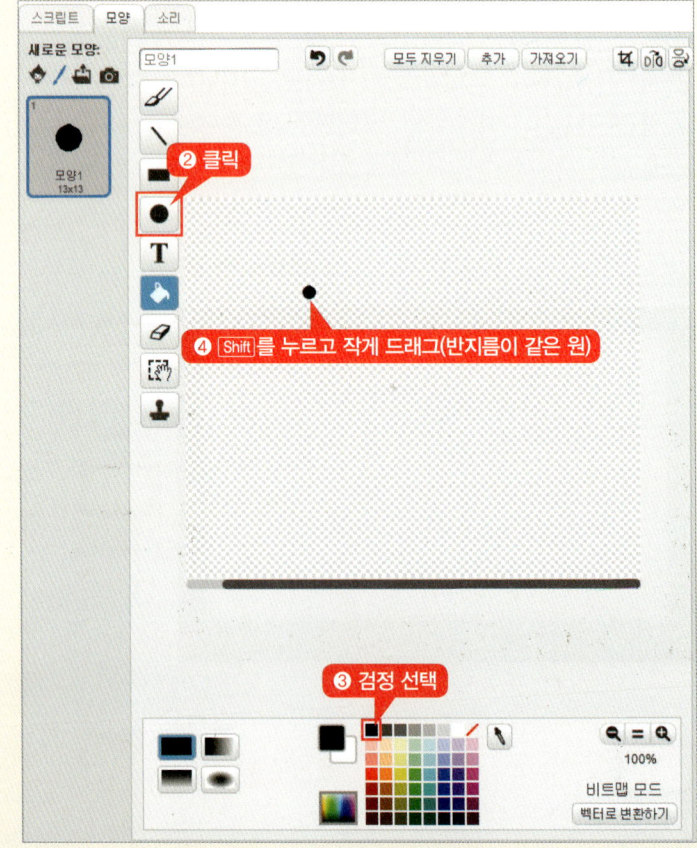

05 스프라이트 목록에 둥근 모양의 검은색 스프라이트가 새로 삽입되었으면 스프라이트 이름을 '검정 포인트'로 바꿉니다. 이때의 이름은 임의로 지정하면 되는데, 스프라이트 이름을 변경하지 않아도 프로젝트 실행에는 상관없습니다.

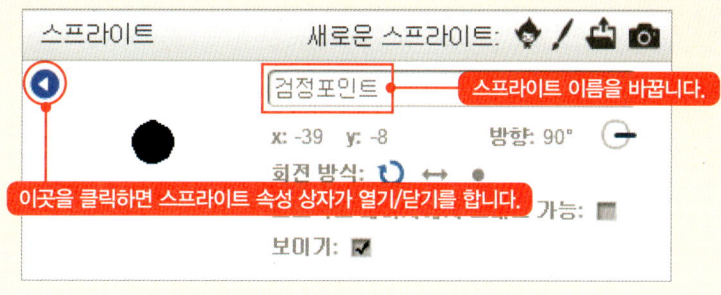

06 한 개의 펜 스프라이트를 만들었으면 04~05 과정과 같은 방법으로 나머지 펜 스프라이트(빨강, 파랑, 녹색, 보라, 흰색 포인트)를 만듭니다. 펜 스프라이트를 모두 만든 후 모양 탭을 클릭하여 펜 스프라이트가 추가되었는지 확인합니다.

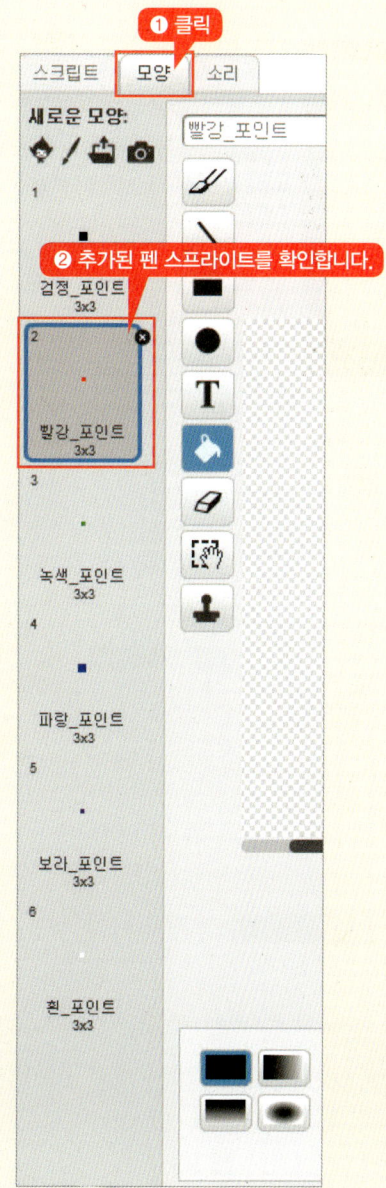

낙서장 프로그램을 실행하기 위한 스크립트 작성하기

'펜' 스프라이트에서는 낙서장 프로젝트를 실행하기 위한 논리적 코드 블록의 조합인 스크립트를 만듭니다. 펜 스프라이트의 스크립트는 펜의 색깔과 크기에 대한 결정을 포함하여 모든 그리기 동작을 하도록 지원합니다.

01 '펜' 스프라이트를 클릭하고 [스크립트] 탭에서 낙서장을 실행하기 위한 스크립트를 작성합니다.

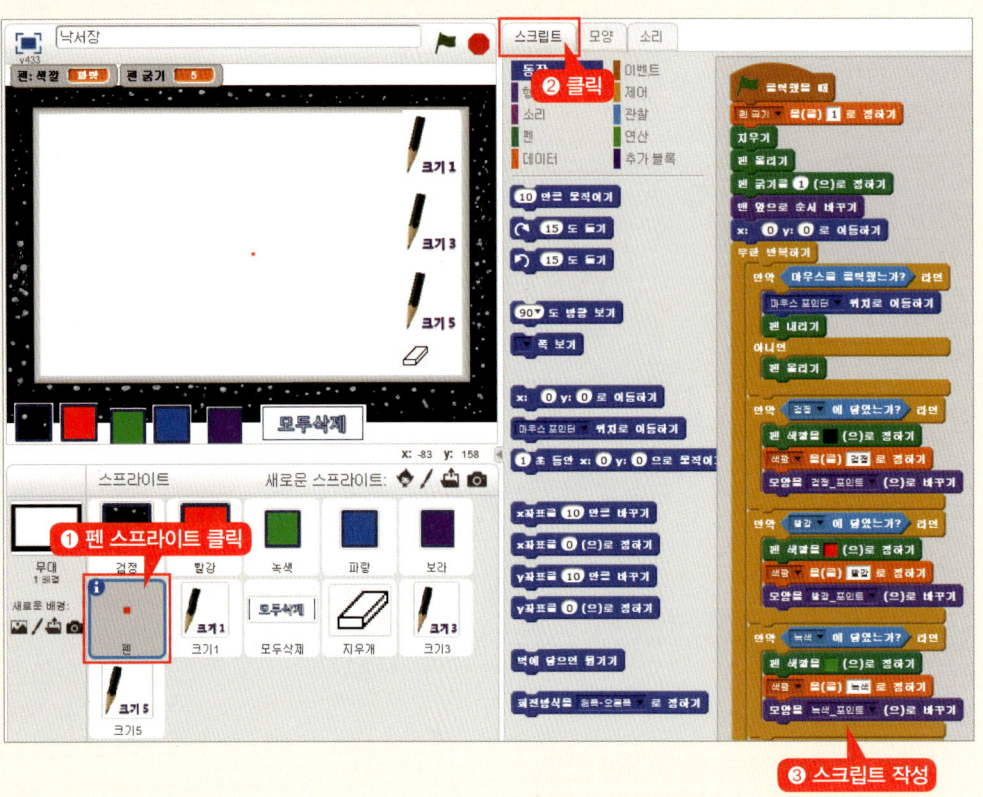

02 낙서장 실행 스크립트는 다음의 화면과 같습니다. 스크립트가 길게 보이지만 논리 개념은 단순해서 뒤에서 설명할 제어 블록과 변수 블록을 [펜] 블록과 함께 사용하였습니다.

다음의 분리된 두 개의 스크립트는 왼쪽 부분에서 시작하여 오른쪽 아랫부분이 연결되어 있는 하나의 스크립트입니다. 스크립트에서 사용한 '펜 크기'와 '펜 굵기'는 같은 의미로, 같은 이름을 사용해도 됩니다.

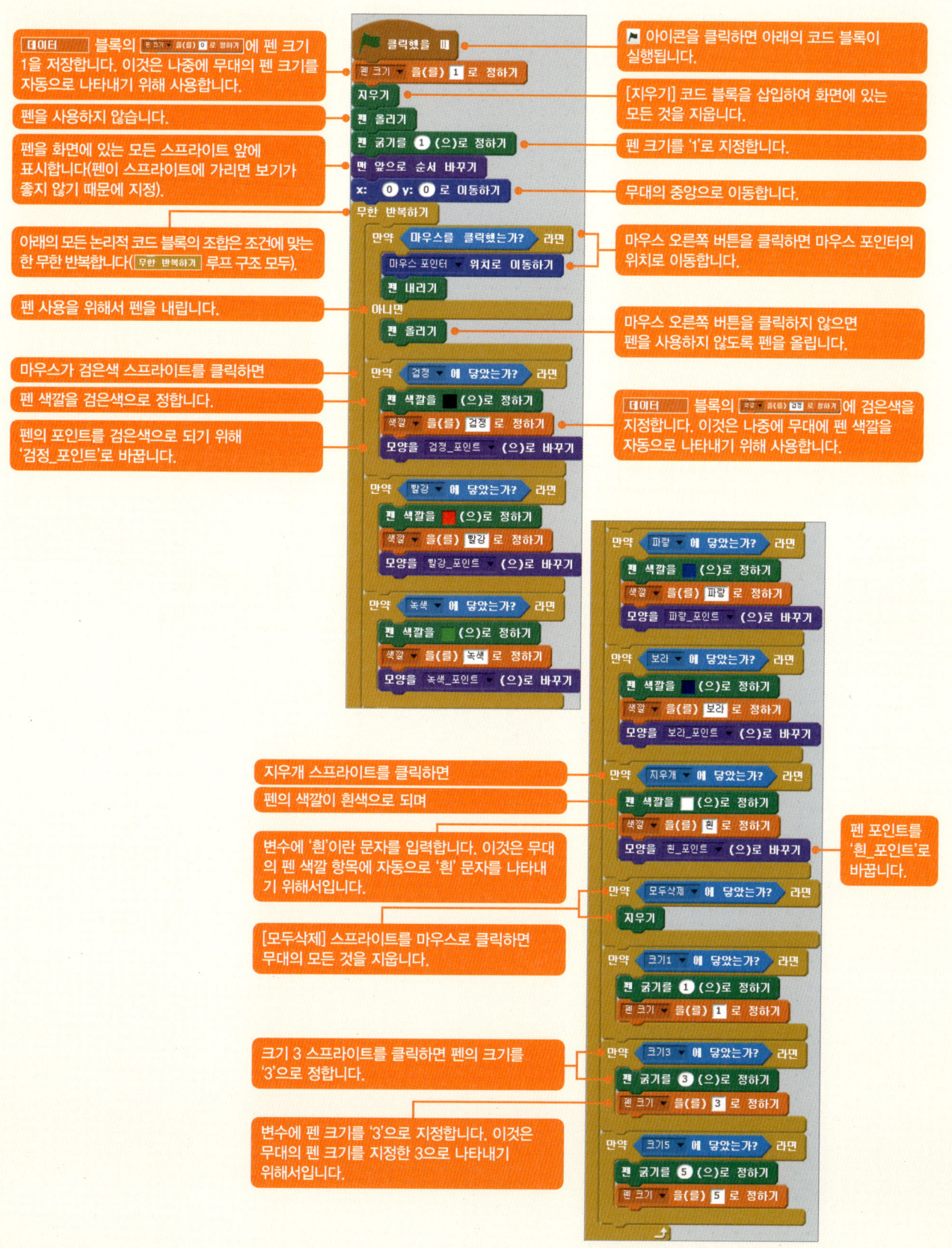

03 변수는 프로그램에서 사용할 문자나 수를 저장하는 장소를 말하는데, 여기서는 낙서장 무대 위에서 선택한 펜 색깔이나 펜 굵기(펜 크기)를 나타내기 위해 변수를 사용하였습니다. 앞의 스크립트에 사용한 데이터 블록의 펜 굵기, 펜 색깔 코드 블록은 주황색이고, '펜 색깔' 변수와 '펜 굵기' 변수를 사용하였습니다. 스크립트에 사용하려면 다음의 화면과 같이 두 개의 변수를 만들어야 하는데, 첫 번째로 '펜색깔' 변수를 만듭니다.

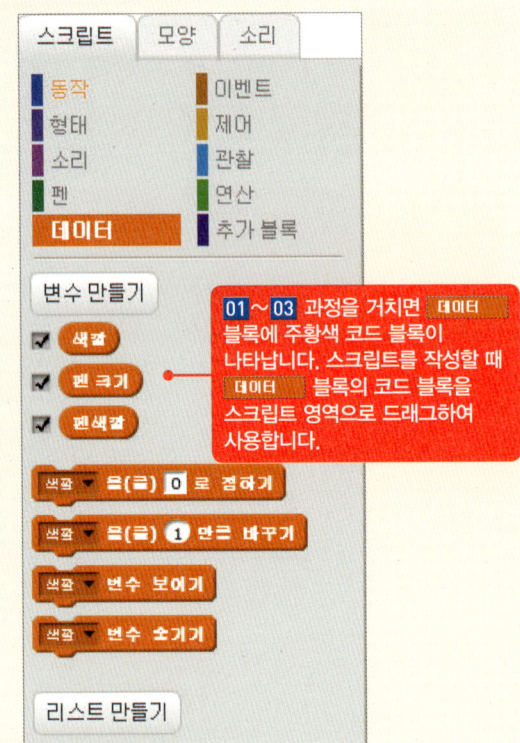

04 두 번째로 다음의 화면과 같이 '펜 굵기(또는 펜 크기)' 변수를 만듭니다. 이렇게 변수를 만들면 무대 위에 펜 색깔과 펜 굵기(펜 크기)를 나타낼 수 있는 스프라이트가 만들어집니다.

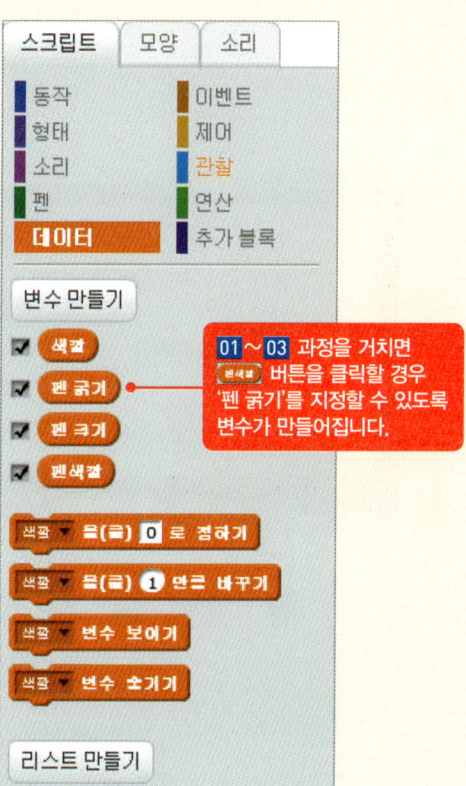

낙서장 프로그램 실행하고 저장하기

낙서장 프로그램이 완성되면 재대로 실행되고 있는지 🏁 아이콘을 클릭하여 확인합니다. '펜색깔'과 '펜 굵기'를 지정하고 낙서장에 낙서한 후 제대로 낙서가 되면 저장합니다.

데이터 팔레트의 코드 블록 05

`데이터` 팔레트는 변수 또는 리스트(배열)를 만들거나 관리하는 기능이 포함된 코드 블록으로, 색상은 주황색입니다.

`데이터` 팔레트의 구성

모든 프로그램은 실행될 때 데이터를 요구하므로 프로그램을 작성하는 프로그래머들은 프로그램이 원활하게 실행하도록 데이터를 저장하고, 검색하고, 수정하는 능력이 있어야 합니다. 여기서는 응용 프로그램 데이터를 수집하고, 저장하며, 처리할 수 있는 명령에 대해서 살펴보겠습니다. 즉 지역 변수와 전역 변수를 만드는 방법, 변수를 사용하고 삭제하는 방법, 다른 스프라이트에 속해 있는 지역 변수에 저장된 데이터를 보는 방법, 리스트를 이용하여 데이터를 수집 및 처리하는 방법에 대해 알아보겠습니다.

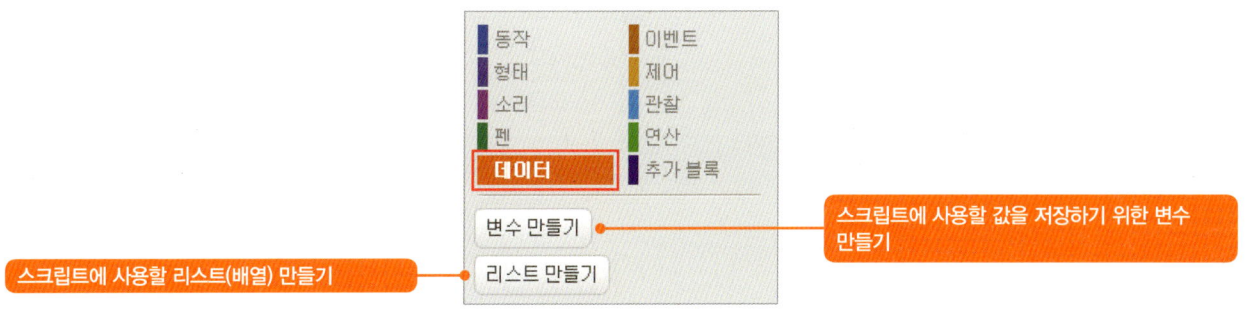

[그림 2-12] `데이터` 블록의 코드 블록 기능

`데이터` 블록에 있는 `변수 만들기` 와 `리스트 만들기` 코드 블록을 사용하기 전에 '변수'와 '리스트'의 개념에 대해 살펴보겠습니다.

변수의 의미

변수란, 프로그램이 실행될 때 특정한 데이터를 임시로 저장하는 기억 공간입니다. 예를 들어 'a=5'의 경우 대수에서는 a가 5라는 의미이지만, 프로그래밍에서는 a라는 변수 이름의 영역에 5를 저장하라는 의미입니다. 만약 두 개의 수인 5와 3을 합하여 결과를 얻는 프로그램을 작성한다면 다음의 그림과 같이 a 변수에는 5가, b 변수에는 3이 저장되고 + 연산자에 의해 계산된 결과값이 c 변수에 저장되므로 모두 세 개의 변수가 필요합니다.

a = 5
b = 3
c = a + b

[그림 2-13] 변수와 값

C와 BASIC 등 일반적으로 사용하는 범용 프로그램에서는 숫자와 문자열 데이터를 저장할 때 서로 다른 종류의 변수를 사용합니다. 즉 문자열 변수를 저장하려면 문자열 변수에, 숫자를 저장하려면 숫자 변수에 저장합니다. 그러나 스크래치에서는 변수에 저장되는 데이터 유형(정수, 실수, 문자, 문자열)을 구분하지 않습니다.

데이터 블록의 팔레트에는 변수 만들기 와 리스트 만들기 라는 두 종류의 코드 블록이 있습니다.

| 변수 만들기 | 변수를 만드는 코드 블록입니다. |
| 리스트 만들기 | 리스트를 만드는 코드 블록입니다. |

변수 만들기

데이터 블록의 변수 만들기 코드 블록을 사용하면 변수를 만들고, 만든 변수를 저장 또는 누적시킬 수 있으며, 변수를 보이거나 숨길 수 있습니다. 만들어진 대부분의 변수는 다른 코드 블록에 삽입되어 함께 사용됩니다.

스크립트를 작성할 때 변수가 필요하면 다음과 같이 변수를 만들 수 있습니다. 앞에서 설명한 '5 + 3'의 결과를 나타내 볼까요?

01 데이터 블록을 선택하고 변수만들기 코드 블록을 클릭합니다. [새로운 변수] 대화상자가 나타나면 변수 이름에 'a'를 입력하고 확인 버튼을 클릭합니다.

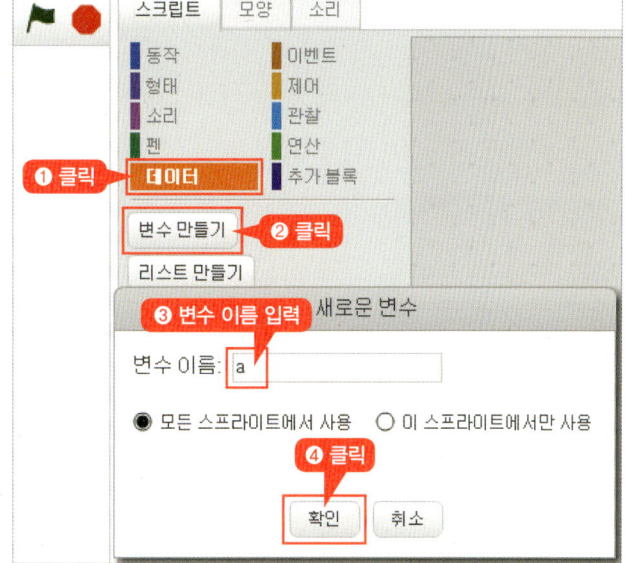

> **memo**
> 변수 이름에는 문자, 숫자, 특수 문자, 공백을 포함할 수 있고, 최대 30문자까지 가능합니다.

02 입력한 변수 이름인 a로 변수가 만들어지면서 만든 변수에 수 또는 문자 등을 저장 및 누적시킬 수 있는 코드 블록이 자동으로 만들어집니다. 또한 만든 변수를 무대 위에 보이게 하거나 숨길 수도 있습니다.

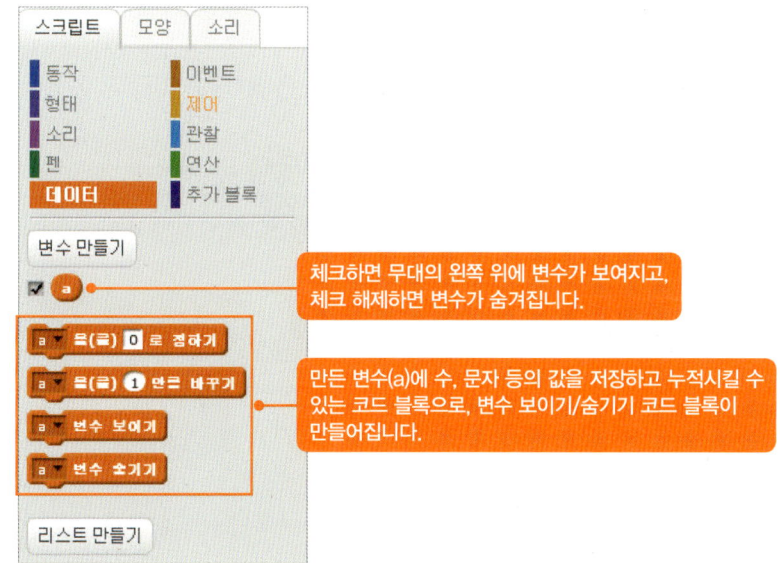

변수 a에 5를 저장하려면 스크립트 영역에서 다음의 화면과 같이 진행합니다. 여러 개의 변수를 만들었을 경우 아래의 코드 블록 a▼ 에 있는 ▼ 버튼을 클릭하면 만들어진 모든 변수들이 나타나는데, 여기에서 원하는 변수를 선택할 수 있습니다.

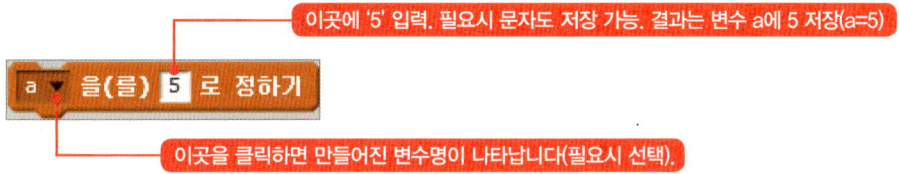

다음의 스크립트는 변수 a, b, c를 만든 후 a에는 5를, b에는 3을 저장하여 이들 두 개의 수를 더하는 결과값입니다(c = a + b). 먼저 변수만들기 코드 블록을 이용하여 a, b, c, 이렇게 세 개의 변수를 만든 후 다음의 화면과 같이 스크립트한 후 실행하면 스프라이트는 결과값으로 3초 동안 8이 나타납니다.

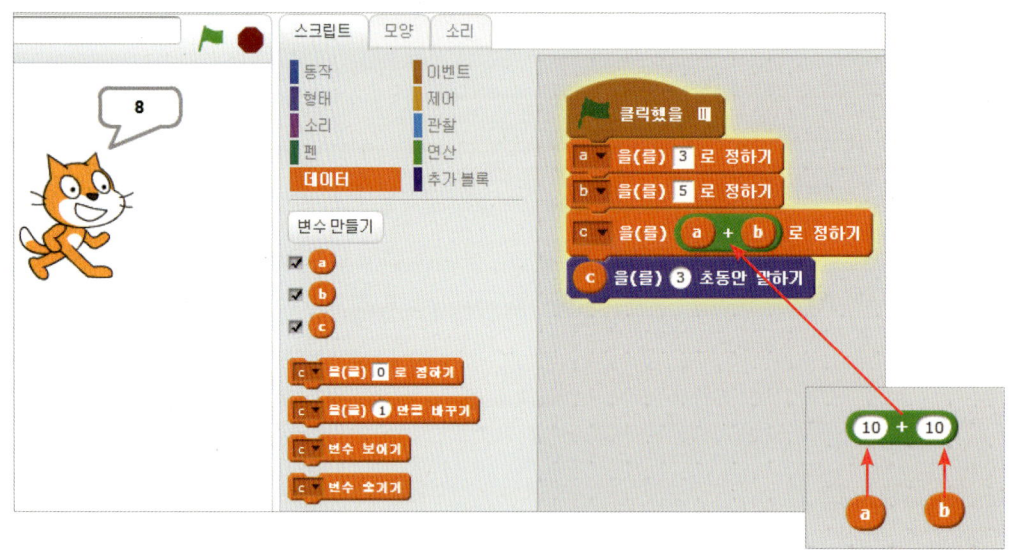

을(를) 0 로 정하기 코드 블록에 문자 또는 문자열을 입력하여 저장할 수 있습니다. 예를 들어 변수 a에 문자열 '교육대학교'를 저장하려면 다음의 화면과 같이 진행합니다.

다음의 스크립트는 각각의 변수에 저장된 문자열('교육대학교'와 '정보교육과')을 연산 블록의 결합하기 코드 블록을 이용하여 출력('교육대학교 정보교육과')하는 예로, 아이콘을 클릭하여 실행합니다.

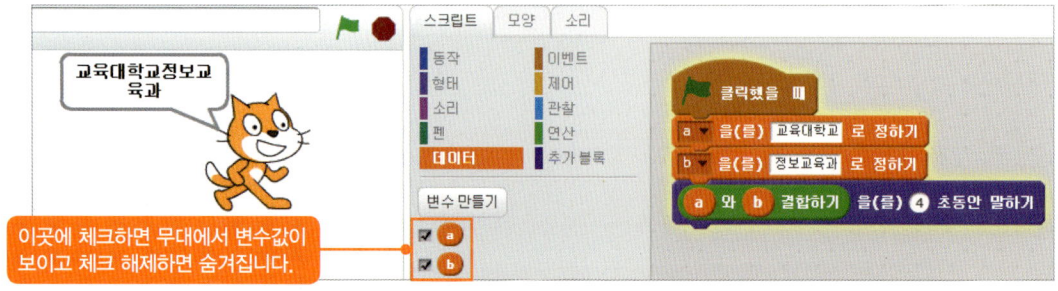

변수 a에 5가 저장된 초기값 상태에서 5씩 누적하려면 다음의 코드 블록을 클릭합니다.

다음과 같이 스크립트를 작성하여 실행하면 a 변수는 5를 열 번 누적하여 결과가 50이 됩니다. 이때 a 변수의 초기값을 0으로 정한 후 누적시켰습니다.

변수값 보이기와 숨기기

데이터 블록에 있는 ☐ a 에 체크하면 무대의 왼쪽 위에 변수값이 나타나면서 a▼ 변수 보이기 코드 블록과 같은 명령을 수행합니다. 만약 체크를 해제하면 무대의 왼쪽 위에 변수값이 나타나지 않는데, 이것은 a▼ 변수 숨기기 코드 블록을 선택한 것과 같습니다.

무대에 나타내는 변수 모니터는 몇 가지 모양으로 나타낼 수 있습니다. 예를 들어 데이터 블록에서 체크(☑ a)하면 무대에 a 변수의 값을 나타내는 a 0 으로 나타납니다. 그리고 a 0 에서 마우스 오른쪽 버튼을 클릭하면 다음의 화면과 같이 네 가지 메뉴가 나타납니다.

[슬라이더 사용하기] 메뉴를 선택한 후 변수의 최소값 및 최대값 범위(기본 범위 0에서 100까지)를 다시 설정해 볼까요? 슬라이드 모양( ) 상태에서 마우스 오른쪽 버튼을 클릭하고 바로 가기 메뉴에서 [슬라이더의 최대값과 최소값 정하기]를 선택합니다. [슬라이더의 범위] 대화상자가 나타나면 최소값과 최대값을 입력하고 확인 버튼을 클릭합니다. 다음은 '최소'에는 '10', '최대'에는 '200'을 지정한 예입니다.

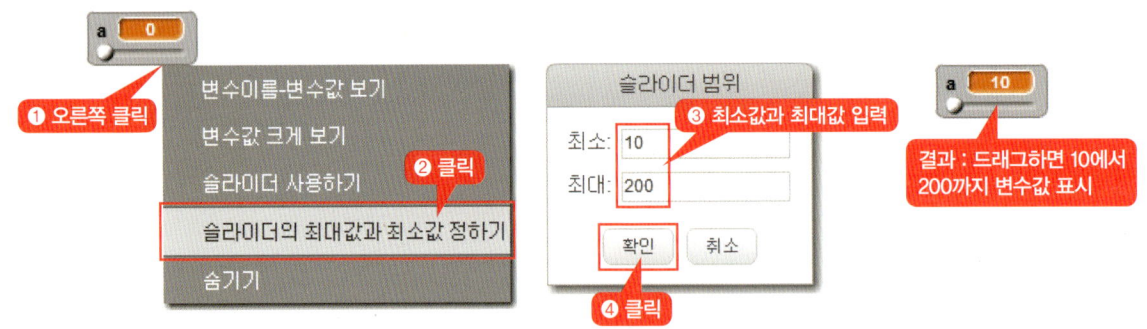

변수의 사용 범위

일반적인 범용 프로그래밍 언어처럼 스크래치에서 사용하는 변수의 사용 범위를 잘 이해해야 합니다. 변수의 사용 범위는 프로그램에서 변수값이 사용 및 변경될 수 있는 영역으로, 다음과 같이 두 가지 변수의 범위를 지정할 수 있습니다. 일반적으로 스크래치 프로젝트를 작성할 때 프로젝트를 쉽게 관리하기 위해 지역 변수를 많이 지정합니다.

- 지역 변수(local variable) : 지정한 스프라이트에 있는 스크립트에서만 사용할 수 있고, 수정이 가능한 변수입니다.
- 전역 변수(global variable) : 프로젝트에 있는 모든 스크립트에서 사용할 수 있고, 수정이 가능한 변수입니다.

지역 변수나 전역 변수를 만들어 스크립트에 사용하려면 프로젝트를 작성할 때 다음과 같이 변수를 만들면 됩니다.

지역 변수 만들기

지역 변수로 지정하여 스크립트에 사용하려면 변수를 추가할 스프라이트나 무대를 선택한 후 다음과 같이 진행합니다. 이렇게 만든 지역 변수는 해당 스프라이트에서만 사용 및 수정할 수 있습니다.

01 데이터 블록의 변수만들기 코드 블록을 클릭합니다.

02 [새로운 변수] 대화상자가 나타나면 '변수 이름'에 'a'를 입력하고 [이 스프라이트에서만 사용]을 선택한 후 확인 버튼을 클릭합니다.

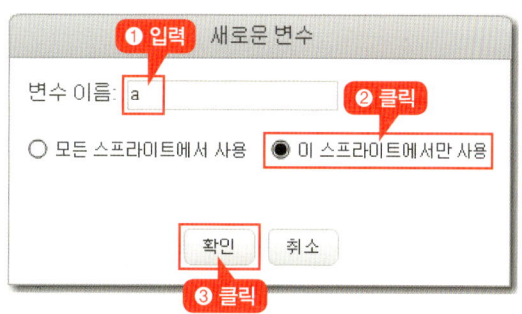

위와 같이 스크립트에서 변수 a를 지역 변수로 지정하면 이 변수를 포함하는 스크립트에서만 수정이 가능합니다. 그리고 현재의 스프라이트에서만 사용이 가능하다는 의미로, 다음의 화면과 같이 무대의 왼쪽 위에 변수값이 나타납니다.

스크립트를 작성할 때는 지역 변수로 모든 변수의 사용 범위를 제한하는 것이 좋은 프로그래밍 방법입니다. 이것은 프로그램의 상태를 더 쉽게 유지하는 방법으로, 다른 스프라이트에 스크립트를 사용하는 변수값이 잘못 수정되는 가능성을 배제할 수 있습니다.

전역 변수 만들기

전역 변수는 오른쪽 화면과 같이 만듭니다. 이렇게 만든 전역 변수는 스크래치 프로젝트의 모든 스크립트에서 사용 및 수정할 수 있는데, 여기에서는 변수 이름을 'b'로 지정하였습니다.

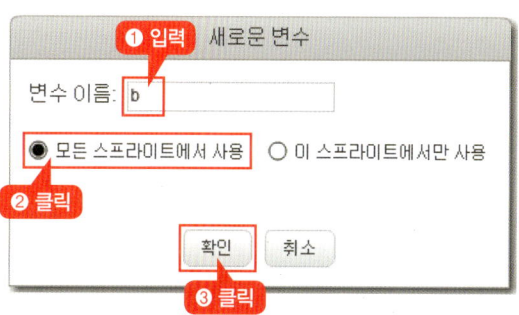

앞에서 만든 지역 변수와 전역 변수 외에 스크래치 2.0의 웹 버전에서는 변수를 웹사이트의 일부인 서버에 저장하여 사용할 수 있습니다. 이렇게 만든 변수를 'Cloud 변수'라고 하는데, 여기서 이 방법까지는 설명하지 않습니다.

 변수 삭제하기

새로 만든 프로젝트의 변수가 더 이상 필요 없을 때 해당 변수를 삭제할 수 있습니다. 이때 삭제할 변수와 관련된 스크립트의 모든 코드 블록을 함께 삭제해야 합니다. 그렇지 않으면 삭제한 변수와 관련된 스크립트의 모든 코드 블록이 메모리 공간에 남아 스크립트가 정확하게 실행되지 않을 수 있으므로 주의해야 합니다. 변수를 삭제하려면 ▨ ● 변수에서 마우스 오른쪽 버튼을 클릭하고 바로 가기 메뉴에서 [변수 삭제]를 선택합니다.

 다른 스프라이트에 포함된 지역 변수 접근하기

지역 변수에 저장된 데이터는 변수가 지정된 스프라이트에 속하는 스크립트를 이용해서만 수정할 수 있습니다. 그러나 스크래치 2.0에서는 현재 스프라이트에 속한 스크립트들이 다른 스프라이트에 포함된 지역 변수에 저장된 데이터를 볼 수 있습니다(단 수정은 안 됨).

접근하고 싶은 다른 스프라이트의 지역 변수에 저장된 데이터를 보려면 관찰 블록의 x좌표 of Sprite1 코드 블록을 사용합니다. 이 코드 블록은 하나의 스프라이트가 다른 스프라이트의 x 좌표, y 좌표, 방향 등을 찾을 수 있게 하고, 다른 스프라이트의 변수에 할당된 값을 볼 수 있게 하지만, 변수값을 수정할 수는 없습니다.

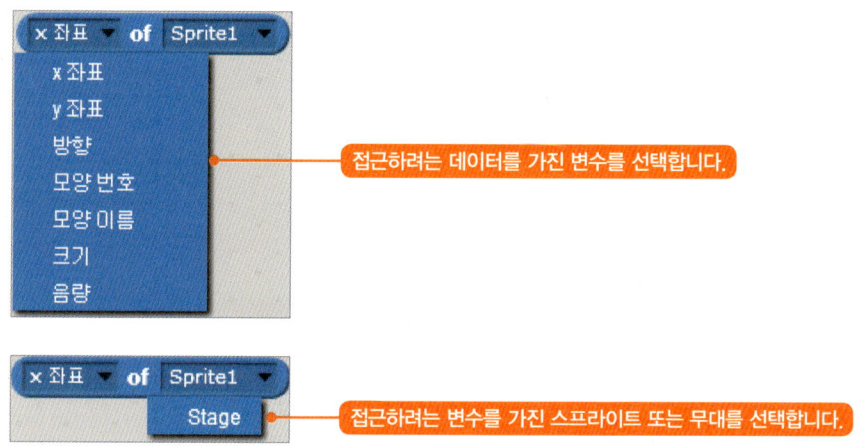

다음은 스프라이트1인 고양이가 움직인 후 가지고 있는 x 좌표값을 다른 스프라이트인 Bear1 스크립트에서 읽은 후 스프라이트1의 x 좌표값을 나타는 스크립트입니다.

01 고양이인 스프라이트1을 실행한 후(🏁 아이콘 클릭) 나타난 x 좌표값입니다.

02 다음의 화면은 'Bear1' 스크립트와 실행 결과입니다. Spacebar 를 누르면 다른 스프라이트인 스프라이트1의 x 좌표값을 읽어와서 그 값을 'Bear1' 스프라이트가 3초 동안 말합니다.

03 오른쪽 화면은 'Bear1' 스프라이트의 스크립트 실행 결과로, 스프라이트1의 x 좌표값을 읽어서 나타냅니다.

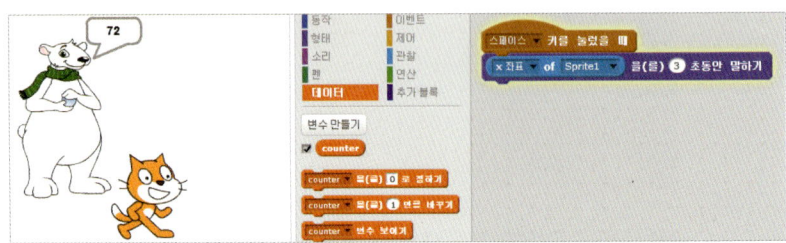

리스트의 의미

같은 이름으로 여러 개의 데이터를 저장하는 방식인 리스트는 기존의 일반 프로그램에서 사용되는 배열(array)과 같은 개념입니다. 리스트란, 프로그램에서 사용하는 데이터 구조의 형식으로, 연속적인 항목이 같은 크기와 순서를 가지고 나열되어 있는 데이터 집합체입니다.

예를 들어 100개의 데이터가 프로그램의 실행에 필요하다고 가정해 봅시다. 이때 100개의 데이터를 기억 장소에 저장하기 위해 a0, a1, a2, …, a99까지의 변수를 지정해야 한다면 매우 복잡할 것입니다. 하지만 데이터를 전체적으로 하나의 연속된 항목으로 취급하는 리스트(배열)를 사용하면 매우 간단하고 편리하게 스크립트를 작성할 수 있습니다. 데이터 블록에서는 문자열 및 숫자를 변수에 저장하는 방법과 리스트를 만들고 사용하는 방법에 관련된 코드 블록에 대해 기술합니다.

리스트 만들기와 삭제하기

스크래치에서 리스트는 일반적으로 코딩하는 범용 컴퓨터 프로그래밍 언어에서 사용하는 용어인 '배열'의 개념과 같고, 리스트를 만드는 방법은 변수를 만드는 방법과 비슷합니다.

01 리스트를 만들기 위해 리스트 만들기 코드 블록을 클릭합니다. [새로운 리스트] 대화상자가 나타나면 오른쪽 화면과 같이 지정하고 확인 버튼을 클릭합니다. 예로서 리스트 이름을 'count'로 입력합니다.

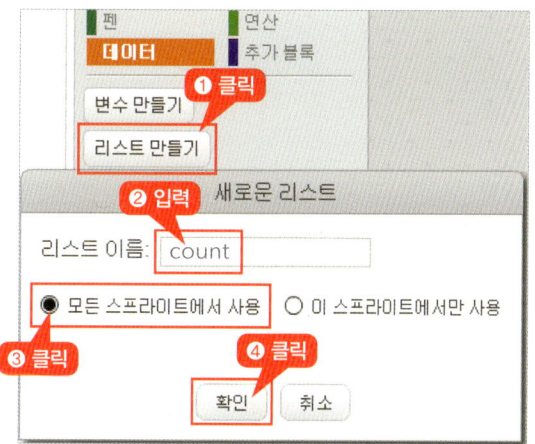

02 변수 팔레트에 열 개의 새로운 코드 블록이 만들어지면서 무대의 왼쪽 위에 리스트 값이 자동으로 나타납니다. 만약 리스트를 추가로 만들면 그때마다 리스트 값이 추가되어 나타납니다.

Chapter 02 블록 팔레트의 코드 기능과 프로젝트 살펴보기

03 추가로 'data' 리스트를 만들면 오른쪽 화면과 같은 코드 블록과 모니터가 추가됩니다.

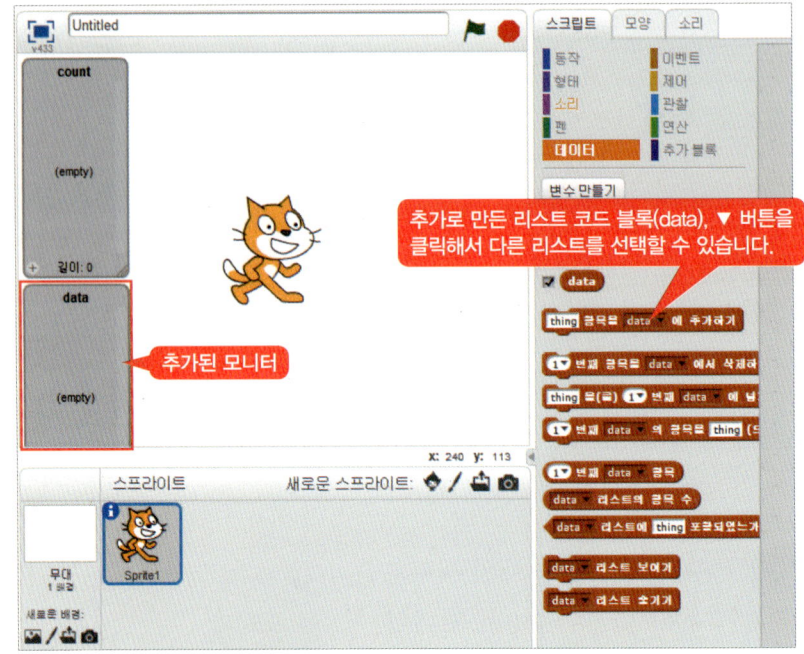

04 만든 리스트가 필요 없어서 삭제하려면 해당 변수에서 마우스 오른쪽 버튼을 클릭한 후 바로 가기 메뉴에서 [delete list]를 선택합니다. 여기에서는 리스트 목록에서 'count'를 삭제하고 있습니다.

> **Tip**
>
> **리스트의 사용 범위**
>
> 리스트의 사용 범위는 변수의 사용 범위와 같습니다. [새로운 리스트] 대화상자에서 [모든 스프라이트에서 사용]을 선택하면 전역 변수의 사용 범위와 같이 스크래치 프로젝트의 모든 스크립트에서 사용 및 수정할 수 있습니다. 그리고 [이 스프라이트에서만 사용]을 선택하면 지역 변수의 사용 범위와 같이 추가된 스프라이트에서만 사용 및 수정할 수 있습니다.
>
>

리스트의 길이 추가, 값 입력, 수정 및 삭제하기

`thing 항목을 data 에 추가하기` 코드 블록을 사용하여 리스트에 길이를 추가하고 문자와 숫자 등의 값을 입력할 수 있습니다. 예를 들어 'data'라는 리스트를 만들고 `thing` 안에 입력할 값을 넣습니다. 다음은 'data' 리스트에 '1234'라는 숫자를 추가한 예입니다.

`1234 항목을 data 에 추가하기`

위의 코드 블록을 사용하면 'data' 리스트의 길이는 1만큼 늘어나고 무대의 왼쪽에 있는 모니터에는 '1234'가 추가됩니다. 계속 `thing 항목을 data 에 추가하기` 코드 블록을 사용하여 추가하면 리스트에 입력되는 새로운 값은 해당 리스트의 맨 마지막에 추가됩니다. 예를 들어 두 번째로 'data' 리스트에 '4567'을 추가하려면 다음과 같이 진행합니다.

`1▼ 번째 항목을 data 에서 삭제하기` 코드 블록을 사용하여 특정 리스트의 길이와 그 안에 입력된 값을 삭제할 수 있습니다. 현재 리스트 길이에 추가된 숫자 '4567'을 삭제하려면 다음과 같이 진행합니다.

01 ▼ 버튼을 클릭하여 삭제할 항목을 클릭합니다.

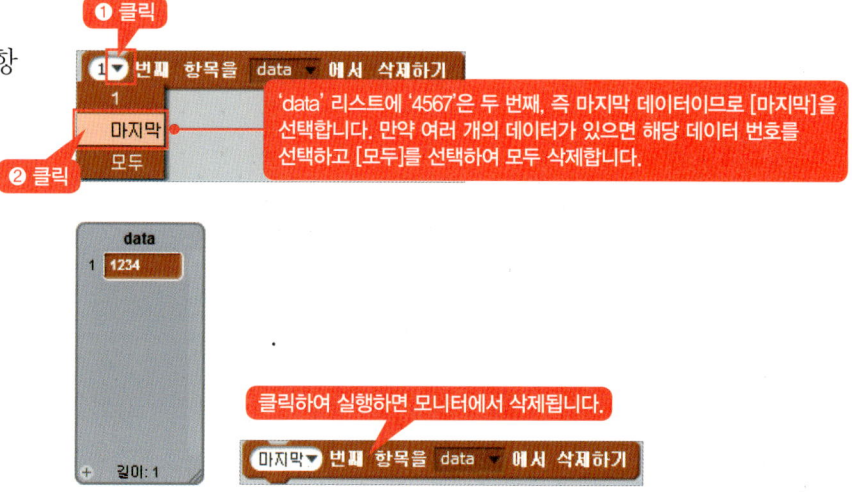

02 'data' 리스트의 이름을 '전공'으로 수정합니다. 이렇게 하면 목록에 전공이 나타나고, 추가된 리스트의 값이 문자열임을 알 수 있습니다.

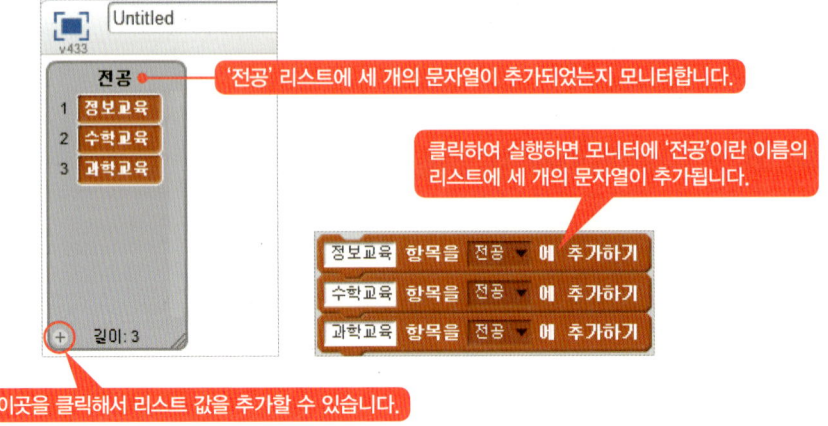

03 위의 상태에서 특정 위치에 리스트 값을 추가할 수 있습니다. 3▼번째 목록에서 ▼ 버튼을 클릭하고 [랜덤]을 선택하면 리스트의 아무 곳에나 새로운 줄에 값을 추가할 수 있습니다. 그리고 [마지막]을 선택하면 리스트의 마지막에 새로운 줄을 만들어 값을 삽입할 수 있습니다.

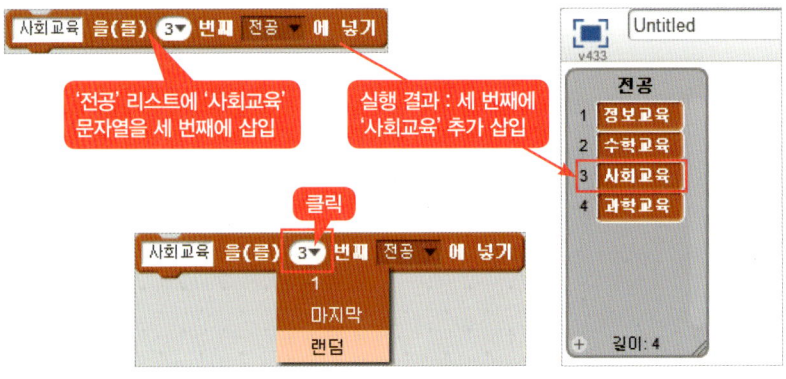

04 1▼번째 전공▼의 항목을 thing (으)로 바꾸기 코드 블록은 1▼에 지정한 위치의 값을 thing에 입력한 새로운 값으로 바꿉니다. 예를 들어 위의 '전공' 리스트에서 두 번째에 위치한 '수학교육'을 '국어교육'으로 바꾸려면 다음과 같이 진행합니다.

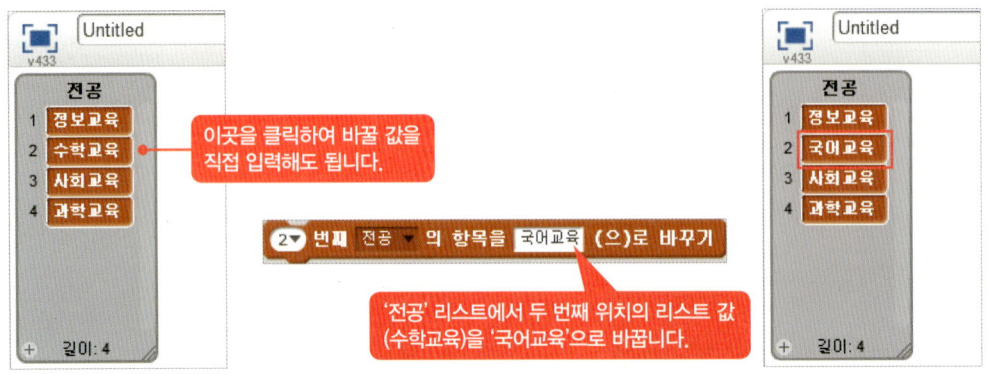

변경 전의 '전공' 리스트 값   변경 후의 '전공' 리스트 값

리스트 값을 검색하는 코드 블록 삽입하기

리스트 값을 검색하는 코드 블록을 다른 블록에 삽입하여 함께 사용할 수 있습니다.

`1▼ 번째 전공▼ 항목` 코드 블록은 지정한 리스트의 특정 위치에 있는 값(아이템)을 검색합니다. 만약 전공 리스트가 다음의 화면과 같을 때 `2▼ 번째 전공▼ 항목`과 같이 지정하면 전공 리스트의 2번 위치의 항목인 '국어교육' 값을 검색합니다.

예를 들어 전공 리스트에 포함된 항목인 값이 위와 같을 때 [랜덤]을 선택하면 스크립트는 아무것이나 하나의 아이템을 선택하여 2초 간 말합니다.

다음은 `형태` 블록인 `안녕! 말하기`에 삽입되어 사용된 스크립트로, 전공 리스트의 3번 위치인 '사회교육'을 검색하여 말하기를 합니다.

`전공 ▼ 리스트의 항목 수` 코드 블록은 지정한 리스트의 항목 수를 계산하는데, 전공 리스트의 항목 수는 4입니다.

다음은 "전공 리스트에 있는 항목은"이라고 1초 동안 말한 후 전공 리스트에 있는 항목들을 검색하여 말합니다.

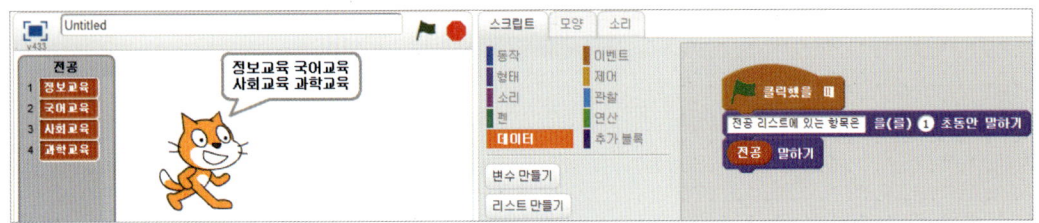

`전공 ▼ 리스트에 thing 포함되었는가` 코드 블록은 지정한 리스트에 포함된 항목이 있는지 확인합니다. 다음은 `전공 ▼ 리스트에 사회교육 포함되었는가` 코드 블록을 `제어` 블록에 삽입해서 만든 스크립트입니다.

리스트 모니터 보이기와 숨기기

무대에 있는 리스트 모니터를 보이려면 `전공 ▼ 리스트 보이기` 코드 블록을, 숨기려면 `전공 ▼ 리스트 숨기기` 코드 블록을 사용합니다.

1~100까지 수의 합 계산하기

프로젝트 08

스프라이트1인 고양이를 클릭하면 1에서 100까지의 정수를 더하여 결과를 출력하는 프로젝트를 작성해 보겠습니다.

무대 목록에 있는 스프라이트1인 '고양이' 섬네일( )을 클릭하고 스크립트 영역이 나타나면 다음의 화면과 같이 스크립트를 작성합니다.

스크립트	설명
이 스프라이트를 클릭했을 때 / su 을(를) 0 로 정하기 / sum 을(를) 0 로 정하기	스프라이트1을 클릭하면 su 변수와 sum 변수에 각각 초기값으로 0 저장합니다.
su > 100 또는 su = 100 까지 반복하기 / su 을(를) 1 만큼 바꾸기 / sum 을(를) sum + su 로 정하기	su 변수값이 100이거나 100보다 크면(su≧100)까지 반복하면서 su 변수에 1을 누적시키고(su = su + 1), sum 변수에 sum 변수값 + su변수값(sum = sum + su)을 저장합니다.
1에서 100까지의 합은 와 sum 와 입니다. 결합하기 결합하기 말하기	"1에서 100까지의 합은" + sum 변수값 + "입니다."로 말합니다.

위의 스크립트에서 [1에서 100까지의 합은 와 sum 와 입니다. 결합하기 결합하기 말하기] 코드 블록은 다음과 같은 순서로 결합되어 있습니다.

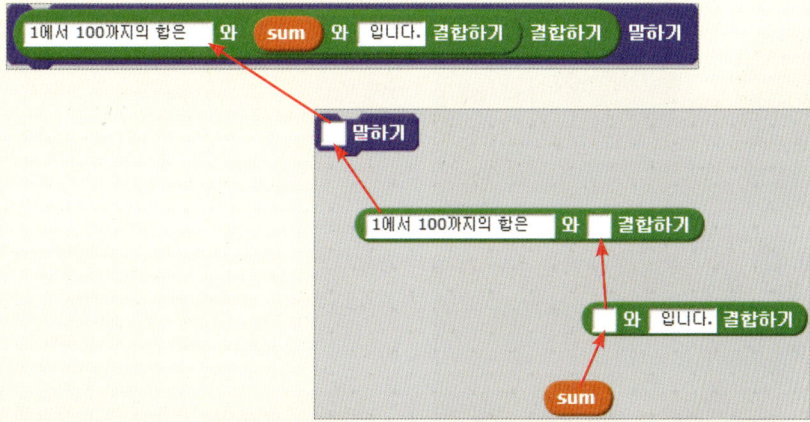

이렇게 스크립트를 작성하고 스프라이트1을 클릭하면 스크래치 프로젝트가 실행되어 1에서 100까지의 합산 결과가 5050이 됩니다.

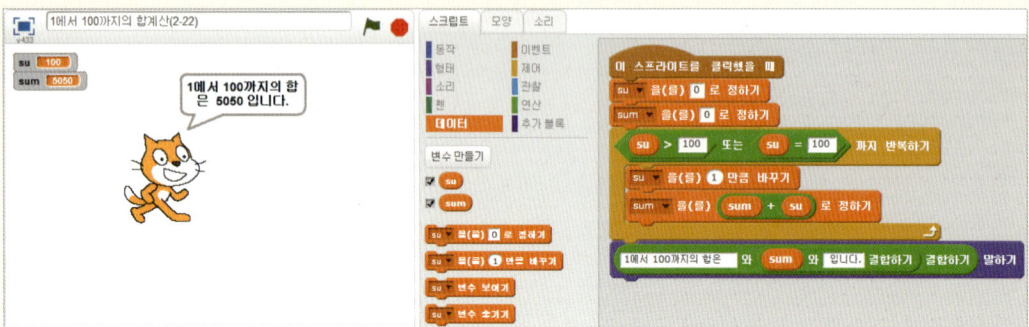

 ### 두더지 잡기 프로젝트 만들기

방송하기, 받기 및 변수 만들기, 리스트 만들기의 코드 블록들을 사용하여 우리가 이전에 흔히 보았던 망치로 두더지를 치면 점수가 발생하는 프로젝트를 작성해 보세요. 다소 어려워 보이지만 정보문화사 홈페이지(www.infopub.co.kr)의 자료실에서 '스크래치 2.0' 폴더에 저장된 '두더지 잡기 게임'의 작업설명서를 읽고 따라서 만들어보기 바랍니다.

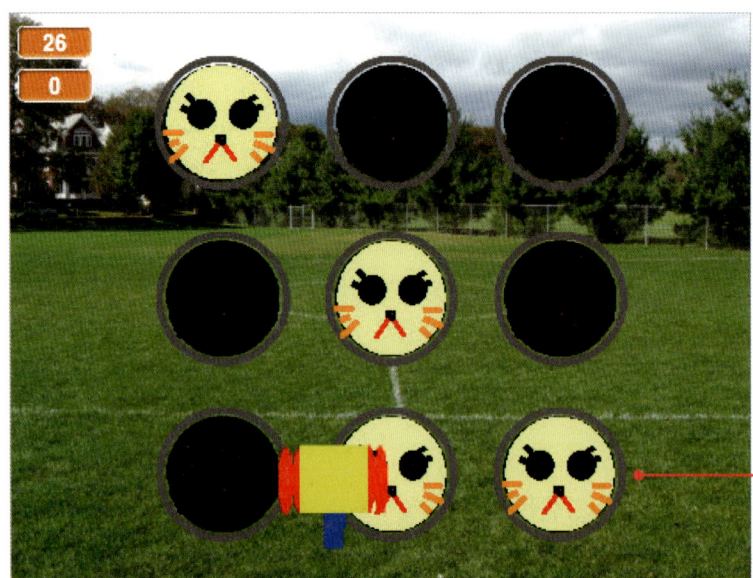

사칙계산기 만들기

프로젝트 09

변수 등을 이용하여 덧셈, 뺄셈, 곱셈, 나눗셈을 할 수 있는 사칙계산기를 만드는 프로젝트를 작성해 보겠습니다.

무대에 삽입된 소녀를 클릭하면 '버튼을 눌러서 계산하세요?'라는 메시지가 나타나고, 임의의 수와 연산자를 버튼으로 선택한 후 '=' 기호를 클릭하면 결과값이 나타납니다.

[그림 2-14] 사칙계산기

 새로운 프로젝트 만들기

사칙계산기 스크래치 프로젝트를 만들기 위해 [파일]-[새로 만들기] 메뉴를 선택합니다.

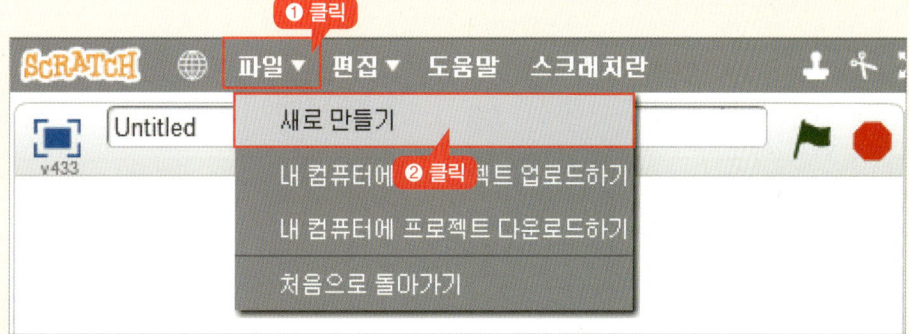

무대 배경과 스프라이트 삽입하기

01 기존 스프라이트1인 '고양이'를 삭제한 후 아이콘을 클릭해서 미리 만든 스프라이트('사칙계산기 만들기' 폴더에 포함)를 차례대로 삽입합니다. 만약 스프라이트를 미리 만들기가 어려우면 아이콘을 클릭해서 '1-Pixel' 등과 같은 수를 새 스프라이트로 사용해도 되는데, 여기서는 그림판을 이용하여 미리 만들어두었습니다.

- 자료 다운로드 : 정보문화사(www.infopub.co.kr) 자료실

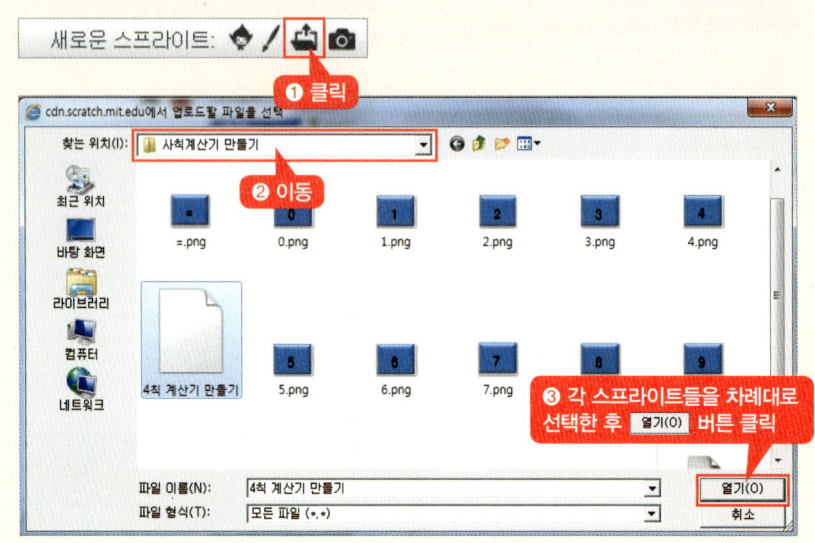

02 제공되는 모든 버튼을 무대에 삽입하고 [스프라이트 저장소]에서 'Girl7'을 선택한 후 확인 버튼을 클릭합니다.

03 'Girl7' 스프라이트의 이미지 방향을 바꾸기 위해 모양 탭을 클릭한 후 아이콘을 클릭합니다.

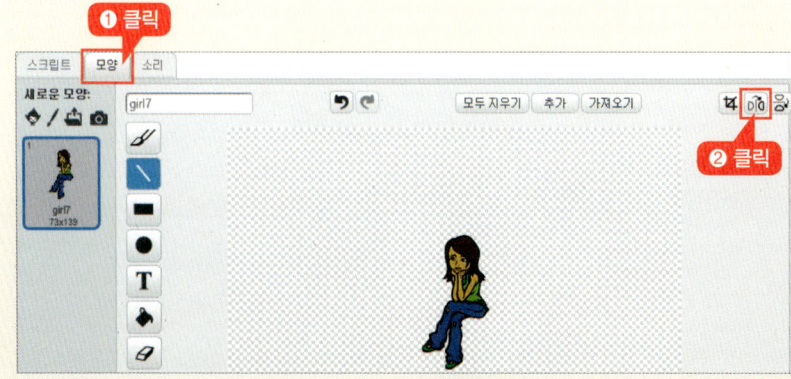

04 이미지의 방향이 반전됩니다.

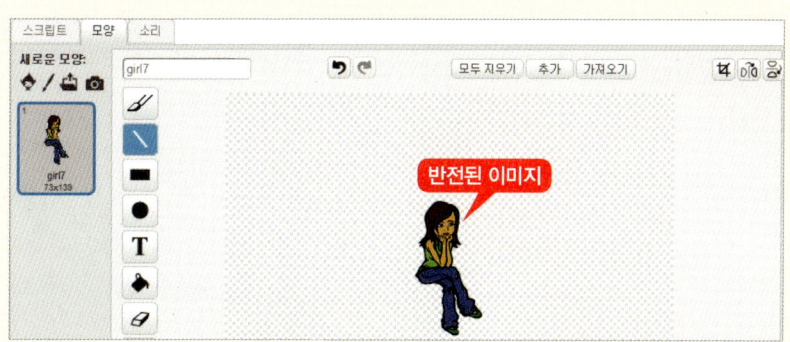

05 이와 같은 방법으로 무대에 모든 스프라이트를 삽입하고 각 스프라이트들을 적당히 재배치합니다. '무대' 섬네일(□)을 클릭하고 배경 탭을 클릭한 후 그림판이 나타나면 ■ 아이콘과 ◆ 아이콘을 이용해 색상판에서 그림을 그립니다.

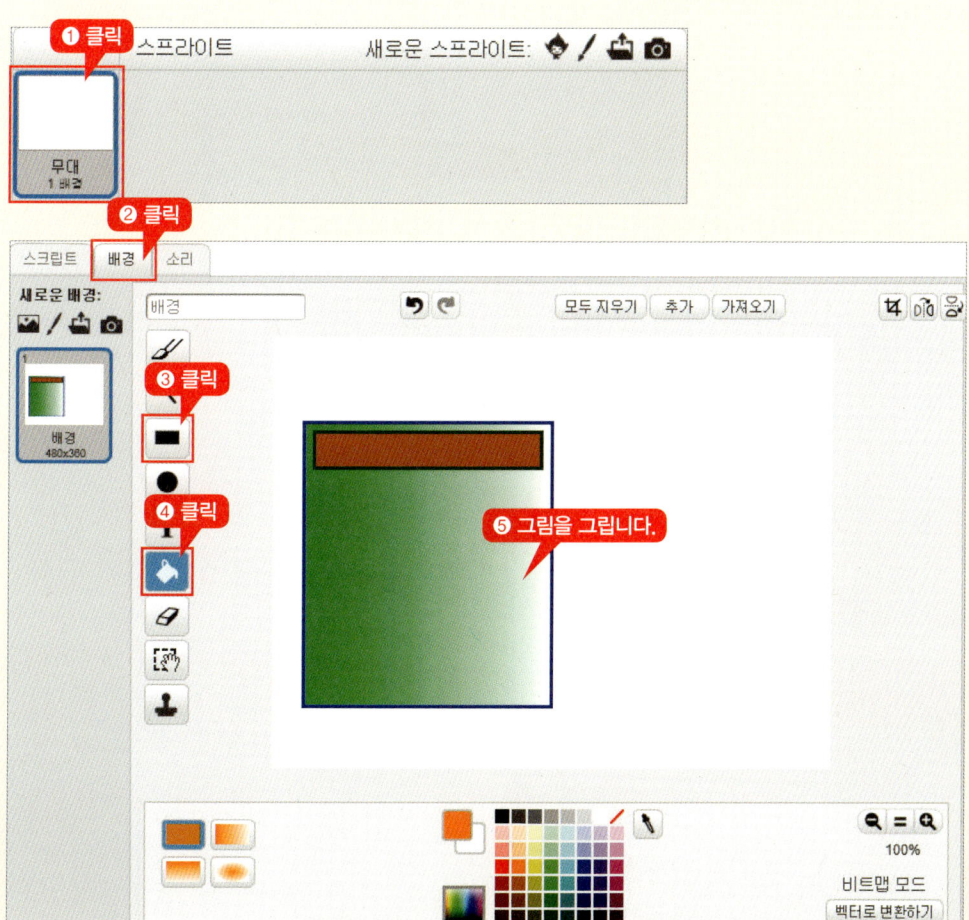

06 오른쪽 화면과 같이 무대에 각 스프라이트들을 적절하게 배치합니다.

07 데이터 블록의 변수 만들기 버튼을 클릭합니다. [새로운 변수] 대화상자가 나타나면 연산에 사용할 세 개의 변수(operand1, operand2, operator)를 만들고 [모든 스프라이트에서 사용]을 선택한 후 확인 버튼을 클릭합니다.

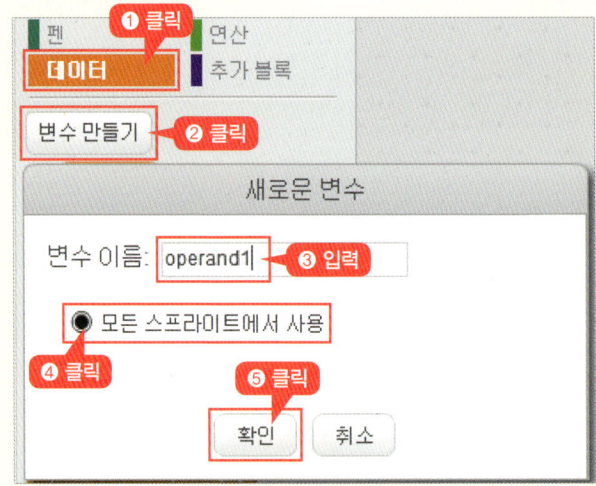

08 위와 같은 과정으로 다음의 화면과 같이 'operand1', 'operand2', 'operator'의 세 개의 변수를 만듭니다.

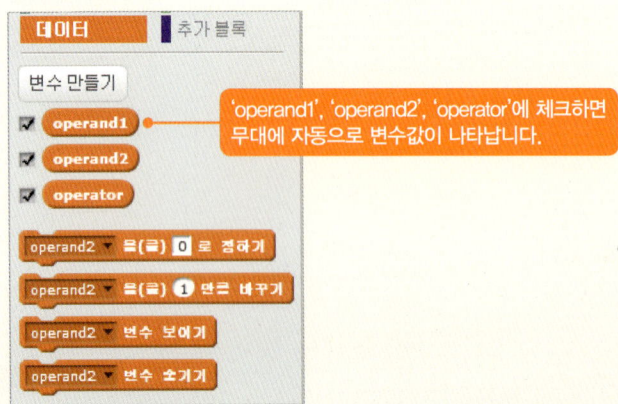

각 스프라이트에 스크립트 작성하기

무대에 삽입된 각 스프라이트들을 계산하는 논리적 코드를 만들기 위해 스크립트를 작성해 보겠습니다.

01 무대 목록에 있는 스프라이트 1인 을 선택하고 스크립트 영역이 나타나면 오른쪽 화면과 같이 스크립트를 작성합니다.

02 무대 목록에 있는 스프라이트 2인 를 선택하고 스크립트 영역이 나타나면 오른쪽 화면과 같이 스크립트를 작성합니다.

03 무대 목록에 있는 스프라이트 3인 을 선택하고 스크립트 영역이 나타나면 오른쪽 화면과 같이 스크립트를 작성합니다.

04 무대 목록에 있는 스프라이트 4인 ▣를 선택하고 스크립트 영역이 나타나면 오른쪽 화면과 같이 스크립트를 작성합니다.

05 무대 목록에 있는 스프라이트 5인 ▣를 선택하고 스크립트 영역이 나타나면 오른쪽 화면과 같이 스크립트를 작성합니다.

06 무대 목록에 있는 스프라이트 6인 ▣을 선택하고 스크립트 영역이 나타나면 오른쪽 화면과 같이 스크립트를 작성합니다.

07 무대 목록에 있는 스프라이트 7인 ▣을 선택하고 스크립트 영역이 나타나면 오른쪽 화면과 같이 스크립트를 작성합니다.

08 무대 목록에 있는 스프라이트 8인 을 선택하고 스크립트 영역이 나타나면 오른쪽 화면과 같이 스크립트를 작성합니다.

09 무대 목록에 있는 스프라이트 9인 를 선택하고 스크립트 영역이 나타나면 오른쪽 화면과 같이 스크립트를 작성합니다.

10 무대 목록에 있는 스프라이트 10인 을 선택하고 스크립트 영역이 나타나면 오른쪽 화면과 같이 스크립트를 작성합니다.

11 다음은 덧셈, 뺄셈, 곱셈, 나눗셈의 계산을 하는 연산자에 대한 스크립트를 작성하는 과정입니다. 무대 목록에 있는 ➕, ➖, ✖, ➗를 각각 선택하여 스크립트 영역에서 스크립트를 작성합니다.

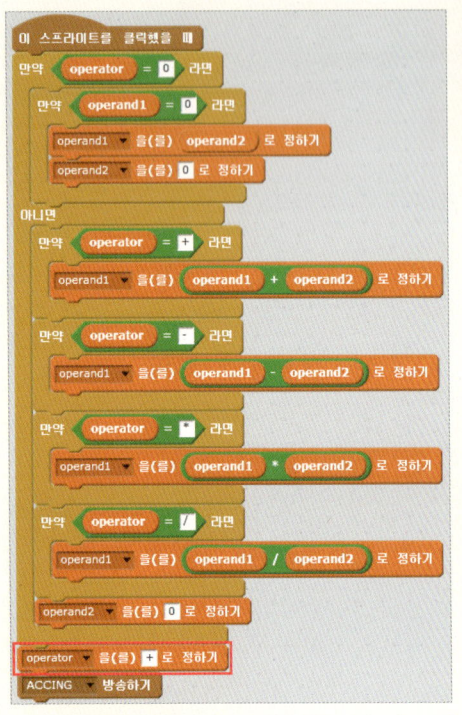

덧셈 연산 스크립트 / 뺄셈 연산 스크립트

곱셈 연산 스크립트 / 나눗셈 연산 스크립트

AC 연산 스크립트

= 연산 스크립트

'Girl7' 스크립트

12 모든 스프라이트에 대한 스크립트를 작성한 후 마지막으로 각 무대에 나타난 세 개의 변수에서 0 을 두 번 더블클릭하여 오른쪽 화면과 같이 배치합니다.

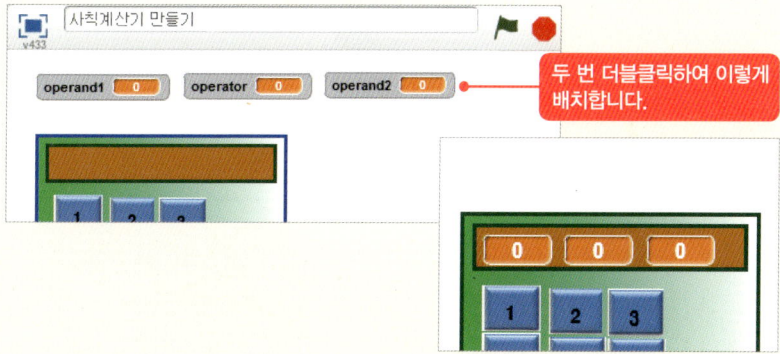

두 번 더블클릭하여 이렇게 배치합니다.

13 각 버튼을 클릭하여 정상적으로 계산되면 스크래치 프로젝트를 저장합니다. 여기서는 '5+6'의 값을 계산해 보세요.

프로젝트 10 리스트 이용해 묻고 답하기

리스트 등을 이용하여 학과명을 입력하고 'Girl' 스프라이트를 통해 묻고 답하기 프로젝트를 작성해 보겠습니다.

무대에 있는 스프라이트가 "당신의 전공 학과는?"이라고 물으면 무대 아래의 입력 창에 전공학과를 입력하고 Enter나 ✓ 아이콘을 클릭합니다. 그러면 '한국교육대학교' 리스트에 삽입된 학과이면 스프라이트가 "한국교육대학교 학생이군요.."를 3초 동안 말하고, 리스트에 삽입된 학과가 아니면 "다른 대학교 학생이군요.."를 3초 동안 말하는 프로젝트를 작성합니다.

[그림 2-15] 리스트 이용해 묻고 답하기

01 저장소에서 🙂 아이콘을 클릭합니다. [스프라이트 저장소]가 나타나면 'Girl2'를 선택하고 확인 버튼을 클릭합니다.

02 모양 탭을 클릭하면 'girl2-a'와 'girl2-b'가 함께 삽입되어 있습니다. 따라서 스크립트를 실행할 때 스프라이트인 소녀는 연속 동작을 합니다.

03 스크립트 탭을 클릭하고 데이터 블록의 리스트 만들기 버튼을 클릭하여 리스트를 만들고 리스트 이름을 '한국교육대학교'로 입력합니다.

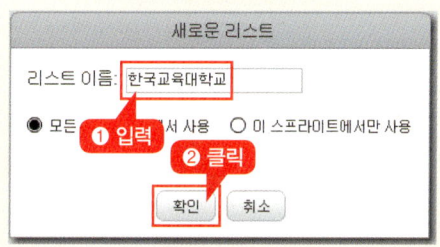

04 무대의 위쪽에 '한국교육대학교'라는 이름의 빈 리스트가 나타납니다. thing 항목을 한국교육대학교 에 추가하기 코드 블록을 이용하여 한국교육대학교가 개설한 학과명을 입력하여 추가하거나 무대에 있는 빈 리스트에 ⊕를 클릭하여 학과명을 직접 입력합니다.

05 '한국교육대학교' 리스트 항목인 아홉 개의 학과명이 모두 추가되었습니다.

06 'Girl2' 섬네일( )을 클릭하여 나타나는 스크립트 영역에서 'Girl2'를 실행하기 위한 스크립트를 작성합니다.

07 스크립트 작성이 완료되면 'Girl2' 스프라이트를 클릭하여 실행되는지 확인하고 정상적으로 실행되면 저장합니다. 리스트에 없는 항목이면 "다른대학교 학생이군요.."라고 말하고, 리스트에 있는 항목이면 "한국교육대학교 학생이군요.."라고 말합니다.

골키퍼 소녀 만들기

프로젝트 11

키보드의 Spacebar를 누르면 골대에 공을 넣는 간단한 게임을 만들어보겠습니다. 총 여덟 번의 슈팅에서 다섯 번을 골대 안에 넣으면 이기는 게임으로, 'You win' 메시지가 나타나면서 게임을 종료하고, 그렇지 못하면 지는 프로젝트를 작성해 보겠습니다.

⊕ 모양의 과녁이 일정하게 움직이는데, 공을 넣고 싶은 위치에서 Spacebar를 누르면 그곳으로 공이 들어갑니다. 이때 골키퍼 소녀 스프라이트인 'Ballerina'에 닿으면 "실수!!!"라는 메시지가 나타나면서 점수가 추가되지 않습니다. 만약 공이 'Ballerina'에 닿지 않고 골대로 들어가면 점수가 1점 추가됩니다.

[그림 2-16] 골키퍼 소녀

골키퍼 소녀 게임 프로젝트의 작성 순서는 다음과 같습니다.

01 무대에 배경 그림을 삽입하고, 기존의 스프라이트1인 '고양이' 스프라이트를 삭제합니다.

02 총 여덟 개의 새로운 스프라이트를 스크래치의 저장소에서 선택하거나 직접 그림판에서 그려서 삽입합니다.

03 무대에 추가한 각 스프라이트에 대한 동작을 실행하는 스크립트를 작성합니다.

무대 배경 화면과 스프라이트 삽입하기

01 아이콘을 클릭하여 무대에 적절한 배경 화면을 선택합니다. 여기서는 [배경 저장소]에서 'driveway'를 선택합니다.

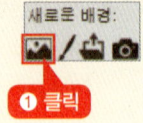
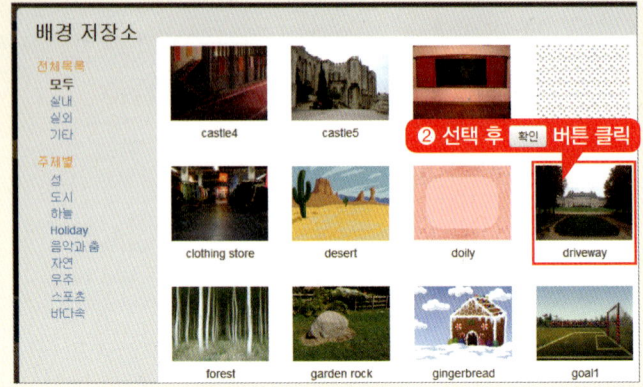

02 게임 프로젝트에 사용할 여덟 개의 스프라이트를 삽입해 보겠습니다. 아이콘을 이용하여 그림판에서 구름, 물결, 골대, 그물망, 표적, 메시지 스프라이트를 직접 그려서 삽입합니다. 이때 아이콘과 아이콘 등의 기능을 이용하여 그리고, 스프라이트 이름을 '구름', '물결', '골대', '그물망', '표적', '메시지'로 바꿉니다. 스프라이트의 이름을 다시 지정하려면 섬네일 목록의 아이콘을 클릭하여 이름을 원하는 대로 입력합니다.

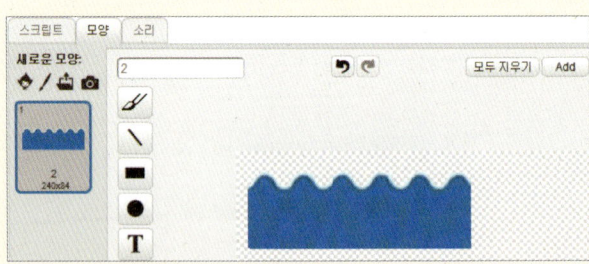

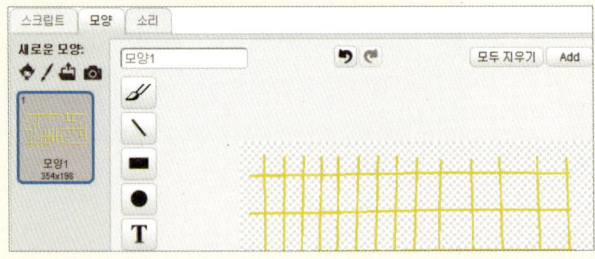

이곳에는 'SCORE 5 WIN!'과 'YOU WIN!!', 'YOU LOST'의 세 가지 이미지를 각각 그립니다.

03 저장소에 있는 '축구공' 스프라이트와 '골키퍼 소녀' 스프라이트를 무대에 삽입하기 위해 🐱 아이콘을 클릭하고 [스프라이트 저장소]에서 'Soccer Ball'과 'Ballerina'를 선택하여 삽입합니다. 이러한 과정을 모두 거치면 스프라이트 목록에 다음의 화면과 같이 섬네일이 나타납니다.

각 스프라이트 동작을 위한 스크립트 작성하기

다음과 같이 여덟 개의 스프라이트 동작을 위한 스크립트를 작성합니다.

01 구름 스크립트 동작을 위한 스크립트는 스프라이트 목록 상자에서 '구름' 섬네일()을 클릭하고 스크립트 영역이 나타나면 다음의 화면과 같이 작성합니다. 게임을 실행하기 위해 🏳 아이콘을 클릭하면 배경 화면에 있는 '구름' 스프라이트가 x=-82, y=70으로 이동한 후 y축 방향(아래/위)으로 -1과 1만큼 2회씩 무한대로 움직입니다. 이것은 배경 화면에 구름이 아래/위로 조금씩 움직이는 것을 표현한 스크립트입니다.

02 '물결' 섬네일( )을 클릭하고 스크립트 영역이 나타나면 오른쪽 화면과 같이 작성합니다. 물결 스크립트 동작을 위한 스크립트도 앞의 구름 스크립트와 비슷한 모습입니다.

아이콘을 클릭하면 '물결' 스프라이트는 x=0, y=-180으로 이동합니다.

y 좌표는 -10, 10만큼을 각각 0.2초 간격으로 3회 반복을 무한 반복합니다. 이것은 '물결' 스프라이트가 위아래로 오르내림을 반복하는 과정입니다.

03 '골대' 섬네일( )을 클릭하고 다음의 화면과 같이 스크립트를 작성합니다. 아이콘을 클릭하면 무대는 배경 화면에서 x=30, y=40 위치로 이동한 후 맨 앞으로 나옵니다.

04 '그물망' 섬네일( )을 클릭하고 다음의 화면과 같이 스크립트를 작성합니다. 이것은 그물망이 무대의 바로 뒤에 위치하여 시각적으로 그물망이 골대 뒤에 있는 것처럼 표시하기 위해서  를 이용하였습니다.

05 다음은 공이 날아가는 방향, 즉 표적에 대한 스크립트입니다. '표적' 섬네일( )을 클릭하고 스크립트를 작성합니다.

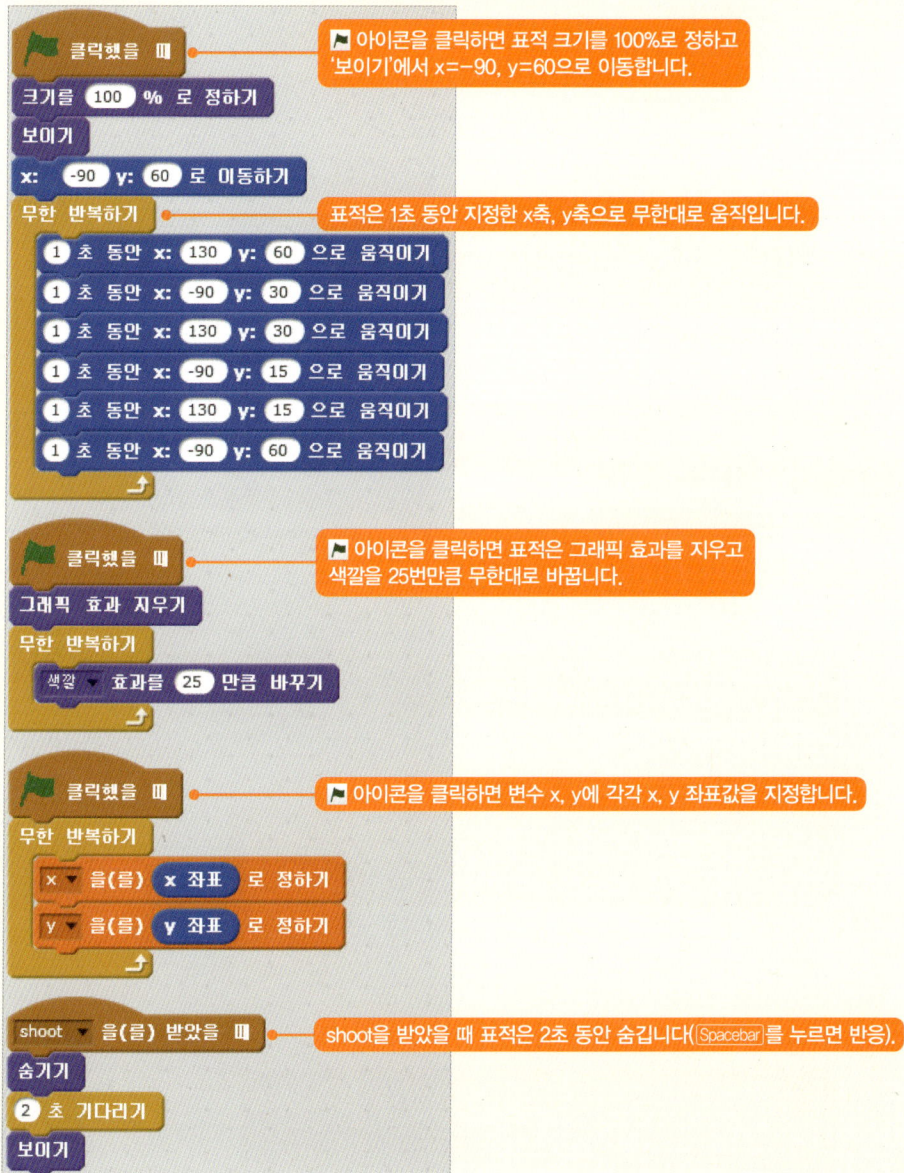

06 다음은 축구공 스크립트로, '축구공' 섬네일( )을 클릭한 후 작성합니다.

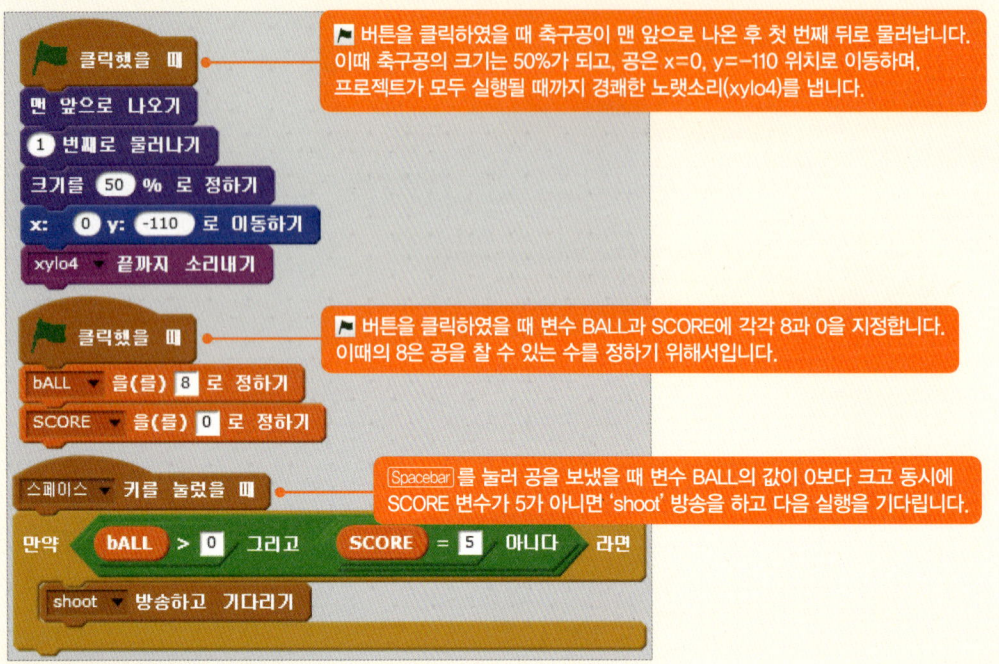

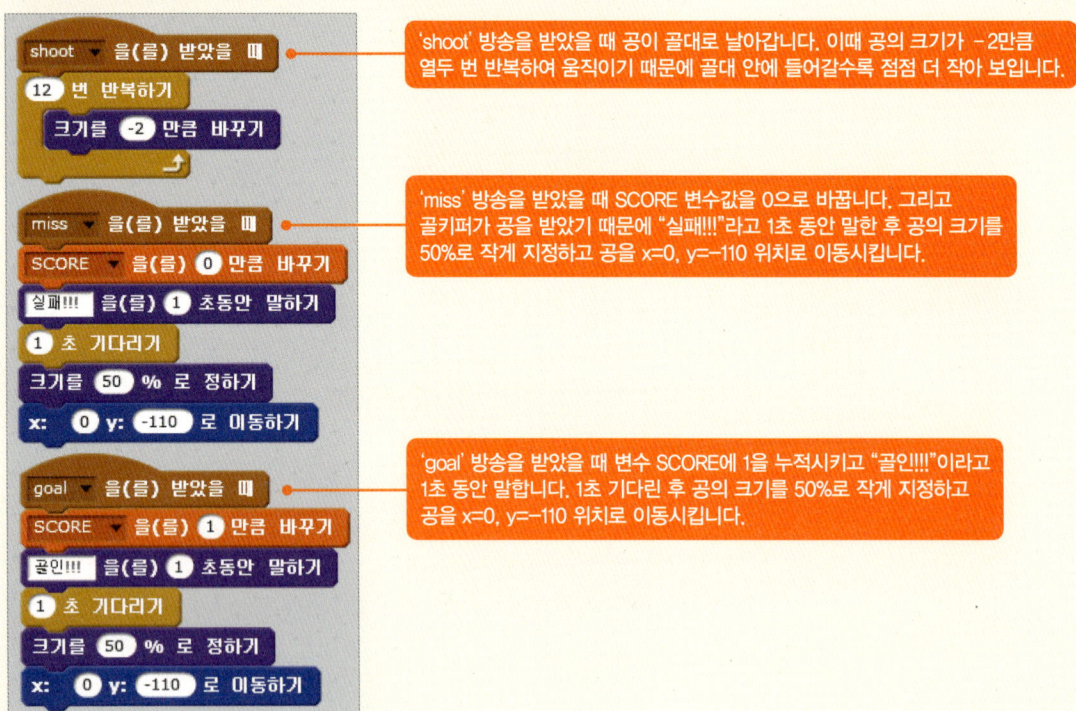

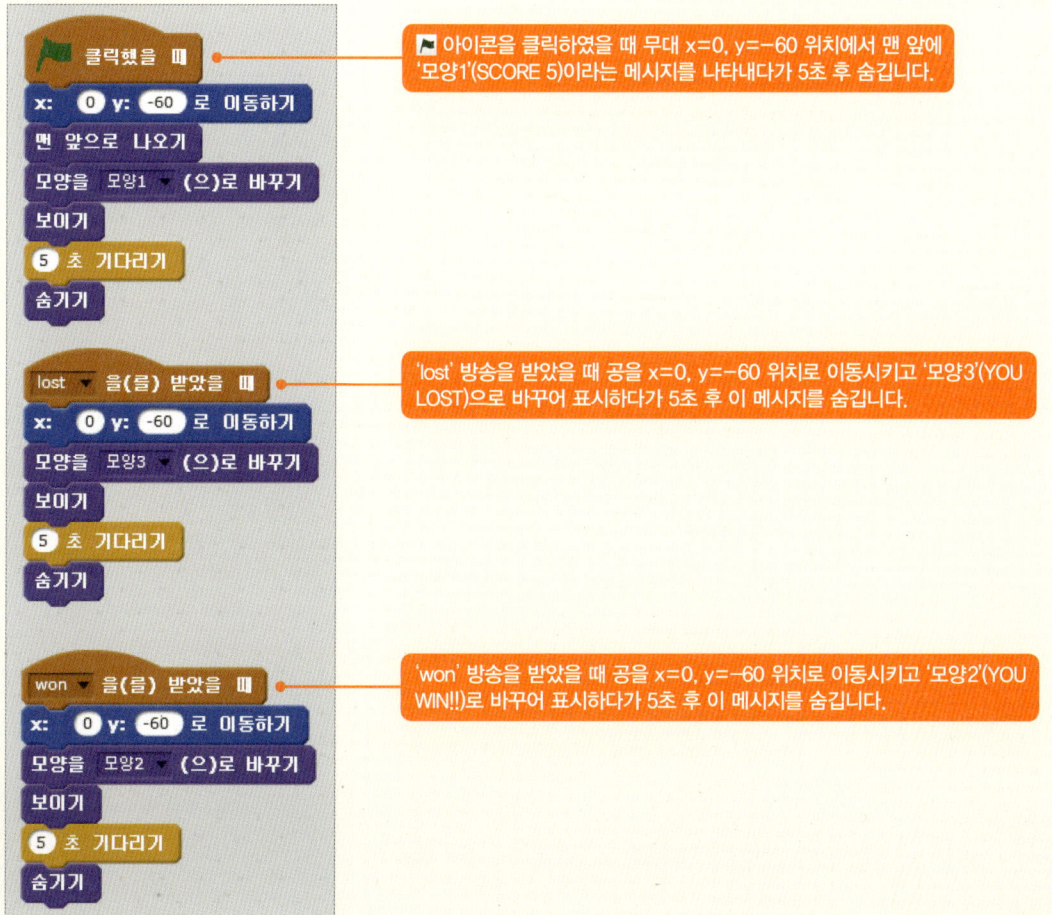

07 '메시지' 섬네일( )을 클릭하고 스크립트 영역이 나타나면 다음의 화면과 같이 스크립트를 작성합니다.

Chapter 02 블록 팔레트의 코드 기능과 프로젝트 살펴보기 | 193

08 마지막으로 '골키퍼 소녀' 섬네일( )을 클릭한 후 다음의 화면과 같이 스크립트를 작성합니다.

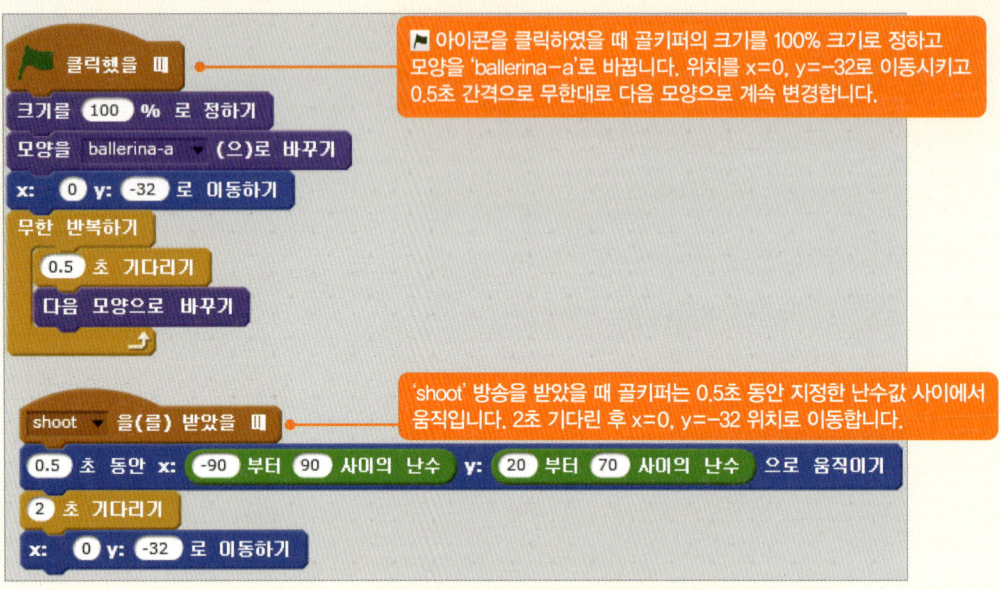

▶ 아이콘을 클릭하였을 때 골키퍼의 크기를 100% 크기로 정하고 모양을 'ballerina-a'로 바꿉니다. 위치를 x=0, y=-32로 이동시키고 0.5초 간격으로 무한대로 다음 모양으로 계속 변경합니다.

'shoot' 방송을 받았을 때 골키퍼는 0.5초 동안 지정한 난수값 사이에서 움직입니다. 2초 기다린 후 x=0, y=-32 위치로 이동합니다.

09 위의 게임을 만들 때 변수와 리스트를 만드는 과정을 이해하는 것이 가장 중요합니다. 게임에서 사용한 변수와 리스트는 오른쪽 화면과 같습니다.

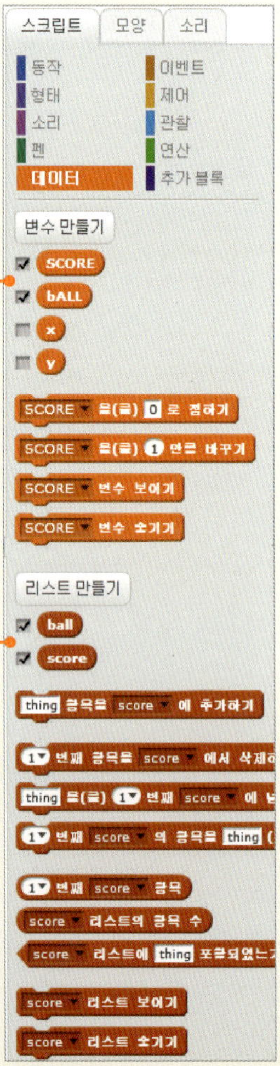

전체 스프라이트에 적용된 공통된 변수들

축구공의 스프라이트에 적용된 리스트

이벤트 팔레트의 코드 블록

`이벤트` 팔레트는 스프라이트의 실행을 동기화하고, 스크립트를 실행하며, 다른 스프라이트로 메시지를 보내는 기능을 포함한 여덟 개의 코드 블록으로, 색상은 갈색입니다.

`이벤트` 팔레트의 구성

스크립트(프로그래밍)를 작성하려면 `이벤트` 블록과 `제어` 블록 사용이 필수인데, 이 중에서 `이벤트` 블록의 기능은 작성한 스크립트를 실행하고 조직화합니다. 스크래치 1.4에서는 이벤트 기능을 가진 블록과 제어 구조를 가진 블록을 한곳에 모아두었지만, 스크래치 2.0에서는 블록의 그룹이 분리되어 있습니다. 따라서 `이벤트` 블록의 범주에 속하는 코드 블록은 스크립트를 실행하게 도와주고, 방송 메시지를 주고받을 수 있도록 하며, 스크립트의 실행을 조정하고 동기화합니다. 또한 `이벤트` 블록을 이용하면 마우스나 키보드를 사용해서 실행할 때 다양한 상황에 맞게 응답할 수 있습니다. 이때 스크립트 실행 블록 모양은 모자형이고, 메시지를 보내는 블록 모양은 벽돌형입니다.

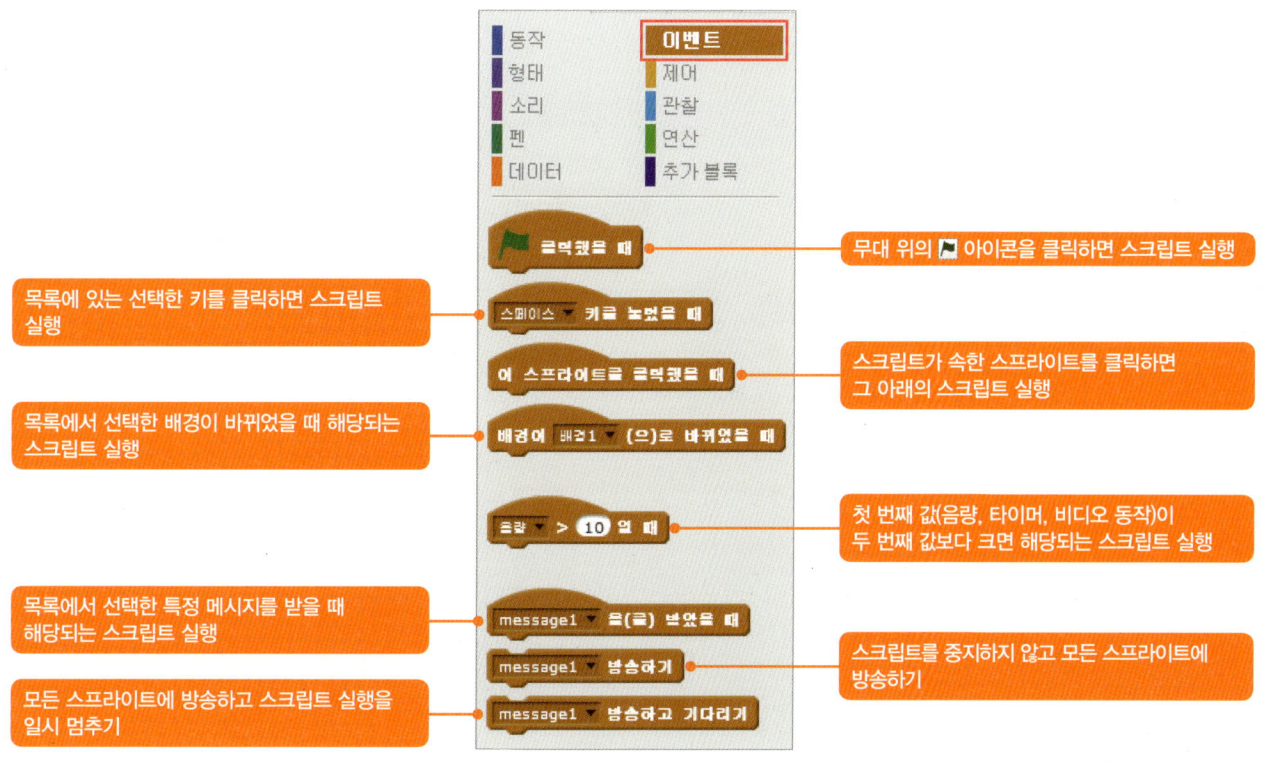

[그림 2-17] `이벤트` 블록의 코드 블록 기능

스크립트 실행하기

다음은 `이벤트` 팔레트에서 사용하는 코드 블록입니다.

블록	설명
클릭했을 때	▶ 아이콘을 클릭하면 스크립트가 실행됩니다.
스페이스 키를 눌렀을 때	키보드에 있는 특정 키를 누르면 스크립트가 실행됩니다.
이 스프라이트를 클릭했을 때	특정 스프라이트를 클릭하면 스크립트가 실행됩니다.
배경이 backdrop1 (으)로 바뀌었을 때	무대의 특정한 배경이 바뀌었을 때 스크립트가 실행됩니다.

▶ 코드 블록은 스크립트를 실행시키는 가장 일반적인 기능으로, 스크래치의 무대 위쪽에 있는 녹색 깃발(보통 '모자형 블록(hat blocks)'이라고도 함)인 ▶ 아이콘을 클릭하면 스크래치 프로그램의 스크립트가 실행됩니다.

다음은 스프라이트1인 '고양이'를 삭제하고 새로운 스프라이트 항목에 있는 아이콘을 클릭하면 나타나는 저장소에서 'Beachball' 스프라이트를 선택한 후 작성한 스크립트입니다. 이 스크립트는 ▶ 아이콘을 클릭해야만 스크립트가 실행됩니다.

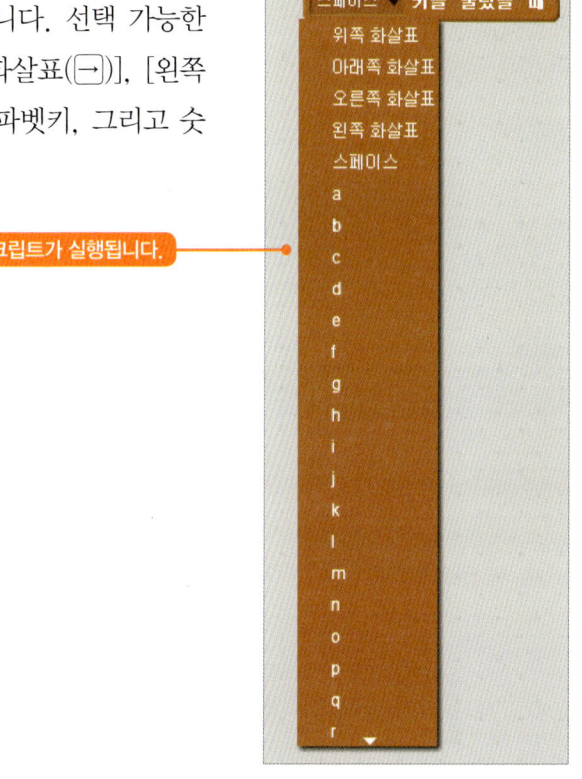

는 키보드의 특정 키를 누르면 스크립트가 실행됩니다. 이때 사용하려는 키는 상자의 ▼ 버튼을 클릭하여 선택합니다. 선택 가능한 키는 [위쪽 화살표(↑)], [아래쪽 화살표(↓)], [오른쪽 화살표(→)], [왼쪽 화살표(←)]와 [스페이스(Spacebar)], A에서 Z까지의 알파벳키, 그리고 숫자키입니다.

이곳에 있는 키를 선택하였을 때 스크립트가 실행됩니다.

다음은 키보드의 위쪽 방향키(↑)를 누르면 스프라이트가 무대에서 오른쪽 방향으로 15도씩 움직이는 예입니다.

는 무대 위의 스프라이트를 클릭하였을 때 연결된 스크립트가 실행됩니다. 다음은 무대에 있는 스프라이트1인 '고양이'를 클릭하였을 때 "야옹" 소리를 내며 "저를 클릭 했군요."라고 3초 동안 말하는 스크립트입니다.

는 무대의 배경이 backdrop1 에 지정된 다른 배경으로 바뀔 때 스크립트를 실행합니다.

다음은 배경이 'backdrop1'로 바뀌었을 때 스프라이트가 10만큼 이동합니다.

조건부 스크립트 실행하기

는 컴퓨터 마이크에서 감지되는 소리, 타이머, 비디오 동작의 조건에 따라 스크립트가 실행되는 이벤트 코드 블록입니다. 다음은 컴퓨터에서 발생하는 음량의 수치가 20을 초과할 때 스프라이트가 소리에 반응해 메시지를 나타내는 스크립트입니다.

메시지 방송하기와 받기

스크래치 프로그램은 서로 다르게 동작하는 여러 개의 스프라이트와 무대로 구성되어 있고, 이들이 동시에 그리고 정확히 동작하려면 상호작용이 필요합니다. 스크래치에서는 이러한 각 개체들이 서로 협력하여 실행할 수 있도록 메시지를 주고받는 세 개의 코드 블록이 있습니다. 이것은 일반적으로 기존 컴퓨터 프로그래밍에서 흔히 볼 수 있는 함수 호출 방법과 비슷한 방법입니다.

message1 방송하기	모든 스크립트에게 메시지(message1)를 보냅니다.
message1 방송하고 기다리기	모든 스크립트에게 메시지(message1)를 보내고 기다립니다.
message1 을(를) 받았을 때	메시지(message1)를 받았을 때 스크립트를 실행시킵니다.

`message1 ▼ 방송하기` 코드 블록은 메시지를 스프라이트에게 보낸 후 곧바로 다음 스크립트를 실행합니다. 즉 다른 스프라이트가 메시지를 실행하는 동안을 기다리지 않고 이 코드 블록의 아래쪽에 연결된 스크립트를 즉시 실행합니다. 예를 들어 '아침인사' 메시지를 보내려면 다음과 같이 진행합니다.

`message1 ▼ 방송하고 기다리기`는 메시지를 스프라이트에게 보낸 후 메시지를 받은 스프라이트의 실행이 완료될 때까지 기다립니다. 실행이 완료되면 이 코드 블록은 바로 아래쪽에 연결된 다음 스크립트를 실행합니다. 이것은 스크립트가 동시에 실행하기에 부담이 되는 경우에 활용하면 유용합니다.

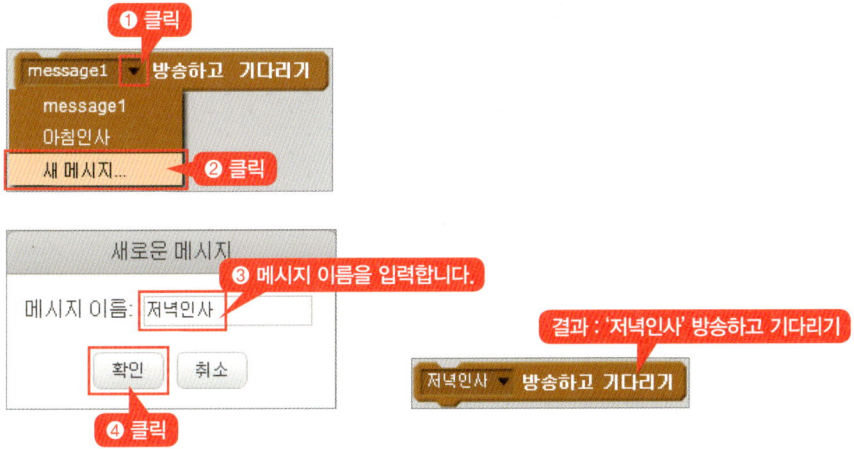

`message1 ▼ 을(를) 받았을 때`는 지정한 메시지를 받았을 때 미리 정의된 스크립트 명령을 실행합니다. `message1 ▼ 방송하기`를 사용하여 메시지를 보내면 모든 스프라이트에게 보내집니다. 모든 스프라이트는 메시지를 수신하지만 미리 정의된 명령에 의해 반응하거나 반응하지 않습니다. `message1 ▼ 을(를) 받았을 때`의 ▼ 버튼을 클릭하여 받은 메시지 중에서 원하는 것을 선택하거나 새로운 메시지를 만들 수 있습니다.

다음은 받은 메시지 중에서 '아침인사'를 선택한 예입니다. '아침인사' 메시지를 받았을 때 아래에 있는 스크립트인 "즐거운 하루되세요."라고 말하는 말풍선을 3초 동안 나타냅니다.

 ### 신호등 건너기

방송하기, 받기 그리고 변수 만들기를 이용하여 자동차가 도로를 달리다 황색등이 켜진 후 빨간색 신호등이 켜지면 정지하고 녹색 신호등이 켜지면 다시 출발하는 신호등 건너기 프로젝트를 정보문화사 홈페이지 자료실에서 만드는 방법 설명서와 소스를 다운로드해서 만들어 보세요.

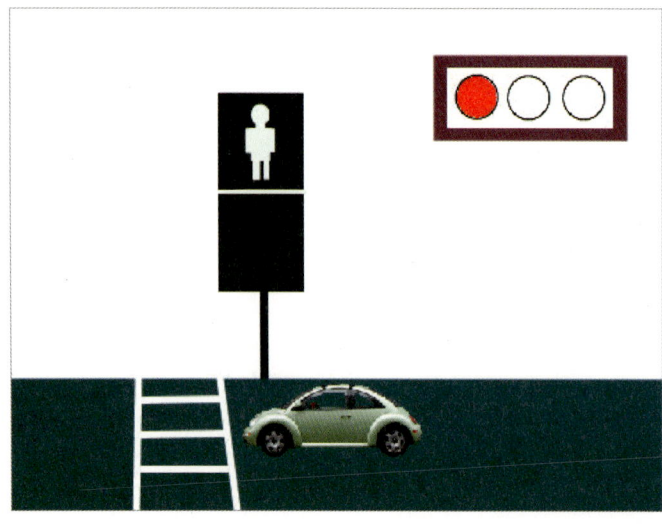

프로젝트 12 간 큰 고양이 만들기

이벤트 블록의 `message1 방송하기` 코드 블록과 `message1 을(를) 받았을 때` 코드 블록을 이용하여 간 큰 고양이 프로젝트를 작성해 보겠습니다.

숲 속에서 고양이는 달리고 사자는 산책을 하고 있는데, 달리는 고양이가 갑자기 사자 옆으로 스칠 때 사자가 깜짝 놀라 "아이고 깜짝이야..."라고 말하면서 펄쩍 뛰는 프로그램을 작성합니다. 이때 스치고 달리는 고양이는 상대 사자의 반응과 관계 없이 계속 달립니다. 스크립트는 스프라이트1인 고양이를 클릭하면 실행됩니다.

[그림 2-18] 간 큰 고양이

간 큰 고양이 프로젝트의 작성 순서는 다음과 같습니다.

01 무대에 배경 그림을 삽입합니다.

02 무대에 스프라이트2(기존의 '고양이' 외 'Lion')를 추가합니다.
03 각 스프라이트를 동작시키는 스크립트를 작성합니다.
04 완성한 프로젝트를 실행하고 정확하게 움직이는지 확인한 후 저장합니다.

 새로운 프로젝트 만들기

스크래치 프로젝트를 만들기 위해 [파일]-[새로 만들기] 메뉴를 선택합니다.

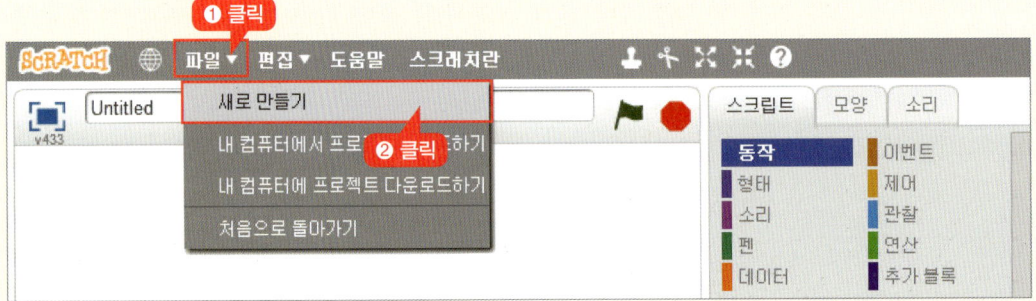

 무대에 배경 그림과 스프라이트 삽입하기

01 무대에 배경 그림을 삽입하기 위해 '무대' 섬네일(🖼)을 클릭하고 🖼 아이콘을 클릭한 후 [배경 저장소]에서 'castle3'을 선택합니다.

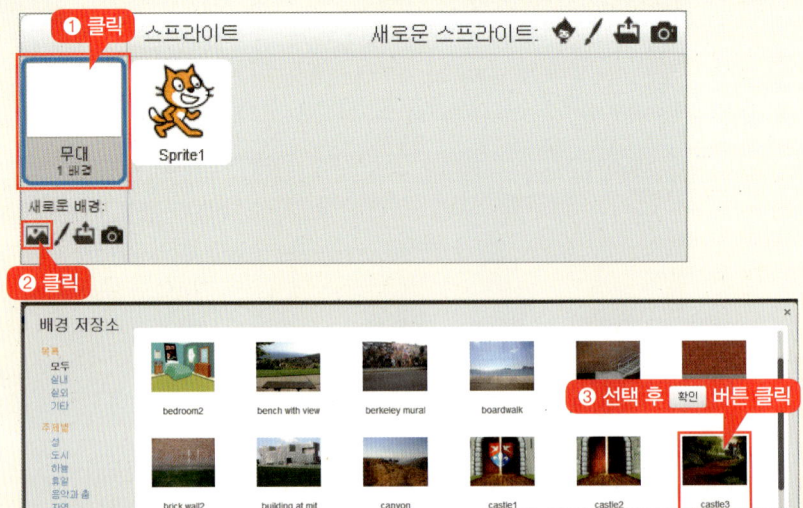

02 새로운 스프라이트를 추가하기 위해 '새로운 스프라이트'에서 🐾 아이콘을 클릭합니다. [스프라이트 저장소]에서 원하는 스프라이트인 'Lion'을 선택하고 확인 버튼을 클릭합니다.

03 ⤢ 아이콘과 ✕ 아이콘을 클릭한 후 무대에 있는 스프라이트의 크기를 적당하게 조절하고 마우스로 스프라이트들의 위치도 이동합니다.

각 스프라이트에 스크립트 삽입하기

무대에 삽입된 두 개의 스프라이트가 움직일 수 있는 명령을 지정하기 위해 다음과 같이 각 스프라이트에 스크립트를 삽입합니다.

01 스프라이트1인 '고양이' 섬네일(🐱)을 클릭하고 오른쪽 화면과 같이 스크립트 영역에서 논리적으로 코드 블록을 작성합니다.

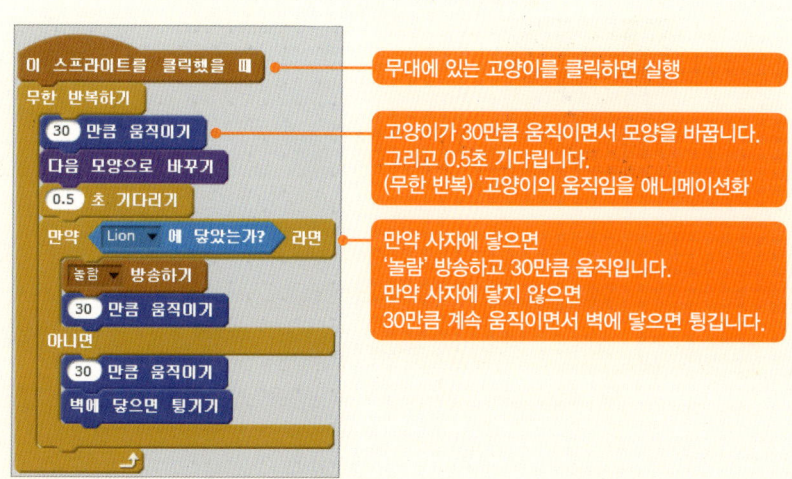

02 두 번째 스프라이트인 '사자' 섬네일()을 클릭하고 오른쪽 화면과 같이 스크립트 영역에서 논리적으로 코드 블록을 작성합니다.

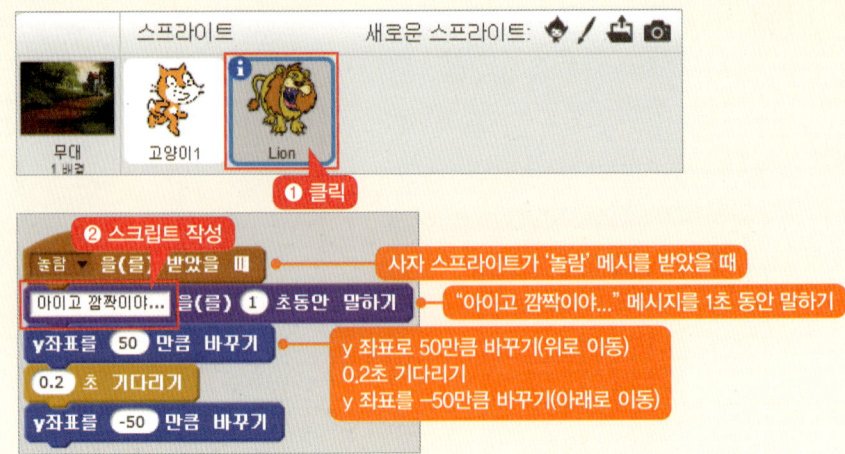

스크립트 실행하고 저장하기

이제까지 작성한 프로젝트가 제대로 실행되면 [파일]-[내 컴퓨터에 프로젝트 다운로드하기] 메뉴를 선택하여 저장합니다. 이때 프로젝트는 스프라이트1인 '고양이'를 클릭해야 실행됩니다.

지금까지 [message1 ▼ 방송하기] 코드 블록과 [message1 ▼ 을(를) 받았을 때] 코드 블록을 이용한 스크립트 프로젝트의 작성에 대해 살펴보았습니다. 이때 '고양이' 스프라이트는 '놀람' 방송과 동시에 사자의 동작 스크립트 실행과 관계 없이 움직입니다. 따라서 [message1 ▼ 방송하고 기다리기] 코드 블록과 [message1 ▼ 을(를) 받았을 때] 코드 블록을 이용한 스크립트로 바꾸어 스크립트를 작성하면 결과가 달라집니다.

[message1 방송하고 기다리기]를 사용하면 지정한 메시지를 방송하고, '고양이' 스프라이트는 '사자' 스프라이트 스크립트의 실행이 끝날 때까지 기다린 후 다시 실행합니다. 다음의 화면과 같이 스크립트를 수정한 후 앞에서 작성한 스크립트의 실행과 비교해 보세요. 다음은 고양이가 실행되는 스크립트입니다.

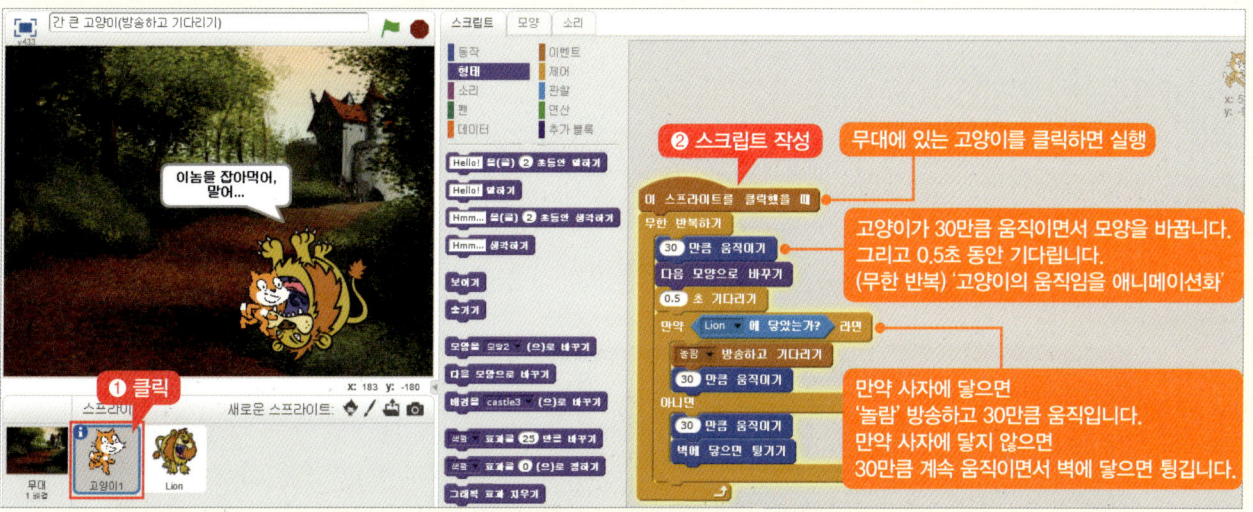

다음은 사자가 실행되는 스크립트입니다.

벌레와 말 만들기

프로젝트 13

메시지를 방송하고 받기를 실행하는 코드 블록을 이용하여 벌레와 말 프로젝트를 작성해 보겠습니다.

▶ 아이콘을 클릭하면 프로젝트가 실행되면서 마당에서 세 마리의 벌레들이 움직이고 말이 소리를 냅니다. 만약 벌레들이 말에 닿으면 방송을 하고 자신을 숨깁니다. 방송을 받은 말은 "pop" 소리를 내면서 움직입니다. 벌레의 방송(말에 닿기)을 받기 전까지는 말소리만 내고 말은 움직이지 않습니다.

[그림 2-19] 벌레와 말

무대에 배경 그림 삽입하기

무대에 배치된 '고양이' 스프라이트를 삭제하고 '무대' 섬네일(□)을 선택한 후 [배경 저장소]에서 배경 그림 'garden lock'을 선택합니다.

 ## 스프라이트 삽입하기

01 스프라이트는 말과 세 마리의 벌레들을 포함해서 모두 네 종류입니다. 아이콘을 클릭하여 차례대로 'Horse1', 'Ladybug1', 'Beetle', 'Ladybug2' 스프라이트를 삽입합니다.

02 무대에 차례대로 스프라이트들을 삽입하면 오른쪽 화면과 같이 스프라이트 목록에 나타납니다.

스프라이트 동작을 위한 스크립트 작성하기

01 '말' 섬네일( )을 클릭한 후 나타나는 스크립트 영역에서 다음의 화면과 같이 작성합니다. 이것은 말의 동작을 위한 스크립트입니다.

- 아이콘을 클릭하였을 때 실행
- 마우스 포인트까지의 거리가 10보다 클 때까지 반복 실행합니다.
- 마우스 포인트쪽을 보면서 20만큼 움직이다가 말의 연속 동작을 나타내기 위해 모양을 바꿉니다.
- 벌레로부터 방송을 받았을 때(말과 접촉) "pop" 소리를 내면서 말의 모양을 바꿉니다.
- count 변수에 1씩 누적시키는데, 이 과정을 2회 반복합니다.
- 아이콘을 클릭하였을 때 count 변수를 0으로 초기화합니다. 이것은 벌레가 말에 닿는 횟수를 계산하기 위한 것입니다.

02 두 번째 'Ladybug1' 섬네일( )을 클릭한 후 나타나는 스크립트 영역에서 다음의 화면과 같이 스크립트를 작성합니다.

- 아이콘을 클릭하였을 때 벌레가 보이며, 오른쪽 방향으로 봅니다.
- 벌레가 2만큼 움직이면 난수(-20에서 20)를 발생시켜서 오른쪽으로 돌며, 벽에 닿으면 튕기기를 합니다.
- 말에 닿으면 방송(말과 접촉)하고, 벌레가 숨겨집니다. 3초 후 난수(-100에서 100)로 이동하면서 벌레가 나타납니다.

03 이와 같은 방법으로 'Beetle'와 'Ladybug2' 스프라이트에도 다른 움직임을 적용합니다. 따라서 나머지 두 개 스프라이트의 스크립트도 앞의 스크립트(Ladybug1)와 같습니다. 앞의 모든 과정을 거친 후 제대로 작동되면 저장합니다.

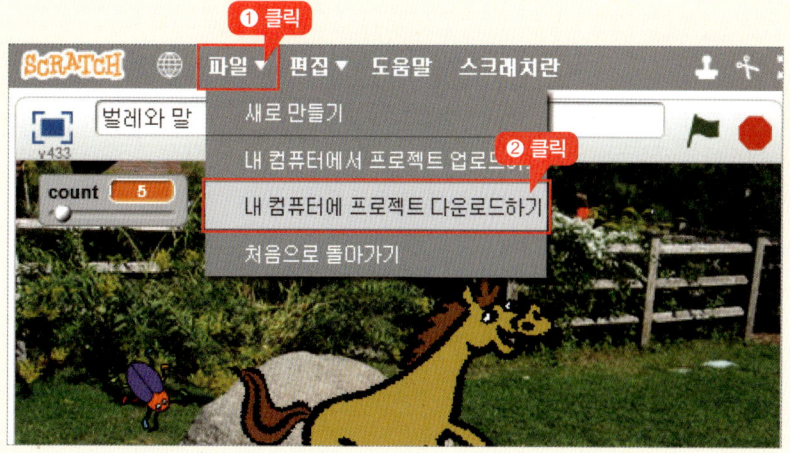

 알람 기능이 있는 아날로그 시계 만들기

방송하기/받기 기능을 이용하여 알람 기능이 있는 아날로그 시계를 만들어 봅니다. 정보문화사 홈페이지(www.infopub.co.kr) 자료실에서 '스크래치 2.0' 폴더에 있는 해당 소스와 만드는 방법 파일을 보면서 프로젝트를 작성해 보고 논리적 개념을 설명해 보세요.

프로젝트 14 퀴즈 맞추기

캐릭터(Tera)가 이름을 물었을 때 상대편이 이름을 답하면 2초 동안 상대편 이름을 생각한 후 퀴즈를 내어 퀴즈를 맞추는 프로젝트를 작성해 보겠습니다.

이순신 장군에 관련된 세 가지 퀴즈를 내고 정답이면 "정답입니다!"라고 답하고 정답이 아니면 "틀렸네요! 다시 생각해 보세요…"라고 응답합니다. 모든 퀴즈 문제를 맞추면 "참! 잘했어요…"를 말한 후 스크립트를 종료합니다.

[그림 2-20] 퀴즈 맞추기

무대 배경 삽입하고 스크립트 작성하기

01 무대에 있는 '고양이' 스프라이트를 삭제하고 오른쪽 화면과 같이 '무대' 섬네일(□)을 클릭한 후 🖼 아이콘을 클릭해 나타나는 [배경 저장소]에서 원하는 배경을 삽입합니다(여기서는 'boardwalk'를 선택했습니다).

02 새로운 스프라이트 목록에서 🙂 아이콘을 클릭하여 'Tera'를 선택합니다. 그러면 Tera 캐릭터가 무대에 삽입됩니다.

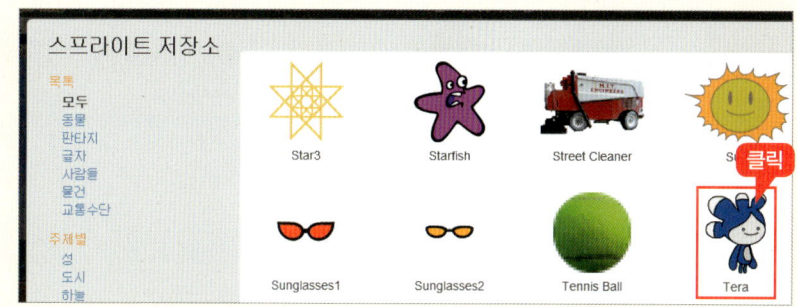

03 'Tera' 섬네일(🖼)을 클릭하여 나타나는 스크립트 영역에서 퀴즈를 내는 스크립트를 다음의 화면과 같이 작성합니다.

실행하기 위해 🏁 아이콘을 클릭하면 스프라이트는 움직입니다.
무한 반복 : 0.3초 동안 y좌표를 −2와 2만큼 번갈아 바꿉니다.

Chapter 02 블록 팔레트의 코드 기능과 프로젝트 살펴보기 | 211

[그림 설명]

- 🏁 클릭했을 때
- 보이기
- 안녕, 누구세요? 묻고 기다리기 → 🏁 아이콘을 클릭하면 캐릭터가 보이면서, "안녕, 누구세요?"를 묻고 기다립니다.
- 대답 을(를) 2 초동안 생각하기 → 무대의 아래쪽에 있는 입력 창에서 이름을 입력하면 2초 동안 생각합니다.
- 내가 내는 퀴즈를 한 번 맞춰 볼래요? 을(를) 2 초동안 말하기 → "내가 내는 퀴즈를 한 번 맞춰 볼래요?"를 2초 동안 말하고,
- 이순신 장군에 관한 퀴즈인데... 을(를) 2 초동안 말하기 → "이순신 장군에 관한 퀴즈인데..."를 2초 동안 말합니다.
- 무한 반복하기
  - 이순신 장군의 3대 대첩은? (A)한산도대첩-명량해전-노량해전 (B)목포해전-명량해전-답합포해전 묻고 기다리기 → 질문을 하고 기다리기
  - 만약 대답 = a 라면
    - 정답입니다! 을(를) 2 초동안 말하기
    - q2 방송하기 → 무대 입력 창에서 a를 입력하면 "정답입니다!"를 2초 동안 말하고 바로 다음 퀴즈를 위해 두 번째 퀴즈인 q2로 방송합니다.
    - 이 스크립트 멈추기 → 현재 스크립트를 멈춥니다.
  - 만약 대답 = b 라면
    - 틀렸네요! 다시 생각해 보세요... 을(를) 2 초동안 말하기 → 정답을 'b'로 입력하면 "틀렸네요! 다시 생각해 보세요..."를 2초 동안 말합니다.

스크립트 활용하기

다음은 두 번째 퀴즈인 'q2'에 대한 스크립트입니다. 여기서 정답을 맞추면 세 번째 퀴즈를 위해 'q3'을 방송하기 합니다.

[그림 설명]

- q3 을(를) 받았을 때
- 무한 반복하기
  - 이순신 장군의 마지막 해전은 어딘가요? (A)명량해전 (B)노량해전 묻고 기다리기
  - 만약 대답 = a 라면
    - 틀렸네요! 다시 생각해 보세요... 을(를) 1 초동안 말하기
  - 만약 대답 = b 라면
    - 정답! 을(를) 1 초동안 말하기
    - q3 방송하기
    - 이 스크립트 멈추기

다음은 세 번째 퀴즈인 'q3'에 대한 스크립트입니다. 여기서는 다음 퀴즈가 없기 때문에 정답을 맞추면 현재 스크립트를 종료합니다.

Level Up

국기 맞추기 프로젝트 따라 만들기

네덜란드, 룩셈부르크, 루마니아 등 여섯 개의 비슷한 나라의 국기를 무대에 두 개 제시한 후 팽귄이 어느 나라 국기인지 물어보는 퀴즈 프로젝트를 블록의 What's your name? 묻고 기다리기 코드 블록 등을 이용하여 만든 프로젝트입니다. 정보문화사 홈페이지 자료실에서 다운로드하여 따라 작성하고 각 스크립트들의 논리적 구성을 설명해 보세요.

07 제어 팔레트의 코드 블록

제어 팔레트는 스크립트를 중지하고, 참 또는 거짓으로 평가되는 조건에 따라 코드 블록에 있는 스크립트를 반복 실행 및 조건부 실행을 하는 코드 블록과 복제 및 관리하는 코드 블록이 있으며, 색상은 금색입니다.

제어 팔레트의 구성

제어 블록에는 동작과 스크립트 실행 순서를 제어할 수 있는 다양한 기능의 코드 블록이 있습니다. 모든 프로그램 언어에서는 순차적 실행 구조(프로그램이 위에서 아래로 순차적으로 실행), 조건부 실행 구조(어떤 조건을 검사하여 조건에 맞으면 실행하고 맞지 않으면 실행하지 않음) 및 반복 구조(일련의 프로그램

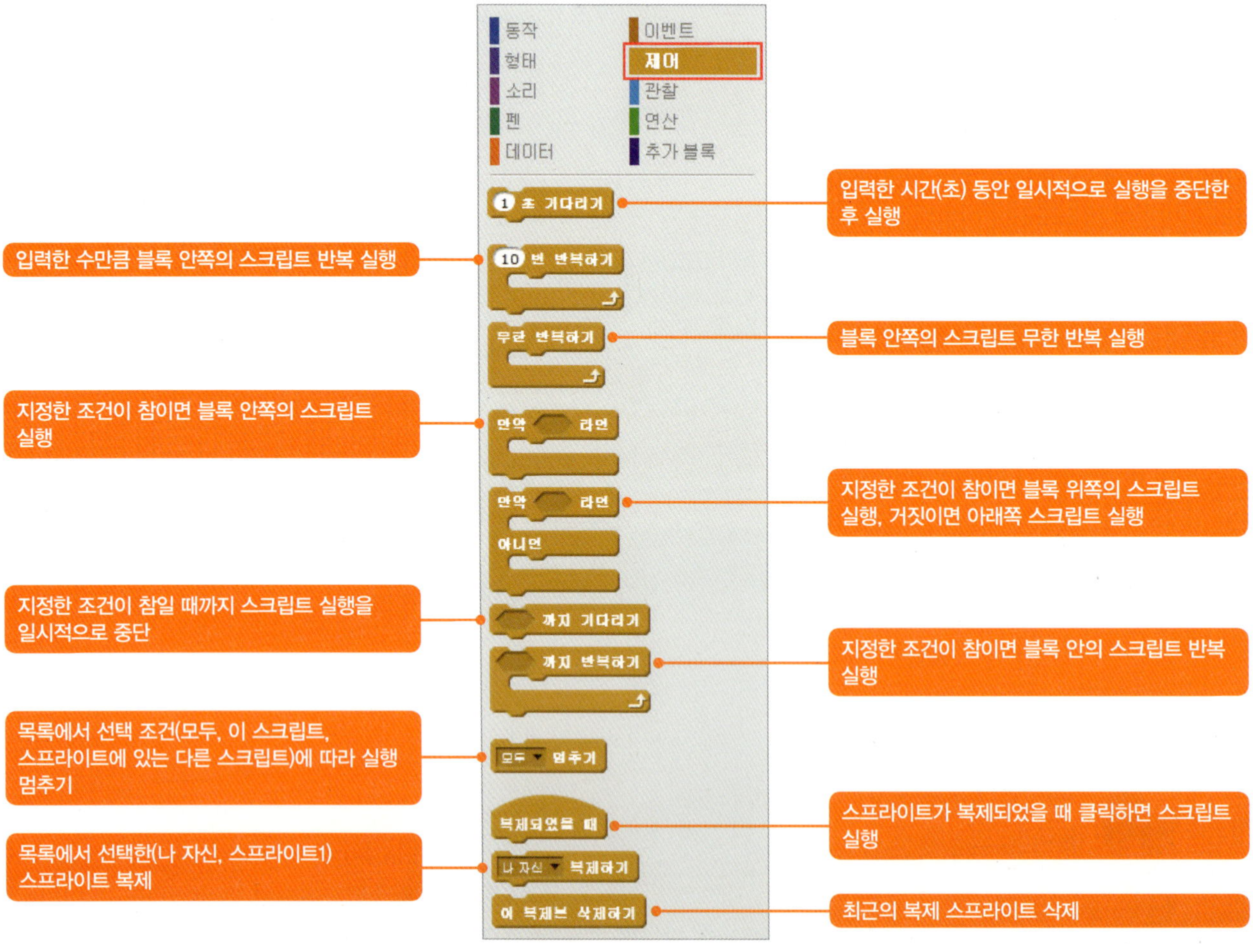

- 입력한 수만큼 블록 안쪽의 스크립트 반복 실행
- 지정한 조건이 참이면 블록 안쪽의 스크립트 실행
- 지정한 조건이 참일 때까지 스크립트 실행을 일시적으로 중단
- 목록에서 선택 조건(모두, 이 스크립트, 스프라이트에 있는 다른 스크립트)에 따라 실행 멈추기
- 목록에서 선택한(나 자신, 스프라이트1) 스프라이트 복제

- 입력한 시간(초) 동안 일시적으로 실행을 중단한 후 실행
- 블록 안쪽의 스크립트 무한 반복 실행
- 지정한 조건이 참이면 블록 위쪽의 스크립트 실행, 거짓이면 아래쪽 스크립트 실행
- 지정한 조건이 참이면 블록 안의 스크립트 반복 실행
- 스프라이트가 복제되었을 때 클릭하면 스크립트 실행
- 최근의 복제 스프라이트 삭제

[그림 2-21] 제어 블록의 코드 블록 기능

을 반복하여 실행) 등의 제어 구조를 가집니다. 스크래치는 일반적인 컴퓨터 프로그래밍 언어보다 정교하지 않지만, 제어에 관련된 열한 개의 코드 블록을 제공합니다. 따라서 　제어　 블록의 기능을 사용하면 좀 더 강력하고 정교하게 스크립트를 작성할 수 있습니다.

스크립트 기다리기와 멈추기

다음은 스크립트의 실행을 일시적으로 기다리기와 멈추기를 하는 코드 블록입니다.

1 초 기다리기	1 에 입력한 시간(초)만큼 스크립트 실행을 기다립니다.
모두 멈추기	모두 상자에서 선택한 항목에 따라 스크립트를 멈춥니다.

 는 1 에 입력한 시간(초)만큼 스크립트의 실행을 일시적으로 멈춥니다.

다음은 무대에 있는 '고양이' 스프라이트를 클릭하면 50만큼 움직이고 3초 동안 실행이 정지된 후 다시 50만큼 움직이는 과정을 세 번 반복하는 예입니다.

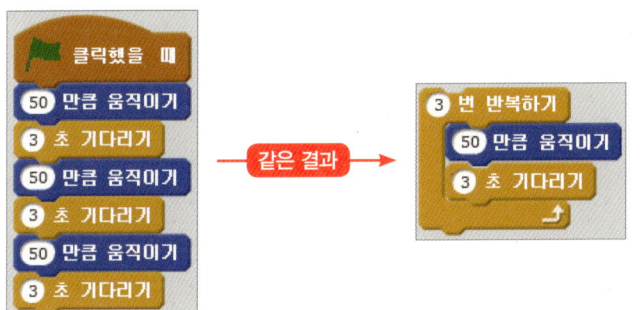

모두 멈추기 는 모두 의 ▼ 버튼을 클릭하면 나타나는 [모두], [이 스크립트], [스프라이트에 있는 다른 스프라이트] 중 하나를 선택하여 스크립트를 멈추게 합니다. 따라서 모두 멈추기 코드 블록의 아래쪽에는 다른 코드 블록을 삽입할 수 없게 볼록한 부분이 없는데, 이 기능은 무대에 있는 ● 아이콘과 기능이 같습니다. 다음의 스크립트는 스프라이트가 50만큼 한 번만 움직이고 더 이상 움직이지 않습니다.

스크립트 반복하여 실행하기

다음은 스크립트를 무한 반복 또는 입력한 수만큼 반복하는 코드 블록입니다.

무한 반복하기	스크립트를 무한 반복해서 실행합니다.
10 번 반복하기	스크립트를 10 에 입력한 수만큼 반복해서 실행합니다.

코드 블록은 블록 내부에 있는 스크립트를 계속 무한 반복 실행합니다. 이 코드 블록의 무한 반복 실행을 멈추려면 무대 위에 있는 🔴 아이콘을 클릭하거나 제어 블록에 있는 모두▼ 멈추기 코드 블록을 무한 반복 구조에 넣어 실행을 멈추어야 합니다.

다음은 스프라이트(고양이)가 25만큼의 색깔을 바꾼 후 1초 동안 멈추는 행동을 끊임없이 반복하는 예입니다.

블록 코드는 10 에 입력한 수만큼 반복해서 블록 내부의 스크립트를 실행합니다.

다음은 스프라이트가 25만큼의 색깔을 바꾼 후 1초 동안 멈추는 동작을 입력한 수만큼 10회 반복하는 스크립트입니다.

다음의 화면과 같이 제어 구조의 내부에 [모두 멈추기]를 삽입하여 스크립트를 구성하면 스프라이트가 25만큼 색깔이 바뀐 후 1초 동안 멈추었다가 스크립트의 실행이 종료됩니다. 이러한 일련의 과정을 단 한 번만 실행합니다.

> [모두 멈추기] 코드 블록을 추가한 스크립트는 스프라이트 색깔을 25만큼 한 번만 바꾼 후 1초 동안 멈추었다가 실행을 멈춥니다.

조건부의 반복 구조 살펴보기

스크래치는 일반적으로 많이 사용하는 C, BASIC, JAVA 등의 전통적인 소프트웨어 개발용 프로그램 언어보다 정교하고 다양하지 않습니다. 하지만 스크래치 프로그램을 작성하기 위한 논리적 구현은 다음 표에 있는 네 개의 조건부 제어 구조 블록만으로도 충분합니다. 다음은 조건을 검사하고 검사 결과에 따라 실행하는 의사 결정 구조의 코드 블록입니다.

블록	설명
[만약 ~라면]	▨의 조건이 참인 동안 블록 구조를 반복하여 계속 실행합니다.
[~까지 기다리기]	▨의 조건이 참이 될 때까지 실행을 기다립니다.
[만약 ~라면 아니면]	▨의 조건이 참이면 첫 번째 블록 구조의 스크립트를, 거짓이면 두 번째 블록 구조의 스크립트를 실행합니다.
[~까지 반복하기]	▨의 조건이 참이 될 때까지 블록 내부의 스크립트를 반복하여 계속 실행합니다.

[만약 ~라면] 코드 블록은 ▨의 조건부터 먼저 검사한 후 조건이 참이면 블록의 내부를 반복해서 실행하는데, 이것은 비주얼베이직 등에서 사용하는 Do Loop 구조문과 같습니다. 만약 이 코드 블록에서 조건을 만족하면 무한 반복이 가능합니다.

다음은 말이 달려가면서 '고양이'와 충돌하면 고양이가 60도 오른쪽으로 돌면서 "야옹" 소리를 내는 코드 블록을 이용한 간단한 예입니다. 고양이 스프라이트의 스크립트에서는 '말에 닿기'라는 조건이 발생하면 반복하여 실행합니다.

01 저장소에서 새 스프라이트를 선택할 수 있는 아이콘을 클릭합니다. [스프라이트 저장소]가 나타나면 'Horse1'을 선택하고 확인 버튼을 클릭합니다.

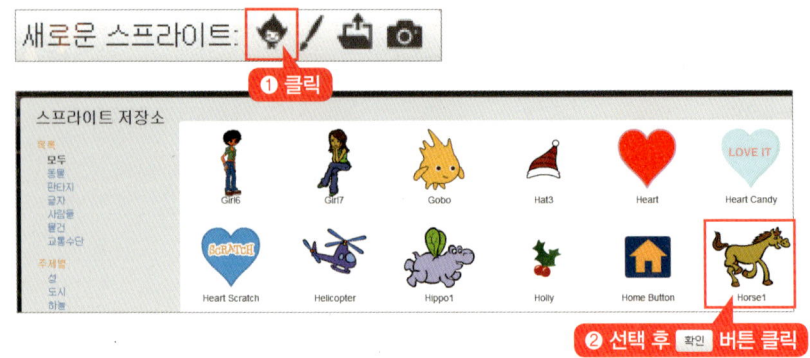

02 두 개의 스크립트를 작성한 후 실행해 보겠습니다. 우선 스프라이트1인 '고양이' 섬네일( )을 클릭하고 스크립트를 작성합니다.

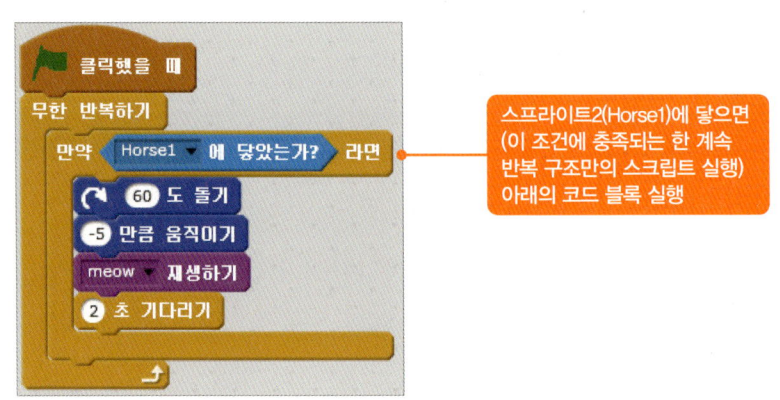

03 'Horse1' 섬네일( )을 클릭한 후 오른쪽 화면과 같이 스크립트를 작성합니다.

 코드 블록은 의 조건을 만족시킬 때까지 반복 구조의 스크립트를 실행하다가 조건이 만족되면 실행을 멈춥니다.

다음은 '공룡' 스프라이트가 계속 움직이다가 조건인 고양이(스프라이트1)에 닿으면 동작을 멈추는 스크립트입니다.

저장소에서 새 스프라이트를 선택할 수 있는 ![] 아이콘을 클릭하고 'Dinosaur1'을 선택하여 무대에 공룡을 추가합니다. 스프라이트 목록에서 'Dinosaur1' 섬네일을 클릭하고 다음의 화면과 같이 스크립트를 작성한 후 실행합니다.

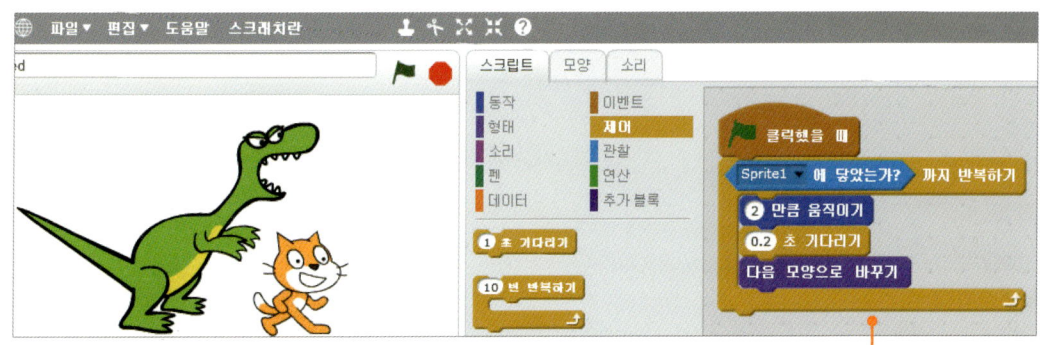

'Dinosaur1'인 공룡 동작을 고양이에 닿을 때까지 반복합니다.

제어 구조 블록은 의 조건을 검사하여 조건이 참이면 첫 번째 제어 블록의 내부 구조에 있는 스크립트를, 조건이 거짓이면 두 번째 제어 블록의 내부 구조에 있는 스크립트를 실행합니다.

안의 조건이 참이면 ❶번 내부 구조의 스크립트를, 조건이 거짓이면 ❷번 내부 구조의 스크립트를 실행합니다.

 조건이 참이 될 때까지 기다리기

제어 블록에 있는 까지 기다리기 는 에 지정된 조건이 참이 될 때까지 기다린 후 다음 코드 블록의 명령을 실행합니다. 따라서 조건이 참이 되지 않으면 계속 실행을 기다리기 때문에 다음 코드 블록을 실행할 수 없습니다.

스프라이트 복제하기

스프라이트 복제 기능은 기존의 스프라이트1.4 버전에는 없던 새로운 기능입니다. 여기서는 프로그램 개발 기능을 간편화하는 방법으로 같은 스프라이트를 복제할 수 있으며, 다음과 같이 세 가지 코드 블록이 있습니다.

복제되었을 때	스프라이트가 복제되었을 때 아래쪽 코드 블록을 실행합니다.
나 자신 ▼ 복제하기	나 자신 에서 선택한 스프라이트를 복제합니다.
이 복제본 삭제하기	복제한 스프라이트를 삭제합니다.

다음의 스크립트는 복제와 관련된 세 가지 코드 블록을 설명하고 있습니다. 먼저 기존 스프라이트인 '고양이'를 삭제한 후 새로운 스프라이트인 'Fish1'을 추가한 후 다음의 화면과 같이 스크립트를 작성합니다.

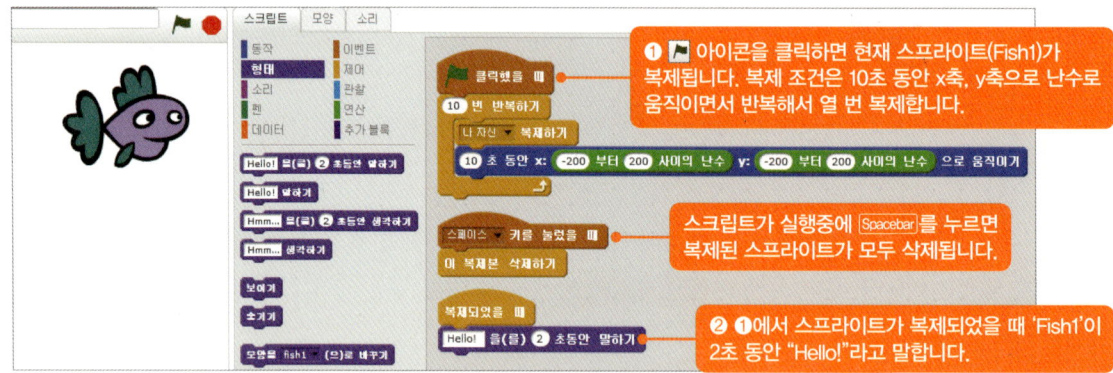

위의 스크립트를 직접 실행해 보고 세 가지 코드 블록의 기능도 이해해 보세요. 1 부터 10 사이의 난수 코드 블록은 난수(random generator)를 발생시키는 기능으로, 연산 블록에 속하는데, 이것에 대해서는 뒤에서 자세히 설명합니다.

고양이가 사자 만나기

프로젝트 15

조건부 제어 구조를 이용하여 무대의 '고양이' 스프라이트가 이동하다가 '사자'에 닿으면 놀라서 반응하는 프로젝트를 작성해 보겠습니다.

'사자에 닿으면'(조건이 참) 고양이는 "으악! 사자다…"라는 소리를 내면서 사자의 반대 방향으로 달아나고, '사자에 닿지 않으면'(조건이 거짓) 고양이가 계속 10만큼 이동하는 프로젝트를 작성해 보겠습니다.

01 [스프라이트 저장소]에서 새 스프라이트를 선택할 수 있는 아이콘을 클릭하여 'Lion'을 선택하면 무대에 사자가 추가됩니다.

02 스프라이트 목록에서 'Lion' 섬네일( )을 클릭하여 스크립트를 작성합니다.

03 스프라이트1인 '고양이' 섬네일( )을 클릭한 후 다음의 화면과 같이 스크립트를 작성합니다.

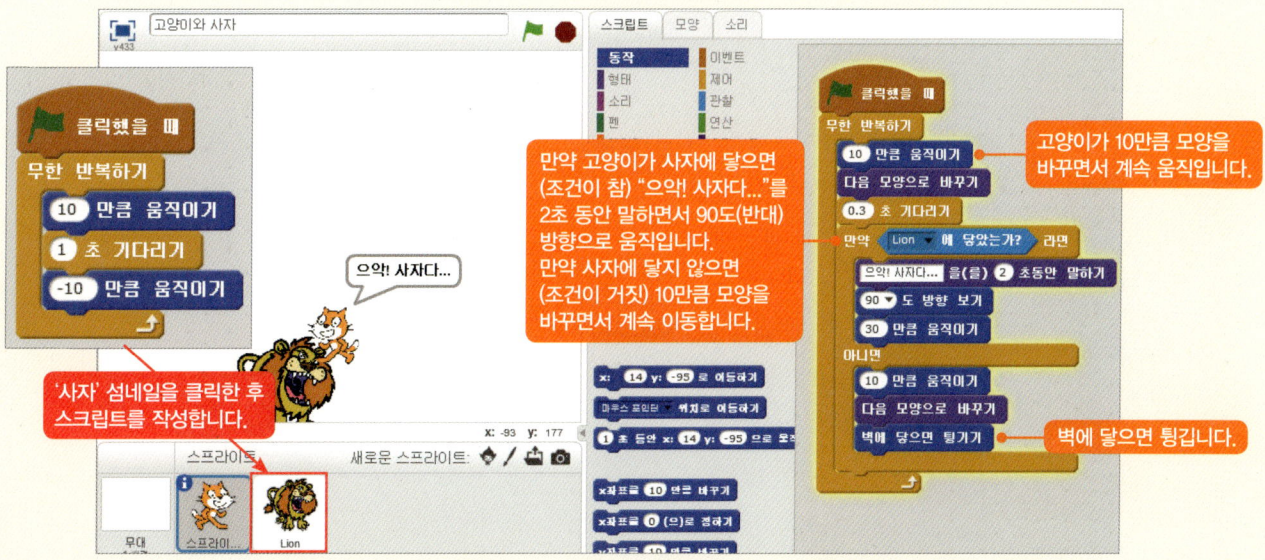

프로젝트 16 소년과 고양이 만들기

다음 예제들은 제어 블록의 각 코드 블록 기능을 이용하여 작성된 프로젝트입니다. 따라서 프로젝트를 작성한 후 논리적 개념을 이해하세요.

소년이 계속 움직이고 고양이는 움직이지 않습니다. 소년이 고양이에 닿으면(조건이 참이면) 고양이가 "야옹" 소리를 내면서 30도 돌기를 하고 다음 모양으로 바꾼 후 100만큼 움직이다가 "아이고 아파…"라는 말을 남깁니다. 만약 소년이 고양이에 닿지 않으면 고양이에 해당하는 스크립트는 실행되지 않으므로 고양이는 계속 가만히 있는 프로젝트를 작성해 보겠습니다.

01 [스프라이트 저장소]에서 새 스프라이트를 선택할 수 있는 아이콘을 클릭하여 'Boy3 Walking'을 선택하면 무대에 소년이 추가됩니다.

02 스프라이트 목록에서 'Boy Walking' 섬네일을 클릭하여 스크립트를 작성합니다.

03 스프라이트1인 '고양이' 섬네일을 클릭한 후 다음의 화면과 같이 스크립트를 작성합니다.

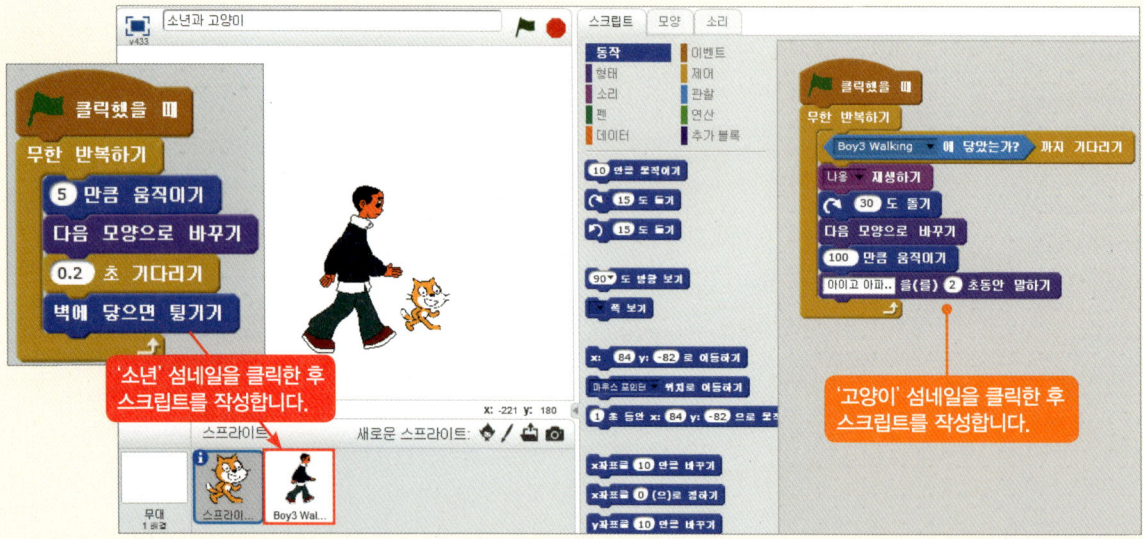

222 안녕하세요 스크래치 2.0

예제 스크립트 만들기

프로젝트 17

다음 예제들은 제어 블록의 각 코드 블록 기능을 이용하여 작성된 프로젝트입니다. 따라서 프로젝트를 작성한 후 논리적 개념을 이해하세요.

무대에 있던 기존의 스프라이트1인 '고양이'를 삭제한 후 새로운 스프라이트를 삽입하여 프로젝트를 작성해 보겠습니다.

| 예제 1 | 공을 클릭하면 공이 마우스 포인터가 움직이는 방향으로 함께 움직이는 스크립트

공( )을 스프라이트1로 하여 삽입한 후 다음의 화면과 같이 스크립트를 작성합니다.

마우스 포인터의 위치로 공이 따라가다가 마우스를 클릭하면 스크립트 멈추기

| 예제 2 | 비치볼이 통통 튀면서 이동하다가 벽에 부딪히면 튕겨나오는 스크립트

기존의 '고양이' 스프라이트를 삭제하고 파일명이 'Beachball'인 비치볼( )을 삽입한 후 다음의 화면과 같이 스크립트를 작성합니다.

스프라이트의 방향이 0보다 크면 3만큼 오른쪽으로 돌고, 작으면 3만큼 왼쪽으로 돌기

(아래의 두 스크립트를 무한 반복하여 실행) 스프라이트가 5만큼 움직이면서 비치볼이 벽에 닿으면 튕겨나오기

| 예제 3 | 마우스 포인터가 바나나에 닿으면 30회 반복해서 5만큼씩 반투명으로 바뀌는 스크립트

기존의 '고양이' 스프라이트를 삭제한 후 파일명이 'Bananas'인 바나나()를 새로운 스프라이트로 삽입한 후 다음의 화면과 같이 스크립트를 작성합니다.

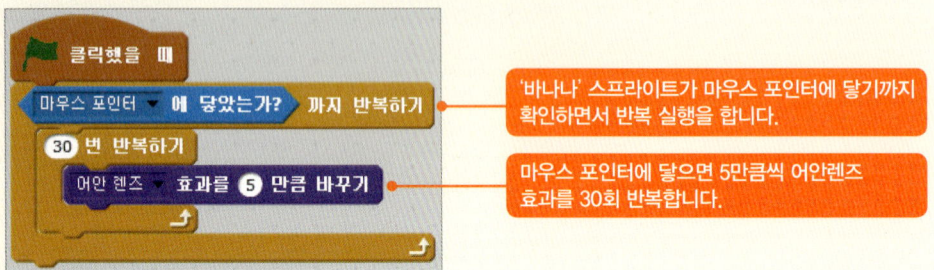

| 예제 4 | 뜀틀로 마우스 포인터를 이동하면 드럼으로 박자를 맞추는 스크립트

파일명이 'Trampoline'인 '뜀틀'() 스프라이트를 추가하여 다음의 화면과 같이 스크립트를 작성합니다.

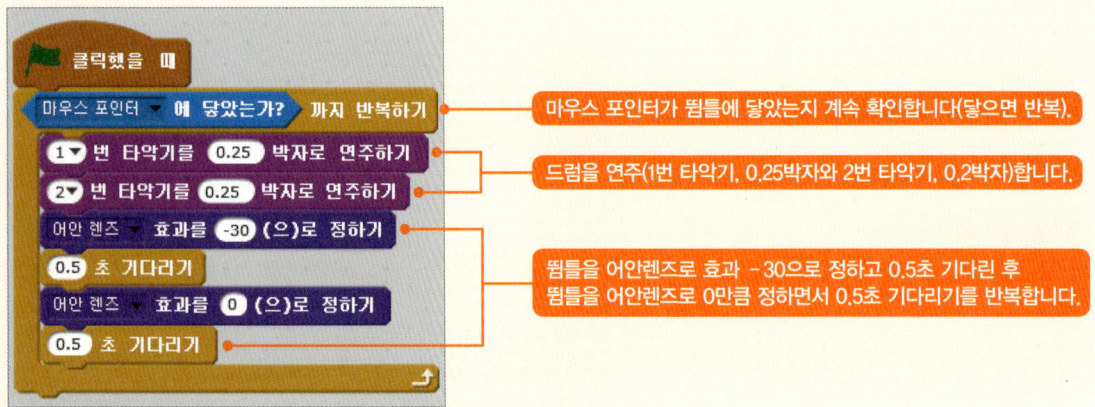

| 예제 5 | 박쥐(파일명 : Bat2)가 마우스 포인터의 이동 경로를 추적하는 스크립트

'Bat2'를 새 스프라이트로 추가하여 다음의 화면과 같이 스크립트를 작성합니다.

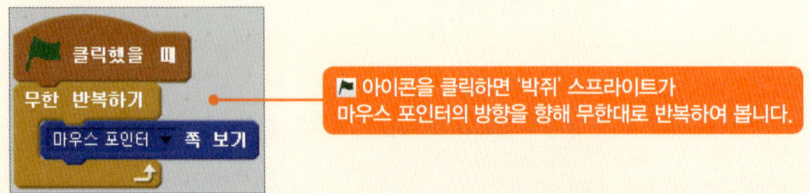

관찰 팔레트의 코드 블록

08

관찰 팔레트는 스프라이트의 감지 및 위치, 환경을 입력하는 기능의 코드 블록으로, 색상은 하늘색입니다.

관찰 팔레트의 구성

응용 프로그램, 즉 애플리케이션에서 가장 자주 발생하는 기능 중 하나는 서로 상호작용하는 것입니다. 예를 들어 복수 개의 스프라이트가 충돌하는 것을 감지하거나, 마우스 포인터의 위치 감지 및 키보드에서 입력한 특정 값을 감지하는 등의 이벤트가 발생하였을 때 적절하게 대응하려면 관찰하는 명령어가 필요합니다. 이때 관찰 블록에 있는 20개의 다양한 코드 블록을 이용하면 스프라이트와 스프라이트의 사이, 프로그래머와 스프라이트의 사이 그리고 주변 환경과 스프라이트의 사이에서 실시간으로 상호작용할 수 있습니다. 관찰 블록은 다른 블록에 삽입되어 사용됩니다.

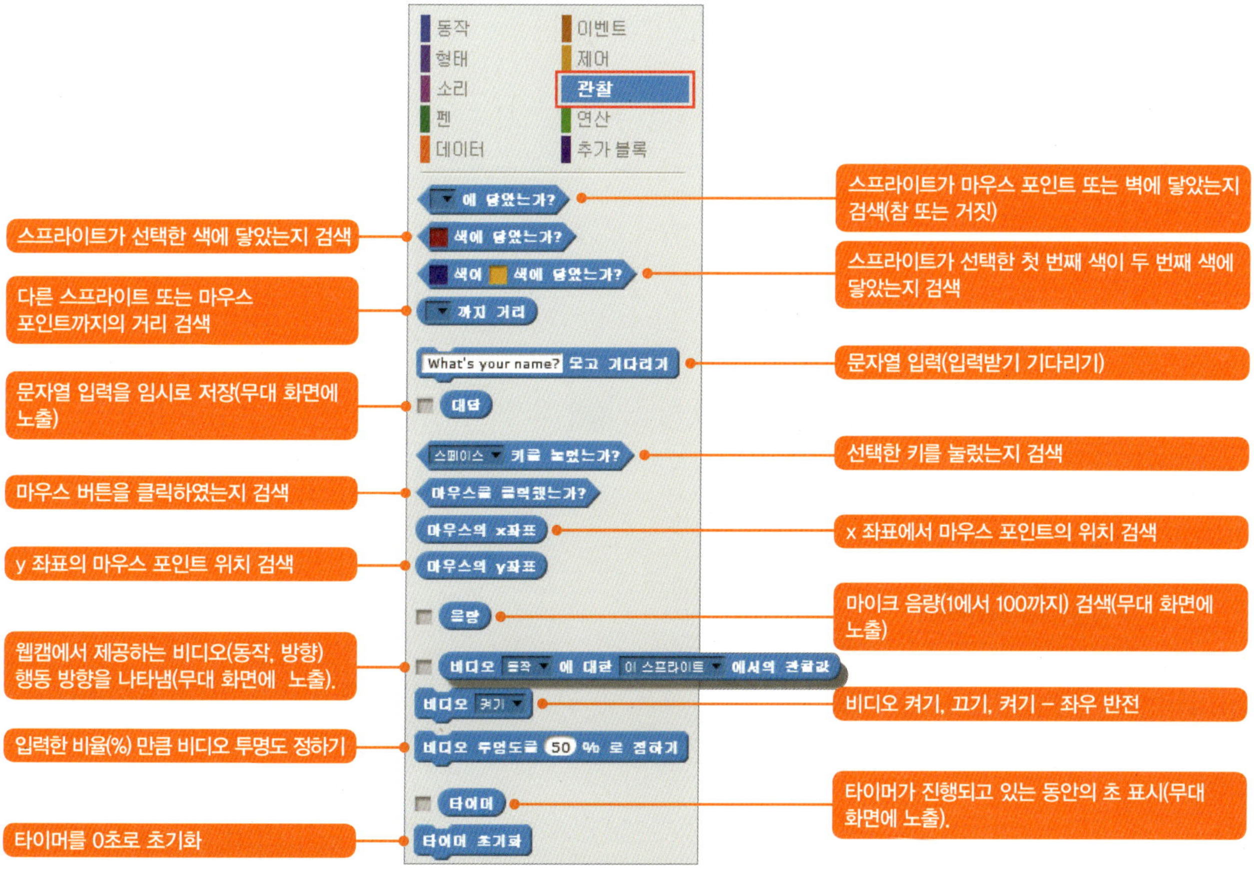

동작
이벤트
형태
제어
소리
관찰
펜
연산
데이터
추가 블록
에 닿았는가?
색에 닿았는가?
색이 색에 닿았는가?
까지 거리
What's your name? 묻고 기다리기
대답
스페이스 키를 눌렀는가?
마우스를 클릭했는가?
마우스의 x좌표
마우스의 y좌표
음량
비디오 동작 에 대한 이 스프라이트 에서의 관찰값
비디오 켜기
비디오 투명도를 50 % 로 정하기
타이머
타이머 초기화
스프라이트가 마우스 포인트 또는 벽에 닿았는지 검색(참 또는 거짓)
스프라이트가 선택한 색에 닿았는지 검색
스프라이트가 선택한 첫 번째 색이 두 번째 색에 닿았는지 검색
다른 스프라이트 또는 마우스 포인트까지의 거리 검색
문자열 입력(입력받기 기다리기)
문자열 입력을 임시로 저장(무대 화면에 노출)
선택한 키를 눌렀는지 검색
마우스 버튼을 클릭하였는지 검색
x 좌표에서 마우스 포인트의 위치 검색
y 좌표의 마우스 포인트 위치 검색
마이크 음량(1에서 100까지) 검색(무대 화면에 노출)
웹캠에서 제공하는 비디오(동작, 방향) 행동 방향을 나타냄(무대 화면에 노출).
비디오 켜기, 끄기, 켜기 – 좌우 반전
입력한 비율(%) 만큼 비디오 투명도 정하기
타이머가 진행되고 있는 동안의 초 표시(무대 화면에 노출).
타이머를 0초로 초기화

[그림 2-22] 관찰 블록의 코드 블록 기능

접촉 감지와 문자열 입력하기

다음은 스프라이트 사이에서 상호작용할 수 있게 거리 및 접촉을 감지하고 키보드에서 문자열을 입력할 수 있는 코드 블록입니다.

블록	설명
에 닿았는가?	▼에서 선택한 스프라이트, 무대, 마우스 포인터 등에 닿았는지(접촉) 확인합니다.
색에 닿았는가?	■에 지정한 색에 닿았는지 확인합니다.
색이 색에 닿았는가?	지정한 두 개의 색(오른쪽 색, 왼쪽 색)이 서로 닿았는지 확인합니다.
까지 거리	스프라이트가 ▼에서 선택한 스프라이트까지의 거리를 계산합니다.
What's your name? 묻고 기다리기	키보드에서 입력받은 문자열을 저장합니다.
대답	키보드에서 입력한 문자열을 확인합니다.

`에 닿았는가?` 코드 블록은 ▼의 ▼ 버튼을 클릭하여 나타나는 개체들 중에서 닿기(접촉)를 원하는 개체(스프라이트, 무대, 마우스 포인터 등)를 선택할 수 있습니다. 접촉 감지에 사용되는 코드 블록(모양이 다각형 모양, ⬡)은 대부분 `제어` 블록의 ⬡에 삽입되어 사용됩니다.

다음은 스프라이트가 벽에 닿을 때까지 반복하여 10만큼씩 움직이는 스크립트입니다.

다음은 위의 스크립트를 약간 수정한 스크립트입니다. ▼ 상자에서 [마우스 포인터]를 선택하여 움직이는 스프라이트가 마우스 포인터와 접촉할 때까지 움직이다가 마우스 포인터와 닿으면 움직임을 중지합니다.

다음은 공룡 모습 파일인 'Dinosaur1'을 새로운 스프라이트로 추가한 후 '고양이' 스프라이트가 '공룡' 스프라이트에 닿을 때까지 계속 이동시키는 스크립트입니다. 새로 추가한 '공룡' 스프라이트에 고양이가 닿으면 움직임을 중지하고 "둘리 네요!!!"라는 말풍선을 표시합니다.

색에 닿았는가? 코드 블록은 지정한 색에 닿았는지 감지합니다. ■를 클릭하면 기존의 색이 없어지면서 비어 있는 상태가 되고, 스크래치 화면에 있는 특정 색을 클릭하면 ■ 안에 선택한 색이 나타납니다.

다음은 색에 닿았는가? 를 사용하여 앞의 스크립트를 조금 변경해서 같은 결과를 만들어 보는 예입니다. 이 스크립트는 공룡인 'Dinosaur1'의 색에 '고양이' 스프라이트가 닿으면 "둘리 네요!!"라고 말하면서 동작을 멈춥니다.

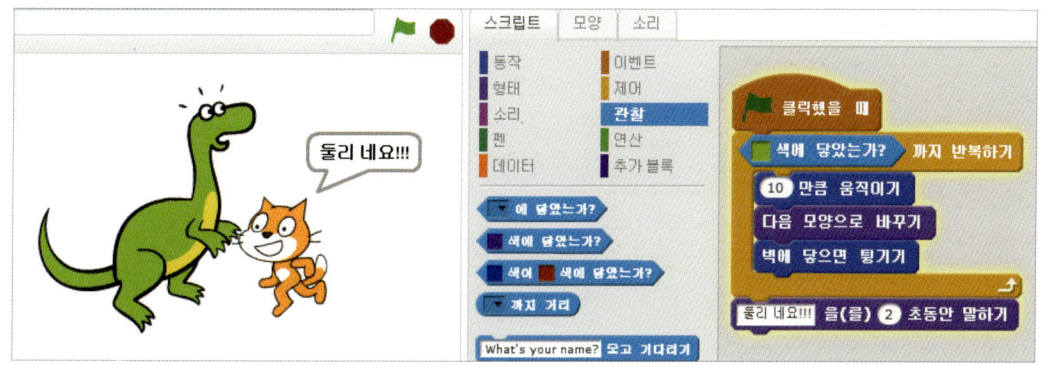

스크립트에서 색에 닿았는가? 코드 블록을 선택하려면 우선 ■을 클릭합니다. 빈 색상 □으로 바뀐 상태에서 공룡을 마우스 포인터로 클릭하면 ■로 색이 변경됩니다.

■색이 ■색에 닿았는가? 코드 블록은 오른쪽과 왼쪽에 지정한 두 가지 색이 서로 닿았는지 감지합니다.

다음은 다섯 개의 스프라이트를 삽입하는 스크립트입니다. 강아지가 10만큼 계속 이동하다가 벽에 부딪히면 반대 방향으로 이동합니다. '강아지' 스프라이트가 다른 스프라이트에 닿을 때는 아무런 반응을 하지 않고 계속 이동하지만, '사자' 스프라이트에 닿으면 "무서워..."라는 말풍선을 나타내면서 25도 방향을 다섯 번 반복하여 회전한 후 '펭귄' 스프라이트가 있는 방향으로 도망갑니다.

다음과 같이 스프라이트와 스크립트를 작성합니다. 이때 색이 색에 닿았는가? 의 조건은 강아지 색(■)이 사자 색(■)에 닿으면 반응합니다.

01 네 개의 스프라이트를 차례대로 무대에 추가하여 삽입합니다. [스프라이트 저장소]에서 스프라이트를 선택하는 아이콘을 클릭하고 오른쪽 화면과 같이 스프라이트를 차례대로 무대에 추가 삽입한 후 '강아지' 스프라이트 섬네일(🐕)을 클릭합니다.

02 오른쪽 화면과 같이 스크립트 영역에서 스크립트를 작성합니다.

앞에서와 같이 스크립트를 작성한 후 실행하면 강아지가 무대를 아무런 장애 없이 돌아다닙니다. 그러나 사자를 만나면 "무서워…"라고 말한 후 25도 오른쪽 방향으로 돌다가 '원숭이' 스프라이트쪽으로 보면서 x : 0, y : 0 방향으로 이동합니다.

까지 거리 코드 블록은 현재 스프라이트의 ▼에서 선택한 스프라이트까지의 거리를 계산합니다.

다음은 고양이가 계속 걷다가 '곰(Bear1)' 스프라이트와의 거리가 100step보다 적으면 "야옹" 소리를 내면서 걸음을 멈추는 스크립트입니다. 프로젝트 작성을 위해서 먼저 곰인 'Bear1' 스프라이트를 무대에 추가하고, '고양이' 스프라이트 동작을 위해서 '고양이' 스프라이트 섬네일(🐱)을 클릭한 후 스크립트를 작성합니다.

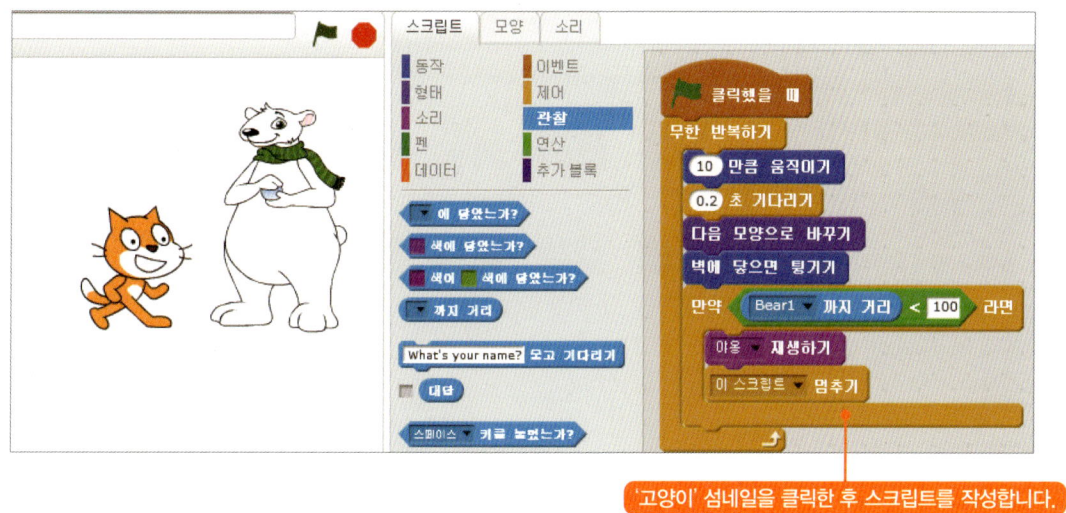

'고양이' 섬네일을 클릭한 후 스크립트를 작성합니다.

위의 스크립트에서 Bear1 까지 거리 < 100 은 다음과 같은 과정으로 작성됩니다. 247쪽에서 설명할 연산 블록에 있는 ◯ < ◯ 코드 블록에 까지 거리 를 삽입한 예로, 까지 거리 코드 블록은 목록 메뉴에서 [Bear1]을 선택한 경우입니다.

What's your name? 묻고 기다리기 코드 블록을 실행하면 무대의 아래쪽에 입력 창이 나타나면서 입력을 기다립니다. 대답 블록에 저장된 문자열이나 수 등의 내용은 조건식에 이용하거나 출력할 수 있습니다.

예제 What's your name? 묻고 기다리기 **와** 대답 **코드 블록(첫 인사하기)**

다음은 스프라이트1인 '고양이'와 스프라이트2인 '현영'이 서로 첫인사를 하는 장면입니다. 만약 '고양이'가 "당신 이름이 현영이죠?"라고 물으면 입력 창에서 '예'라고 입력한 후 Enter를 누릅니다. 그러면 '고양이'가 "처음 뵙겠습니다."라고 대답합니다. 반면 입력 창에서 '아니요'라고 입력한 후 Enter를 누르면 '고양이' 스프라이트가 "미안합니다. 잘못 알았군요."를 나타냅니다.

01 '고양이' 스프라이트를 무대의 크기에 맞게 ✥ 아이콘을 클릭하여 적당히 작게 조절합니다. '무대' 섬네일(□)을 클릭한 후 배경 탭을 클릭하여 무대에 원하는 배경을 삽입하는데, 여기서는 'bench with view'를 선택합니다.

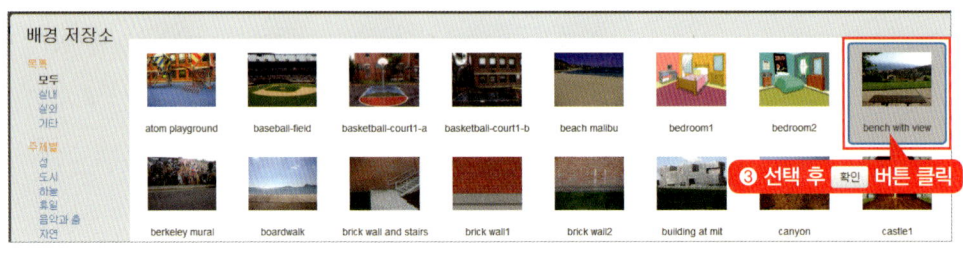

02 [스프라이트 저장소]에서 새로운 스프라이트를 선택하기 위해 🐱 아이콘을 클릭하여 'Girl7'을 선택하고 확인 버튼을 클릭합니다. 'Girl7' 스프라이트가 삽입되면 벤치에 'Girl7' 스프라이트를 적당히 배치하고 스프라이트1인 '고양이' 섬네일(🐱)을 클릭합니다.

03 오른쪽 화면과 같이 스크립트 영역에서 스크립트를 작성합니다.

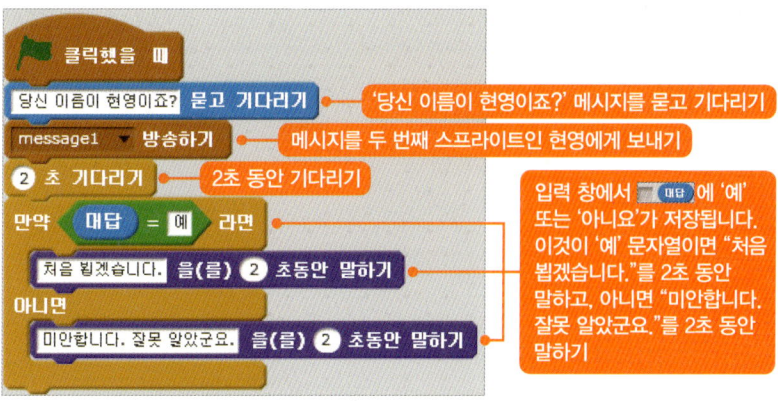

04 스프라이트 'Girl7' 섬네일( )을 클릭하고 오른쪽 화면과 같이 스크립트를 작성합니다.

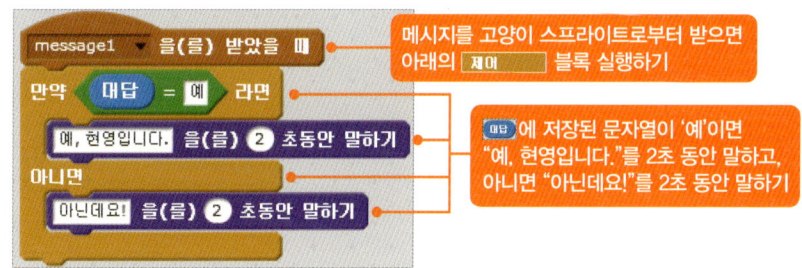

05 실행하기

 아이콘을 클릭하면 무대의 아래쪽에 입력 창이 나타나는데, 여기에 '예'를 입력하고 Enter 를 누르거나 아이콘을 클릭합니다. 또는 '아니요'를 입력한 후 Enter 를 누르거나 아이콘을 클릭합니다.

06 프로그래머가 생각한 대로 스크립트가 정확하게 동작하면 저장합니다.

마우스 버튼과 좌표의 상태 감지하고 상태 조정하기

사용자인 프로그래머와 컴퓨터 간의 상호작용은 프로그래밍에서 매우 중요한 역할을 담당하고 있습니다. 특히 상호작용에 가장 많은 역할을 담당하고 있는 키보드와 마우스의 상태를 감지하고 조정하는 블록을 드래그하고, 그림을 그리고, 스프라이트의 실행을 돕고, 명령을 실행시키는 등의 작업은 프로그래밍에서 매우 중요합니다. 여기서는 스크래치에서 마우스의 위치와 상태를 확인한 후 특정 키를 눌렀을 때를 감지하고 조정하는 코드 블록에 대해서 살펴보겠습니다.

다음은 마우스의 위치(좌표 x축 및 y축)와 마우스 버튼의 클릭 상태를 감지하는 코드 블록입니다.

`스페이스 키를 눌렀는가?`	키보드에서 특정 키를 눌렀는지 감지합니다.
`마우스를 클릭했는가?`	마우스 버튼을 클릭했는지 감지합니다.
`마우스의 x좌표`	현재의 마우스 포인터의 x 좌표값을 나타냅니다.
`마우스의 y좌표`	현재의 마우스 포인터의 y 좌표값을 나타냅니다.

`마우스의 x좌표` 코드 블록은 현재 마우스 포인터의 x 좌표값을 감지하는데, 이 블록(양끝이 둥근 모양)은 단독으로 사용할 수 없고, 다음의 예처럼 다른 블록의 내부에 삽입되어 사용됩니다. 다음의 무대에서 감지할 수 있는 x 좌표값은 –240부터 240까지입니다.

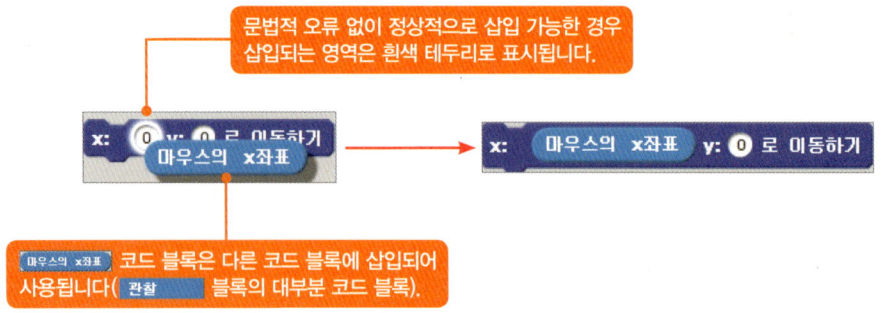

`마우스의 y좌표` 코드 블록은 현재 마우스 포인터의 y 좌표값을 감지하고, 이 블록도 다른 블록의 내부에 삽입되어 함께 사용할 수 있습니다. 감지할 수 있는 y 좌표값은 180에서 –180까지입니다.

🏁 아이콘을 클릭하면 스프라이트가 10만큼 반복하여 계속 이동합니다. 키보드의 위쪽 방향키(↑)를 누르면 현재 무대의 위에 있는 커서 위치(x, y 좌표 값의 위치)로 스프라이트가 이동한 후 다시 10만큼 반복하여 이동합니다.

↑를 누르면 현재 마우스가 있는 쪽으로 스프라이트가 이동

`마우스를 클릭했는가?` 블록은 마우스 버튼을 클릭하였을 때를 참(true)으로 감지합니다. 즉 프로그램에서 마우스 버튼을 클릭하였는지의 여부를 감지합니다. 이 코드 블록도 단독으로 사용되지 않고 다른 블록의 내부(양끝에 각이 있는 모양)에 삽입되어 참과 거짓을 감지하는 데 사용됩니다.

다음은 고양이가 10만큼 반복하여 모양을 바꾸면서 이동합니다. 마우스를 클릭하면 고양이는 여우가 있는 쪽을 보고 "여우야 안녕"이라고 인사한 후 계속해서 10만큼 이동합니다.

실행중에 마우스를 클릭하면 여우쪽을 보고 "여우야 안녕"을 2초 동안 말하기

`스페이스 키를 눌렀는가?` 코드 블록도 위의 `마우스를 클릭했는가?`의 기능과 비슷합니다. `스페이스 키를 눌렀는가?`의 목록 메뉴를 클릭하여 나타나는 모든 키 중 하나를 선택하여 사용할 수 있습니다. 이 코드 블록도 단독이 아니라 다른 블록의 내부(양끝에 각이 있는 모양)에 삽입되어 사용됩니다.

다음의 스크래치 프로그램을 실행하면 스프라이트1이 무대의 중앙(x : 0, y : 0)으로 이동합니다. 만약 키보드에 있는 ↑를 누르면 스프라이트가 위쪽 방향(90도)을, ↓를 누르면 아래쪽 방향(180도)을, →를 누르면 오른쪽 방향(90도)을, ←를 누르면 왼쪽 방향을 봅니다. 스크립트를 정확하게 실행하려면 스크립트를 작성한 후 다음의 화면과 같이 ↻ 아이콘을 이용해서 회전 방식을 선택해야 합니다.

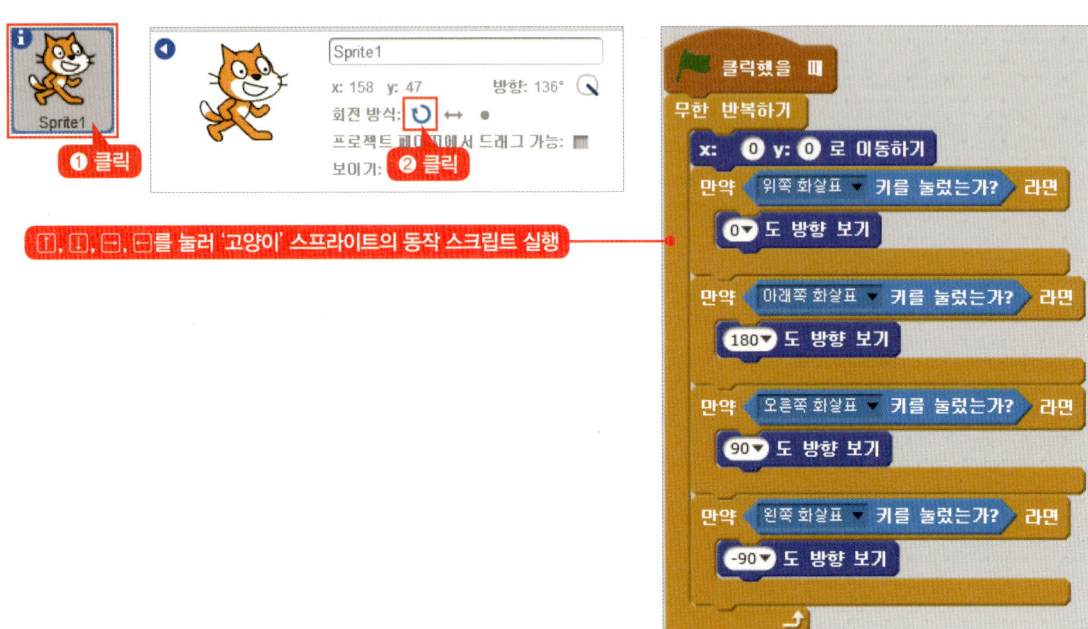

오디오 정보 검색하고 비디오와 타이머 사용하기

오디오의 음량을 감지하고, 내 컴퓨터에 캡처용 카메라(웹캠)가 있으면 비디오 입력값을 캡처 및 처리할 수 있습니다.

다음은 타이머를 작동할 수 있는 코드 블록입니다.

블록	설명
음량	■에 체크하면 무대 화면에 소리의 음량을 나타내고 음량이 얼마나 재생되는지 알려줍니다.
비디오 동작▼ 에 대한 이 스프라이트▼ 에서의 관찰값	목록에 있는 스프라이트, 무대를 선택하면 현재 스프라이트 및 무대에서 비디오 동작을 감지합니다. 체크박스에 체크하면 모니터 화면에 스프라이트 또는 무대의 동작값이 나타납니다.
비디오 켜기▼	비디오를 켜기 또는 끄기를 합니다.
비디오 투명도를 50 % 로 정하기	무대의 비디오 투명도를 퍼센트(%)로 입력하여 정합니다.

다음은 컴퓨터에 마이크가 장착되어 있는 경우 마이크 볼륨을 나타내는 숫자를 1에서 100까지 검색하여 50보다 큰소리가 감지될 때마다 '고양이' 스프라이트가 "야옹" 소리(오디오)를 내는 스크립트입니다. 만약 ▫음량 에 체크하면 무대에 음량값이 나타납니다.

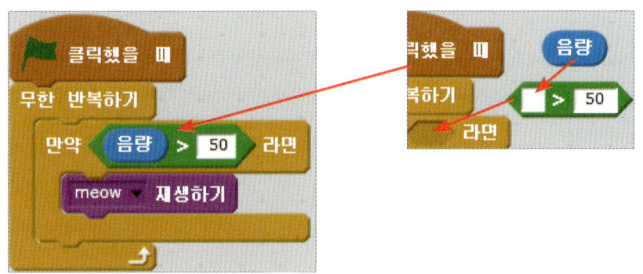

다음은 ▶ 아이콘을 클릭하였을 때 내 컴퓨터에 장착된 카메라(웹캠)를 켠 후 현재 스프라이트의 움직임이 50보다 크면 "야옹"이라는 소리를 내고 숨었다가 1초 후 다시 나타나기를 반복하는 스크립트입니다.

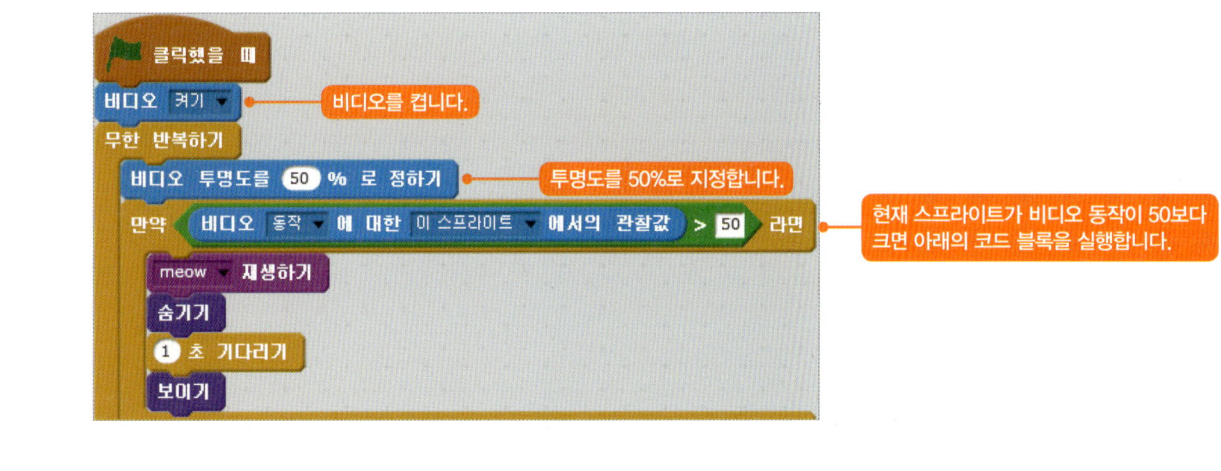

▫ 타이머	경과된 시간을 계산합니다.
타이머 초기화	스크립트의 내부에 사용되는 타이머를 0으로 초기화합니다.
x좌표 of Sprite1	스프라이트와 무대의 x, y 좌표 및 방향, 크기, 음량 등의 값을 감지합니다.

▫ 타이머 코드 블록을 선택하면 무대에 타이머(시간) 값을 나타냅니다.

`타이머 초기화` 코드 블록은 스크래치 프로그램의 내부에서 작동되는 타이머를 0으로 초기화시킵니다. 다음은 `타이머 초기화`에 의해 타이머가 0으로 초기화된 후 무대 위에 0부터 타이머 값이 새로 시작됩니다. 타이머가 7보다 작은 수인 6이 될 때까지 "야옹" 소리를 0.5초 간격으로 계속 냅니다. 무대 위의 타이머 값이 7이 넘으면 "야옹" 소리가 멈춥니다.

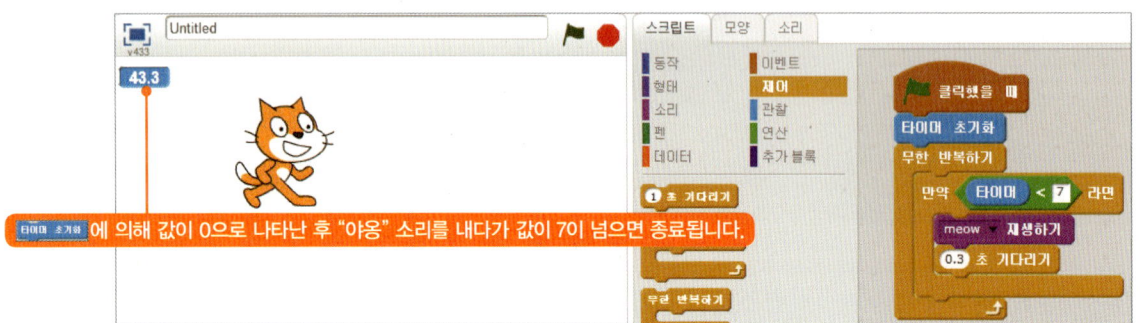

`x좌표 of Sprite1` 코드 블록은 ▼ 상자1에서 스프라이트 또는 무대가 가지고 있는 속성(x, y 위치, 방향, 모양, 크기, 음량)에 대한 정보를 감지합니다. ▼ 상자2에서 스프라이트 및 무대의 속성은 목록 메뉴를 열고 다음 중에서 하나를 선택할 수 있습니다.

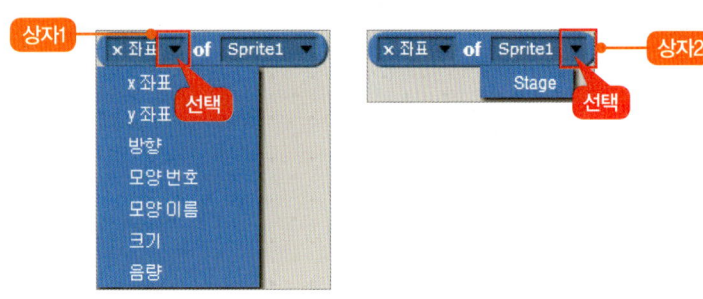

시간 정보 및 사용자 이름 검색하기

`관찰` 블록은 마우스, 키보드, 비디오, 소리 스프라이트 등에 대한 정보뿐만 아니라 현재의 날짜와 시간, 그리고 2000년 이후부터 현재까지의 날짜 수와 스크래치 프로그램이 사용되고 있는 동안 스크래치 2.0에 로그인한 사용자의 정보까지 알 수 있습니다.

`현재 분`	선택하면 현재의 연도, 월, 일, 요일, 시, 분, 초를 나타냅니다.
`2000년 이후 현재까지 날짜수`	2000년 이후부터 현재까지의 날짜 수를 나타냅니다.
`사용자이름`	로그인한 사용자 이름에 대한 정보를 나타냅니다.

다음은 Spacebar를 눌렀을 때 사용자의 이름과 현재의 연도, 그리고 2000년 이후부터 현재까지의 날짜 수를 말하는 스크립트입니다.

낙서장

오리를 만난 고양이 만들기

프로젝트 18

프로그램을 실행할 때 '고양이' 스프라이트가 '오리' 스프라이트 방향으로 10만큼 계속 이동하다가 '오리' 스프라이트의 x 좌표값 0보다 큰 위치로 이동하면 "야옹" 소리를 낸 후 멈추는 프로젝트를 작성해 보겠습니다.

01 '오리' 스프라이트가 무대의 중앙인 x 좌표값 0, y 좌표값 0에 위치하고 있습니다. 🐾 아이콘을 클릭한 후 [스프라이트 저장소]에서 오리인 'Duck'을 선택합니다.

02 '오리' 스프라이트의 섬네일을 클릭하여 나타나는 스크립트에서 '오리' 스프라이트가 고정 배치될 위치를 표시하기 위해 `x: 0 y: 0 로 이동하기` 코드 블록을 삽입합니다.

03 '고양이' 스프라이트의 섬네일을 클릭하여 나타나는 스크립트 영역에 오른쪽 화면과 같이 고양이가 동작하는 스크립트를 작성합니다.

> 스프라이트1인 '고양이'의 좌표값이 '오리' 스프라이트 좌표값보다 크면 "야옹" 소리를 내면서 어안렌즈 모습으로 바뀌고 멈춥니다.

```
클릭했을 때
무한 반복하기
  Duck 쪽 보기
  2 만큼 움직이기
  다음 모양으로 바꾸기
  0.3 초 기다리기
  만약 < x좌표 of Sprite1 > x좌표 of Duck > 라면
    야옹 재생하기
    어안 렌즈 효과를 25 만큼 바꾸기
    이 스크립트 멈추기
```

238 | 안녕하세요 스크래치 2.0

04 마지막으로 동작 블록에 있는 x좌표 코드 블록에 체크하여 무대 위에서 스프라이트1인 '고양이'가 움직일 때 x 좌표값을 나타냅니다. x좌표 of Sprite1 코드 블록의 기능을 이해하기 위해 스프라이트1이 이동할 때 무대 위에서 x 좌표값을 확인하도록 하였습니다.

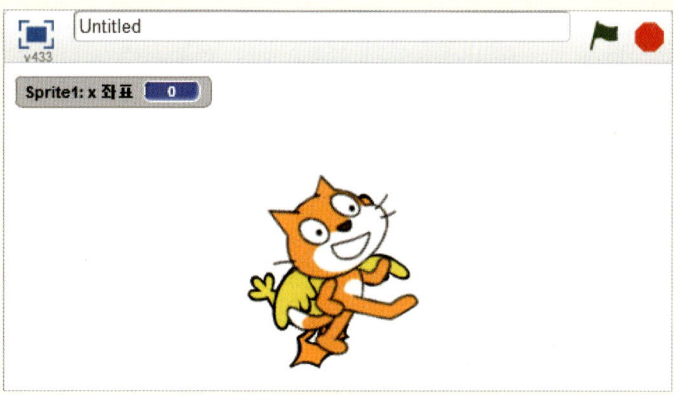

타이핑 게임 만들기

관찰 블록의 기능을 함께 이용하여 만든 프로젝트입니다. 무대 위에서 아래로 내려오는 단어들을 키보드로 입력하는 게임 프로젝트로, 단계가 올라갈수록 단어의 생성 속도와 내려오는 속도가 빨라져서 타이핑 연습에 적합한 프로젝트입니다. 정보문화사 홈페이지 자료실에서 다운로드하여 따라 만든 후 스크립트의 논리적 개념을 설명해 보세요.

물고기를 잡아먹는 상어 만들기

프로젝트 19

바다 속에서 물고기들이 자유롭게 놀고 있고 상어는 마우스 포인터가 움직이는 방향으로 이동합니다. 따라서 프로젝트를 실행할 때 물고기가 있는 곳으로 마우스 포인터를 이동하여 유인한 후 물고기를 잡아먹도록 스크립트를 작성해 보겠습니다.

변수 만들기 코드 블록으로 잡아먹은 물고기 수를 계산하여 무대 위에 노출합니다. 🏁 아이콘을 클릭하면 스크래치 프로젝트가 실행되고 ⏹ 아이콘을 클릭하면 스크래치 프로젝트가 종료됩니다.

[그림 2-23] 물고기를 잡아먹는 상어

물고기를 잡아먹는 상어 프로젝트의 작성 순서는 다음과 같습니다.

01 무대에 바다 속 모양의 배경 그림을 삽입합니다.
02 무대에 기본으로 삽입된 스프라이트1(고양이)을 삭제합니다.
03 네 개의 새로운 스프라이트들(🐟🐠🐡🦈)을 차례대로 추가하여 삽입합니다.

04 추가한 각각의 스프라이트들이 움직이도록 스크립트를 작성합니다.

05 완성한 프로젝트를 실행하고 정확하게 움직이는지 확인한 후 저장합니다.

 ## 새로운 프로젝트 만들기

스크래치 프로젝트를 만들기 위해 [파일]-[새로 만들기] 메뉴를 선택합니다.

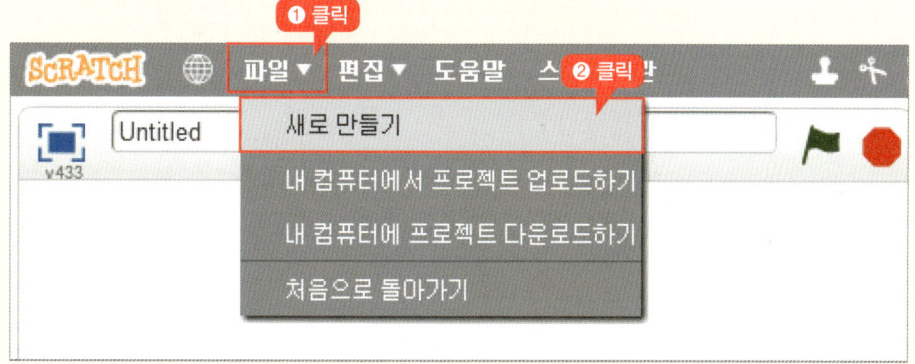

 ## 무대에 배경과 스프라이트 삽입하기

01 오른쪽 그림과 같은 순서로 무대에 바다 배경의 그림을 삽입합니다. 배경 그림은 인터넷 등 외부에서 그림을 가져오거나 스크래치에서 제공하는 그림을 가져올 수 있는데, 여기서는 스크래치에서 제공하는 배경 그림(underwater3)을 선택합니다.

02 무대에 배경 그림이 삽입되면 기본적으로 제공하는 스프라이트(고양이)에서 마우스 오른쪽 버튼을 클릭하고 바로 가기 메뉴에서 [삭제]를 선택하여 스프라이트를 삭제합니다.

03 무대에 새로운 스프라이트들(상어와 물고기들)을 추가해 볼까요? 우선 상어를 새 스프라이트로 추가합니다.

04 무대에 'Shark' 스프라이트가 삽입되면 나중에 스프라이트1인 상어가 자유롭게 움직이도록 방향 등을 조정해야 합니다.

05 **03**~**04** 의 방법으로 무대에 세 개의 '물고기' 스프라이트들(fish1, fish2, fish3)을 추가하고 스프라이트 목록의 ⓘ 아이콘을 클릭하여 방향 및 회전 방식을 적당히 조절합니다.

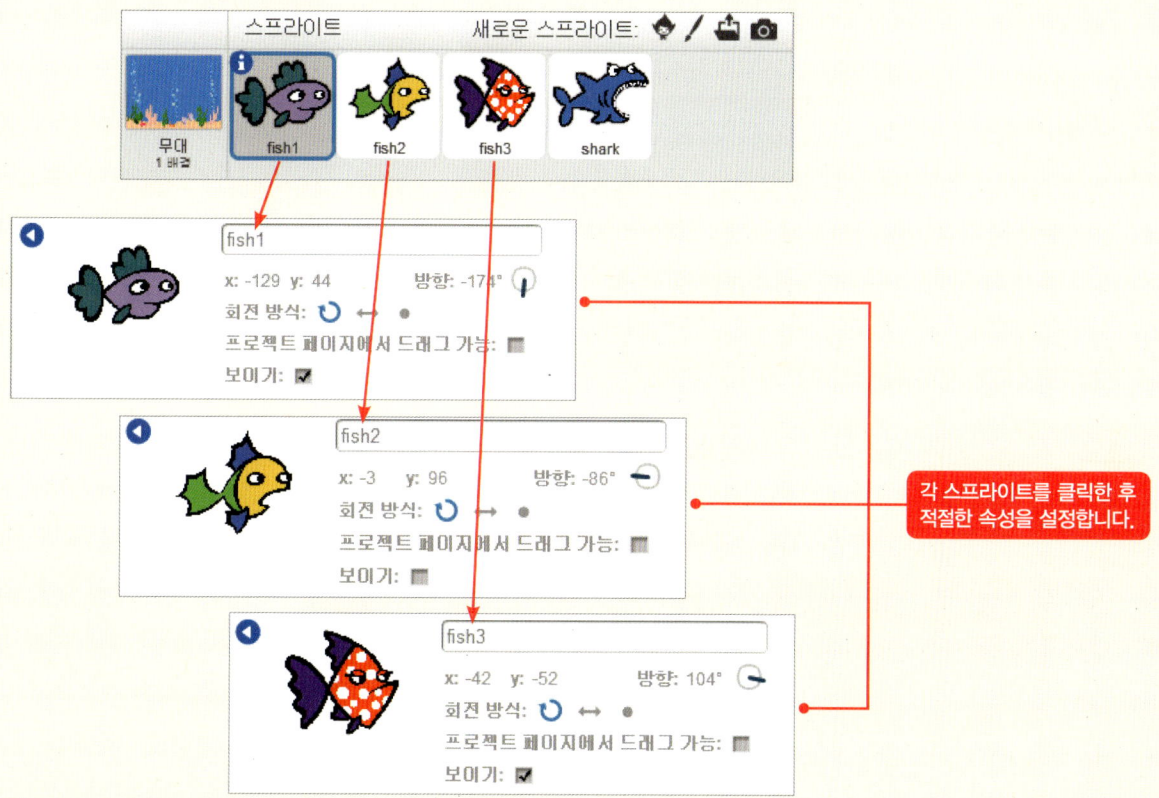

각 스프라이트를 클릭한 후 적절한 속성을 설정합니다.

 각 스프라이트의 동작을 위해 스크립트 작성하기

무대에 배치한 스프라이트의 동작을 위해 스크립트를 작성해 보겠습니다. 스프라이트를 위한 스크립트를 작성하기 전에 무대(바다 속 배경)에서 물소리를 삽입하는데, 이 과정은 무대에 소리를 삽입하는 과정과 같습니다.

01 '무대' 섬네일( )을 클릭하고 스크립트 영역이 나타나면 다음의 화면과 같이 스크립트를 작성합니다.

02 두 번째로 상어가 동작하는 스크립트를 작성합니다. 'shark' 섬네일( )을 클릭하고 스크립트 영역이 나타나면 다음의 화면과 같이 스크립트를 작성합니다.

스크립트에 사용된 변수를 만들려면 주황색 코드 블록인 데이터 블록을 선택한 후 변수만들기 버튼을 클릭합니다. [새로운 변수] 대화상자가 나타나면 변수 이름을 'count'로 입력하고 확인 버튼을 클릭합니다.

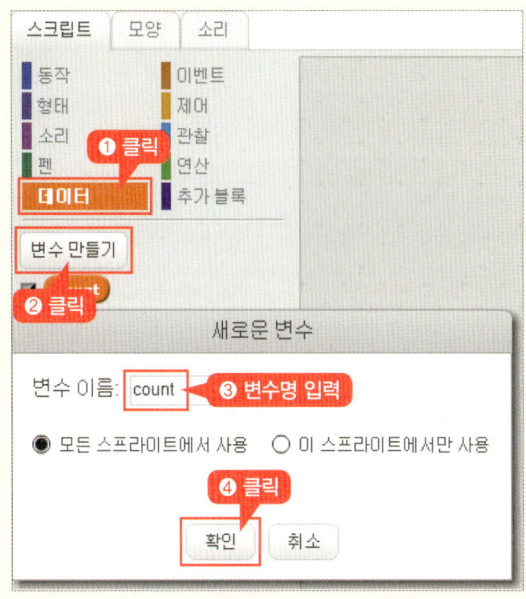

03 'fish1'의 동작을 위해 'fish1' 섬네일(🐟)을 클릭하고 스크립트 영역이 나타나면 다음의 화면과 같이 스크립트를 작성합니다.

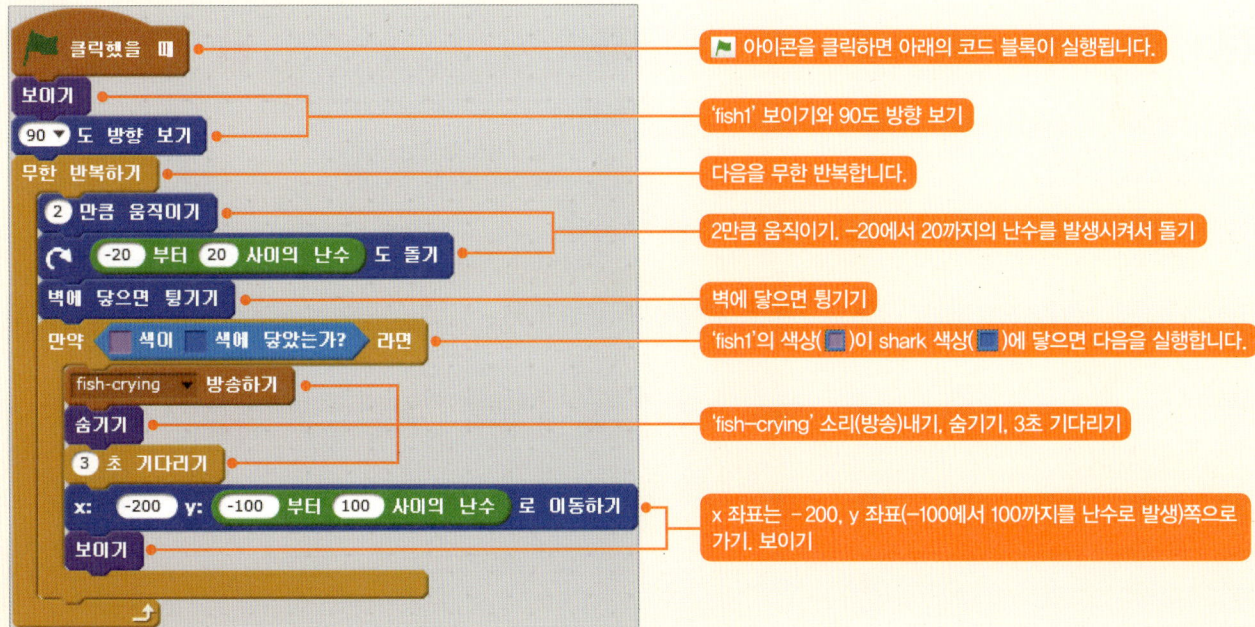

04 'fish2'의 동작을 스크립트하기 위해 'fish2' 섬네일( )을 클릭하고 스크립트 영역이 나타나면 오른쪽 화면과 같이 스크립트를 작성합니다. 스크립트의 개요는 'fish1'과 같습니다.

05 'fish3'의 동작을 스크립트하기 위해 'fish3' 섬네일( )을 클릭하고 스크립트 영역이 나타나면 오른쪽 화면과 같이 스크립트를 작성합니다. 스크립트의 개요는 'fish1', 'fish2'와 같습니다.

06 마지막으로 스크래치 프로젝트가 제대로 실행되면 저장합니다.

연산 팔레트의 코드 블록

연산 팔레트는 사칙연산 등 계산에 관련된 기능을 포함한 코드 블록으로, 색상은 연두색입니다.

연산 팔레트의 구성

스크래치에서는 숫자 데이터를 이용하여 덧셈, 뺄셈, 곱셈, 나눗셈 등의 산술 연산과 범위를 지정하여 난수 발생, 비교 및 논리 연산, 나머지와 반올림, 스크래치에서 제공하는 수학 함수를 이용한 연산, 그리고 문자열을 다룰 수 있는 연산 기능의 코드 블록 등 모두 열일곱 개의 코드 블록을 제공합니다. 이들 블록은 색상이 연두색으로, 다른 연산 블록이나 코드 블록에 삽입되어 함께 사용됩니다.

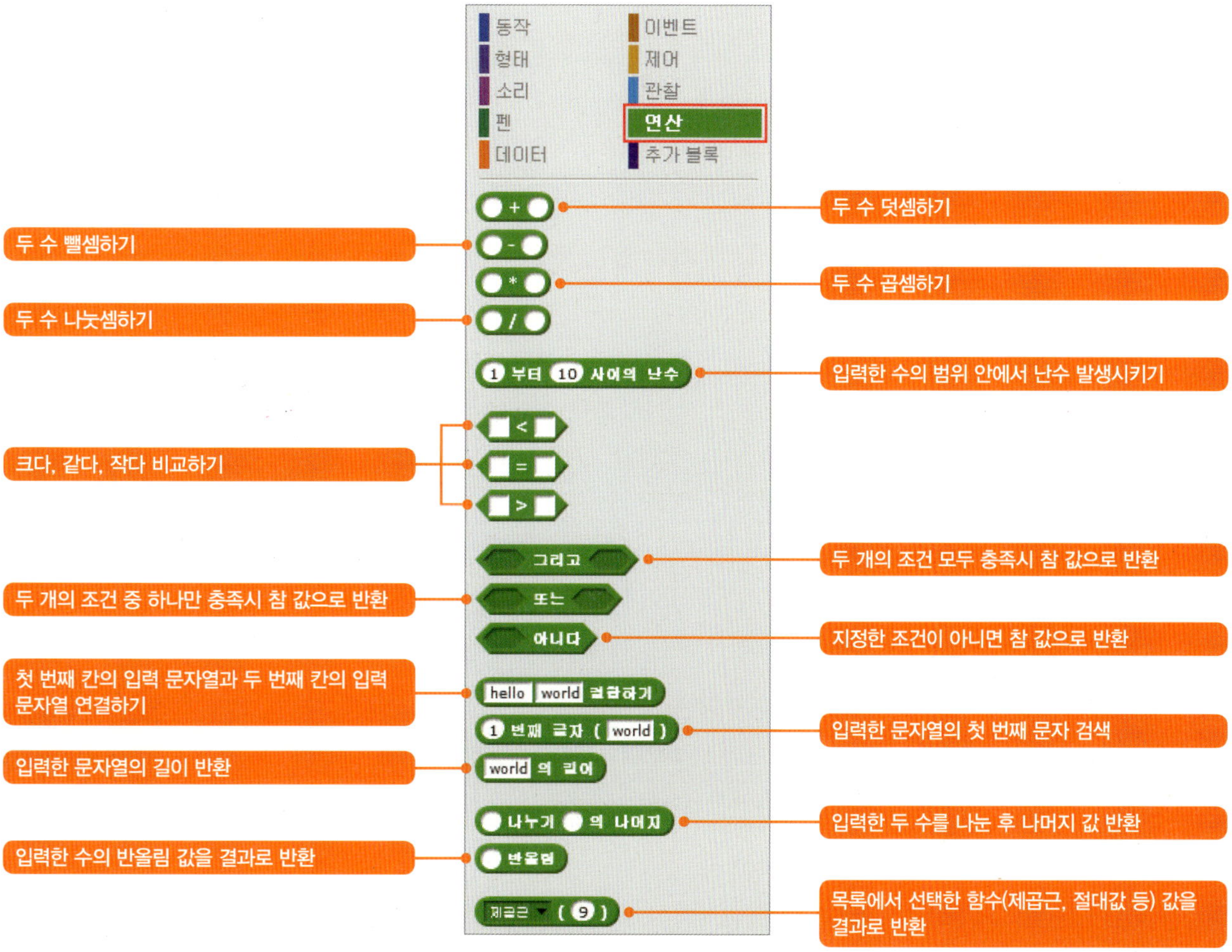

[그림 2-24] **연산** 블록의 코드 블록 기능

산술 연산하기

다음은 산술 연산에 사용하는 코드 블록입니다.

○ + ○	덧셈 연산을 합니다.
○ - ○	뺄셈 연산을 합니다.
○ * ○	곱셈 연산을 합니다.
○ / ○	나눗셈 연산을 합니다.
○ 나누기 ○ 의 나머지	나눗셈 연산 후 나머지 값을 구합니다.
○ 반올림	수를 반올림합니다.
제곱근 ▼ (9)	지정한 수에 대한 제곱근, 절대값, Sin, Cos, Tan 등을 계산합니다.

○ + ○ 코드 블록은 ○ 안에 입력한 두 수의 덧셈을 하고, 다른 연산 블록이나 수의 값을 가지는 블록을 삽입하여 사용할 수 있습니다. 만약 스크립트 영역에 단독으로 ○ + ○ 블록을 삽입한 후 결과를 보려면 다음의 화면과 같이 코드 블록의 내부인 연두색을 마우스로 클릭하세요. 그러면 오른쪽의 말풍선에 계산 결과가 나타납니다.

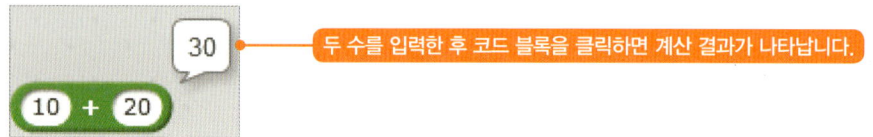

오른쪽 화면은 형태 블록의 말하기 코드 블록을 사용하여 위의 수를 계산한 결과를 스프라이트가 말하는 스크립트입니다.

또한 삽입된 사칙연산 코드 블록에서 오른쪽 화면과 같이 연산 기호인 +, -, *, / 를 자유롭게 전환할 수 있고, 해당 코드 블록을 복사 및 삭제하고 댓글 등을 추가할 수 있습니다. 코드 블록에서 마우스 오른쪽 버튼을 클릭하고 바로 가기 메뉴에서 원하는 연산자를 선택합니다. 예를 들어 [-] 연산자를 선택하면 코드 블록이 10 - 20 으로 바뀝니다.

- ⬤-⬤ 코드 블록은 ⬤에 입력한 두 수를 뺄셈하거나, 다른 연산 블록이나 수의 값을 가지는 블록을 삽입하여 함께 사용할 수 있습니다.
- ⬤*⬤ 코드 블록은 ⬤에 입력한 두 수를 곱셈하거나, 다른 연산 블록이나 수의 값을 가지는 블록을 삽입하여 함께 사용할 수 있습니다.
- ⬤/⬤ 코드 블록은 ⬤에 입력한 두 수를 나눗셈하거나, 다른 연산 블록이나 수의 값을 가지는 블록을 삽입하여 함께 사용할 수 있습니다.

다음은 동작 블록의 `10 만큼 움직이기`에 ⬤/⬤ 코드 블록을 삽입하여 사용한 예로, 스프라이트가 10만큼 움직입니다.

다음은 데이터 블록의 '변수 만들기'를 이용하여 초기값을 설정한 10에 2를 덧셈, 뺄셈, 곱셈, 나눗셈을 하여 스프라이트가 2초 간격으로 결과를 나타내는 프로그램입니다.

⬤ 반올림 코드 블록은 ⬤ 안에 입력된 수를 반올림합니다. 예를 들어 입력된 수가 5.2이면 반올림되어 5가 되고, 입력된 수가 5.6이면 6이 됩니다. 만약 –5.5이면 결과는 –5가 됩니다.

`제곱근▼ ( 9 )` 코드 블록은 `제곱근▼` 안에 내장된 각종 수학 함수(절대값, 바닥 함수, 천장 함수, 제곱근, sin, cos, tan, asin, acos, atan, ln, log, 지수, 거듭제곱)를 이용하여 입력 칸인 `9`에 입력된 수를 계산하는 코드 블록입니다. `제곱근▼`의 목록 메뉴를 클릭하면 다음과 같이 여러 가지 수학 함수가 나타나므로 원하는 함수를 선택합니다.

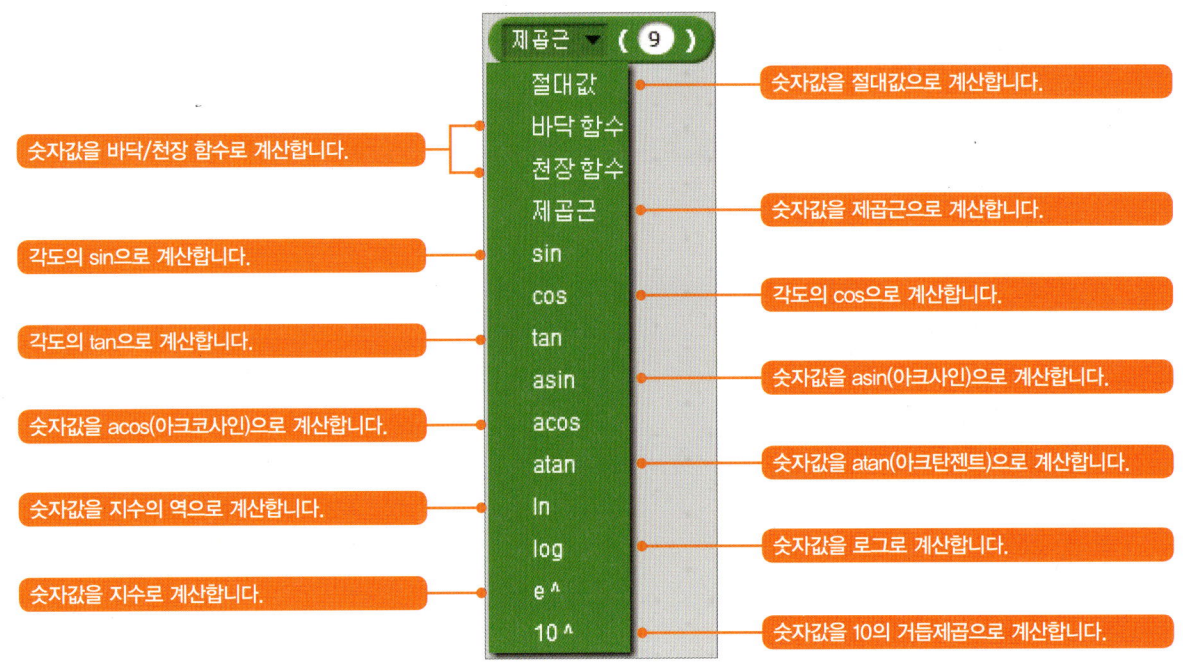

다음은 `제곱근▼ ( 9 )` 코드 블록을 이용하여 10에 대한 각 값을 계산하는 스크립트입니다.

나누기 의 나머지 코드 블록은 두 개의 수를 나누어 나머지가 결과값(잉여 연산자)을 갖도록 연산합니다. 예를 들어 9 나누기 2의 경우 결과값은 4이고 나머지가 1이므로 나머지 값이 말풍선에 나타납니다.

연산의 우선순위 살펴보기

스크래치에서는 복잡한 수식을 연산하기 위해 여러 개의 연산 코드 블록을 서로 포함해서 사용할 수 있습니다. 하지만 여러 개의 연산자를 사용할 경우 연산 순서에 따라 계산 결과값이 달라질 수 있기 때문에 어떤 연산자를 먼저 계산해야 할지 주의해야 합니다.

일반적으로 스크래치에서의 연산 우선순위는 대수식에서의 연산 우선순위와 같다고 생각하면 됩니다. 즉 연산은 우선순위가 같으면 왼쪽에서 오른쪽으로 계산이 진행되는데, 이때 괄호로 묶은 하나의 연산 블록이 먼저 연산됩니다. 하나의 연산 코드 블록에 포함된 식은 괄호로 묶은 것과 같기 때문에 다음은 대수식의 (7 + 2) + (6 ÷ 3)과 결과가 같습니다.

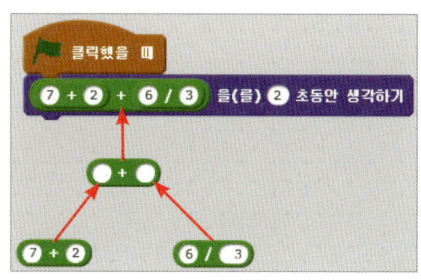 

다음은 대수식의 (5 + (3 × 2)) + (7 − 3)과 결과가 같습니다.

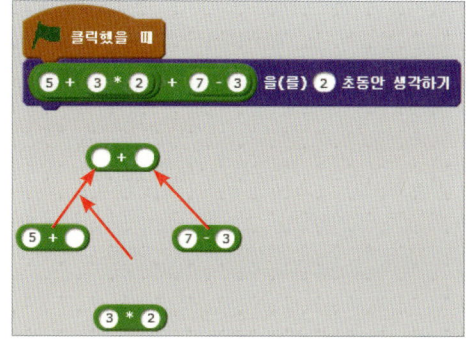 

난수 발생시키기

어떤 수를 컴퓨터가 무작위하게 발생시켜서 이것을 데이터로 활용하는 확률 프로그램이나 게임 등의 애플리케이션 프로그램을 종종 볼 수 있습니다. 스크래치에서도 프로그램에 활용할 목적으로 임의의 정수를 무작위(random)하게 발생시킬 수 있습니다. `1 부터 10 사이의 난수` 코드 블록은 ◯ 안에 숫자의 범위를 지정하면 해당 범위 안에서 무작위한 정수를 발생시킵니다.

다음은 '고양이' 스프라이트를 클릭하였을 때 입력한 1~10까지의 숫자 범위 안에서 무작위하게 난수를 발생시킨 후 1초 단위로 10회 나타내는 스크립트입니다. 여기서는 `제어` 블록의 반복하기 코드 블록과 `데이터` 블록의 `변수 만들기` 코드 블록을 함께 사용하였습니다.

'고양이' 스프라이트를 클릭하면 1초 간격으로 이곳에 난수를 열 번 발생시켜서 나타냅니다.

다음은 스프라이트1인 발레리나가 스프라이트2인 공에 닿으면 공은 x 좌표와 y 좌표에 난수를 발생시켜서 x 좌표와 y 좌표 방향으로 이동하는 스크립트입니다.

01 무대에 스프라이트1([스프라이트 저장소]의 [사람들] 목록에서 'Ballerina' 선택)과 스프라이트2([스프라이트 저장소]의 [물건] 목록에서 'basketball' 선택)를 삽입한 후 스크립트 영역에서 각각 스프라이트의 움직임을 위한 스크립트를 작성합니다. 스프라이트1은 키보드의 방향키(→, ←, ↑, ↓)로 이동합니다.

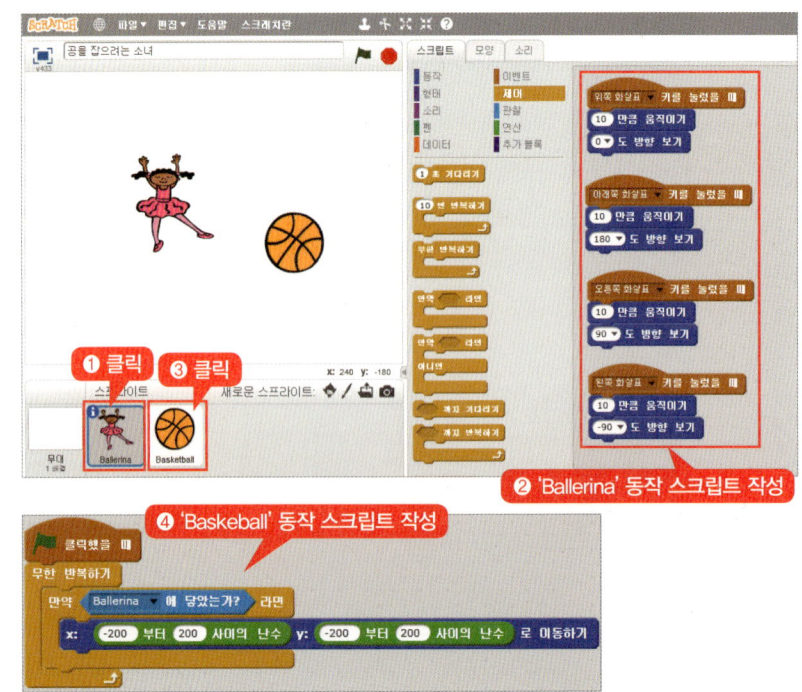

02 각 스프라이트에 스크립트를 작성하고 🏁 아이콘을 클릭한 후 키보드의 방향키(→, ←, ↑, ↓)로 이동해서 'Basketball' 스프라이트에 닿으면 좌표의 난수를 발생시키는 방법으로 공이 움직입니다.

두 번째 예는 난수를 발생시키는 `1 부터 10 사이의 난수` 코드 블록을 이용하여 두 개의 스프라이트가 구구단 맞추기 놀이를 하는 스크립트입니다. 첫 번째 스프라이트가 구구단을 물으면 화면의 아래쪽 입력란에 구구단 값을 입력합니다. 두 번째 스프라이트가 입력한 값을 말했을 때 맞으면 "딩동댕" 소리를 내고 틀리면 "땡" 소리를 내면서 첫 번째 스프라이트가 "틀렸습니다."라고 말합니다.

01 '무대' 섬네일(🖼) 클릭하고 🖼 아이콘을 클릭합니다. [배경 저장소]가 나타나면 무대의 배경 화면(slopes)을 선택합니다.

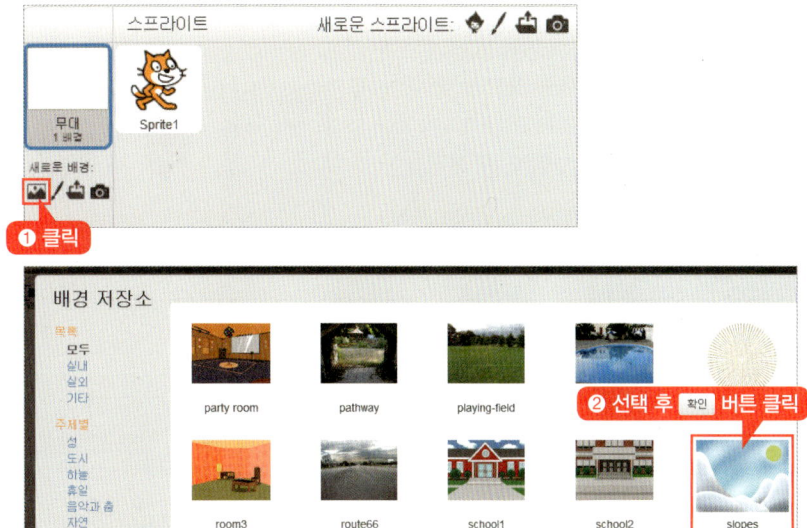

02 기본 스프라이트인 고양이가 나타나면 '고양이'에서 마우스 오른쪽 버튼을 클릭하고 바로 가기 메뉴에서 [삭제]를 선택하여 삭제합니다.

03 새로운 스프라이트의 아이콘을 클릭하여 나타나는 [스프라이트 저장소]에서 각각 'Giga walking'과 'Nano'를 선택합니다. 무대에 두 개의 스프라이트가 삽입되면 무대의 적절한 위치에 스프라이트를 배치합니다.

04 무대의 아래쪽에 있는 각 스프라이트의 섬네일을 클릭하여 이들의 동작을 위한 스크립트를 작성합니다. 먼저 'Giga walking' 섬네일()을 클릭합니다.

05 스크립트 영역이 나타나면 오른쪽 화면과 같이 스크립트를 작성합니다. 노란색으로 표시된 영역에 입력된 글자는 스크립트를 설명하는 설명문으로, 프로그램 실행과는 무관한 비실행문입니다. 이것은 해당 스크립트에서 마우스 오른쪽 버튼을 클릭하고 바로 가기 메뉴에서 [댓글 추가하기]를 선택하면 입력할 수 있습니다.

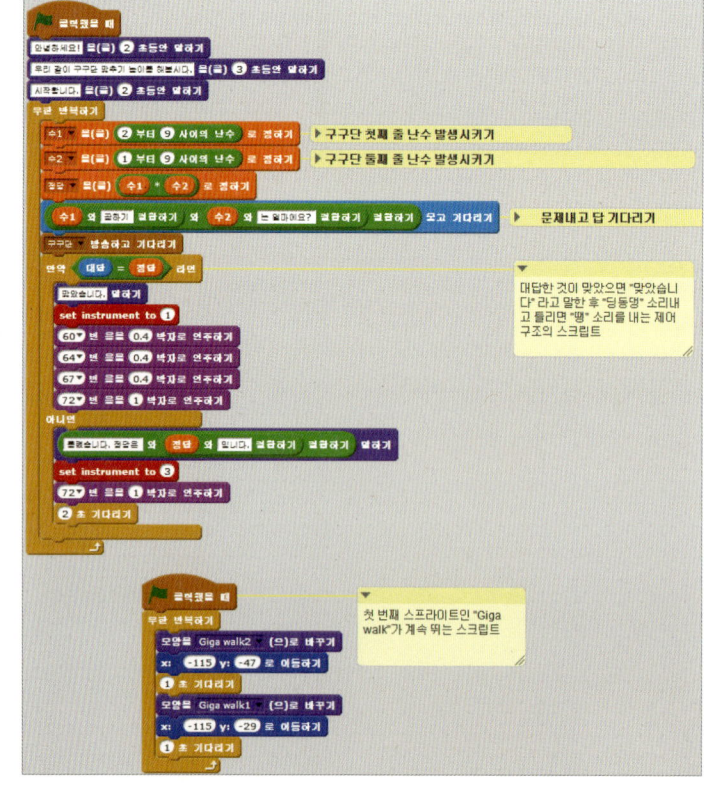

06 두 번째 스프라이트인 'Nano' 섬네일( )을 클릭한 후 스크립트 영역이 나타나면 오른쪽 그림과 같이 스크립트를 작성합니다.

07 위의 단계를 거쳐 마지막으로 프로젝트를 실행합니다. ▶ 아이콘을 클릭하면 첫 번째 스프라이트인 'Giga walking'이 문제를 제시하는데, 무대의 아래쪽에 있는 입력란에 정답을 입력한 후 ✔ 아이콘을 클릭합니다. 정답이 맞으면 "딩동댕" 소리가 나면서 "맞았습니다."라고 답하고, 정답이 아니면 "땡" 소리가 나면서 정답을 알려줍니다.

비교 연산 및 논리 연산하기

다음은 비교 연산 및 논리 연산을 위한 코드 블록입니다.

블록	설명
`< `	'작다'가 참인 값을 가지는 코드 블록입니다(a < b).
`= `	'같다'가 참인 값을 가지는 코드 블록입니다(a = b).
`> `	'크다'가 참인 값을 가지는 코드 블록입니다(a > b).
그리고	두 개의 비교값 모두 참이면 결과가 참이 되는 코드 블록입니다(AND).
또는	두 개의 비교값 중 하나만 참이면 결과가 참이 되는 코드 블록입니다(OR).
가(이) 아니다	지정한 조건이 참이면 거짓이 되고, 거짓이면 참이 되는 코드 블록입니다(NOT).

`< ` 코드 블록은 지정한 두 개의 비교값 중에서 첫 번째 값이 두 번째 값보다 작으면 참이 됩니다. 다음은 '3 < 5'가 맞으므로 스프라이트가 참 값인 'true'를 나타냅니다.

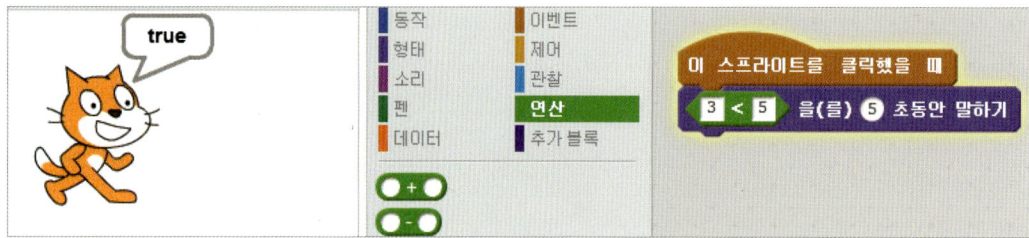

만약 '5 < 3'으로 가정하면 논리적으로 맞지 않으므로 스프라이트가 거짓 값인 'false'를 나타냅니다.

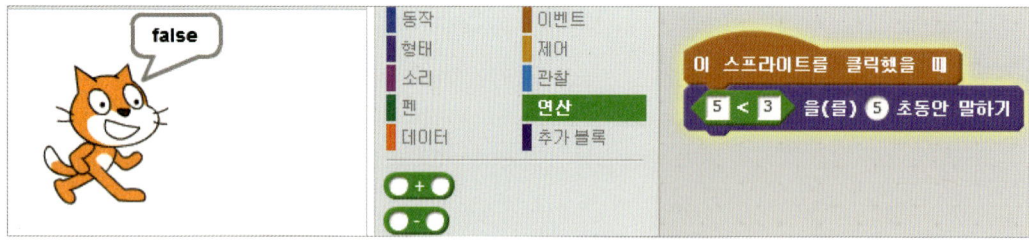

코드 블록은 비교하는 두 개의 값이 같을 때만 참이 됩니다. 다음은 데이터 블록의 변수 만들기 코드 블록에서 'count'라는 변수를 만들어 함께 사용한 예로, count 변수에 미리 10을 지정한 후 count = 10 으로 지정하면 참이 되므로 스프라이트가 3초 동안 "안녕"이라고 말합니다.

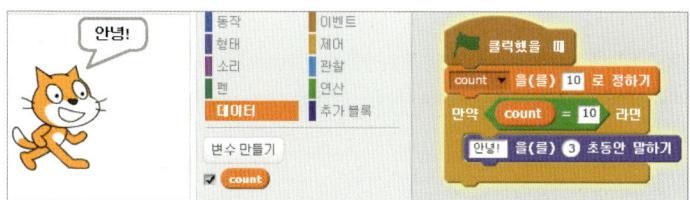

다음은 코드 블록을 이용하여 무대에서 임의의 수를 입력했을 때 그 수가 7이면 '행운의 수입니다.' 를 나타내고, 7 이외의 다른 수를 입력하면 입력한 수를 나타냅니다.

코드 블록은 비교하는 두 개의 값 중에서 첫 번째 값이 두 번째 값보다 크면 참이 됩니다. 다음의 예를 참고하세요.

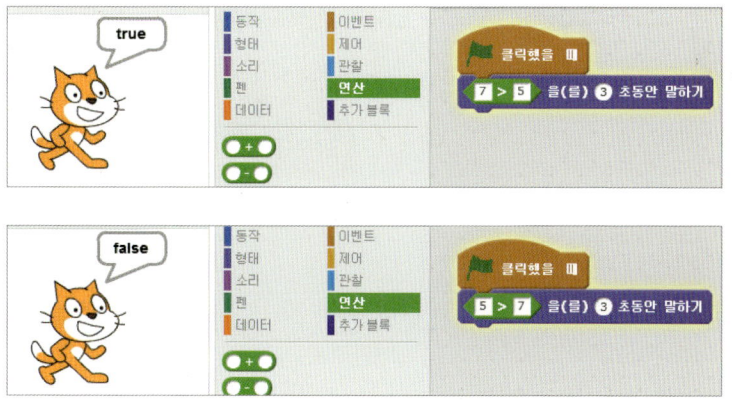

`그리고` 코드 블록은 비교하는 두 개의 값 모두 참인 경우에만 결과가 참이 됩니다.

다음은 `그리고`를 사용하여 무대에서 직접 입력한 수가 1에서 9 사이의 수이면 '입력한 수는 1에서 9 사이의 수입니다.'를 나타내고, 그렇지 않으면 '입력한 수는 1에서 9 사이의 수가 아닙니다.'를 나타냅니다.

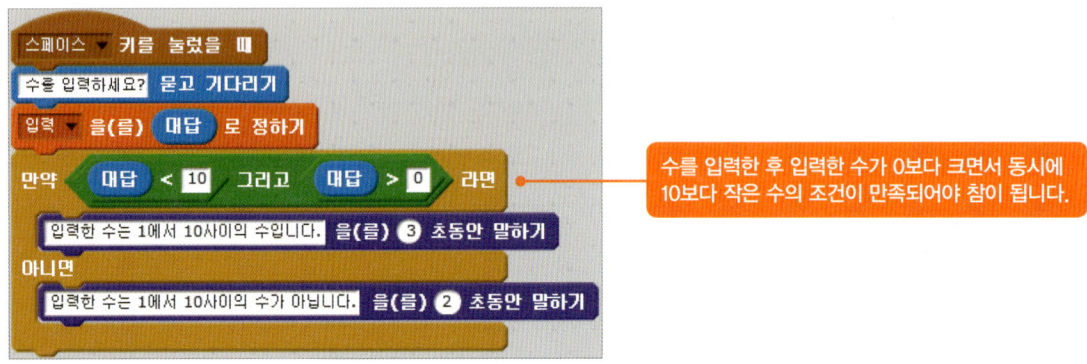

`또는` 코드 블록은 비교되는 두 개의 값 중 하나만 참이어도 결과가 참이 됩니다.

다음은 무대 위에 있는 세 개의 스프라이트를 적당히 삽입하고, 스프라이트인 고양이의 동작 스크립트를 작성한 후 실행하는 예입니다. 고양이는 계속 움직이다가 '고양이' 스프라이트의 색상인 ■(주황색)이나 '사과' 스프라이트의 색상인 ■(붉은색) 스프라이트 중 하나만 닿아도 결과가 참이 되어 "사과네…"라고 2초 동안 말합니다.

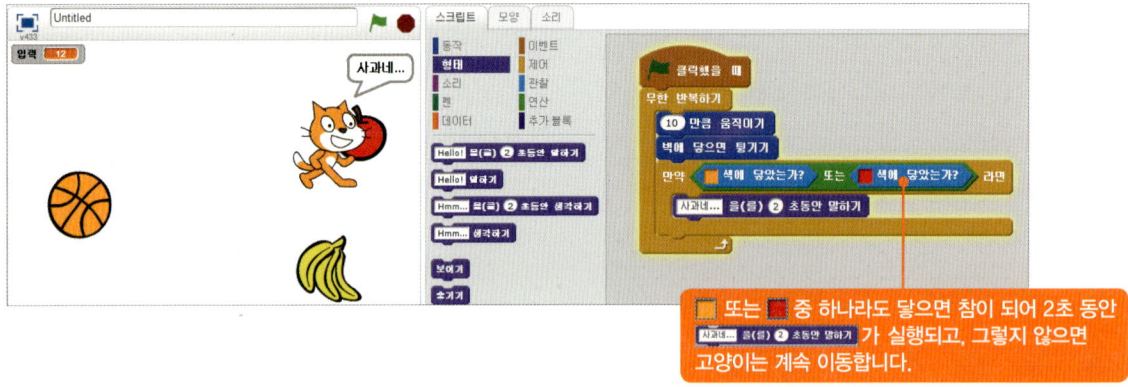

`가(이) 아니다` 코드 블록은 ■에 지정한 조건이 참이면 결과는 거짓이 되고, 조건이 거짓이면 결과가 참이 됩니다. 다음은 고양이가 사과에 닿으면 거짓이 되어 실행이 중지되고, 그렇지 않으면 사과쪽을 보면서 20만큼 움직이는 스크립트입니다.

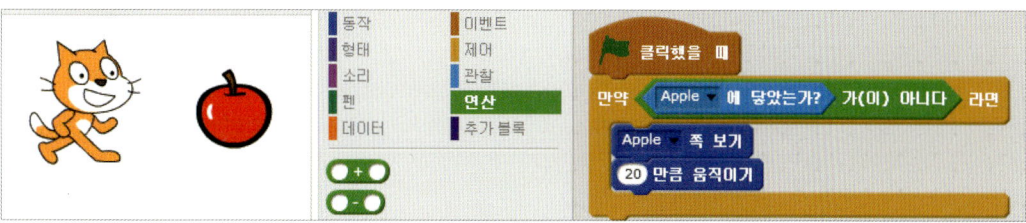

문자열 결합하기

다음은 문자열을 결합 및 추출할 때 문자열의 길이를 계산할 수 있는 세 가지 코드 블록입니다.

`hello 와 world 결합하기`	복수 개의 문자열을 결합합니다.
`1 번째 글자 ( world )`	문자열 중 특정 위치의 문자를 추출합니다.
`world 의 길이`	구성하고 있는 문자열의 길이를 계산합니다.

`hello 와 world 결합하기` 코드 블록은 앞쪽의 문자열과 뒤쪽의 문자열을 결합하여 연결합니다.

다음은 스프라이트1과 스프라이트2가 서로 대화하는 장면을 `안녕 와 세계 결합하기` 코드 블록을 사용하여 스크립트한 예입니다.

01 '무대' 섬네일()을 클릭하고 ✏ 아이콘을 클릭합니다.

02 오른쪽 그림판에서 ✏ 아이콘과, 🪣 아이콘 등을 이용하여 다음의 화면과 같이 배경을 바꿉니다.

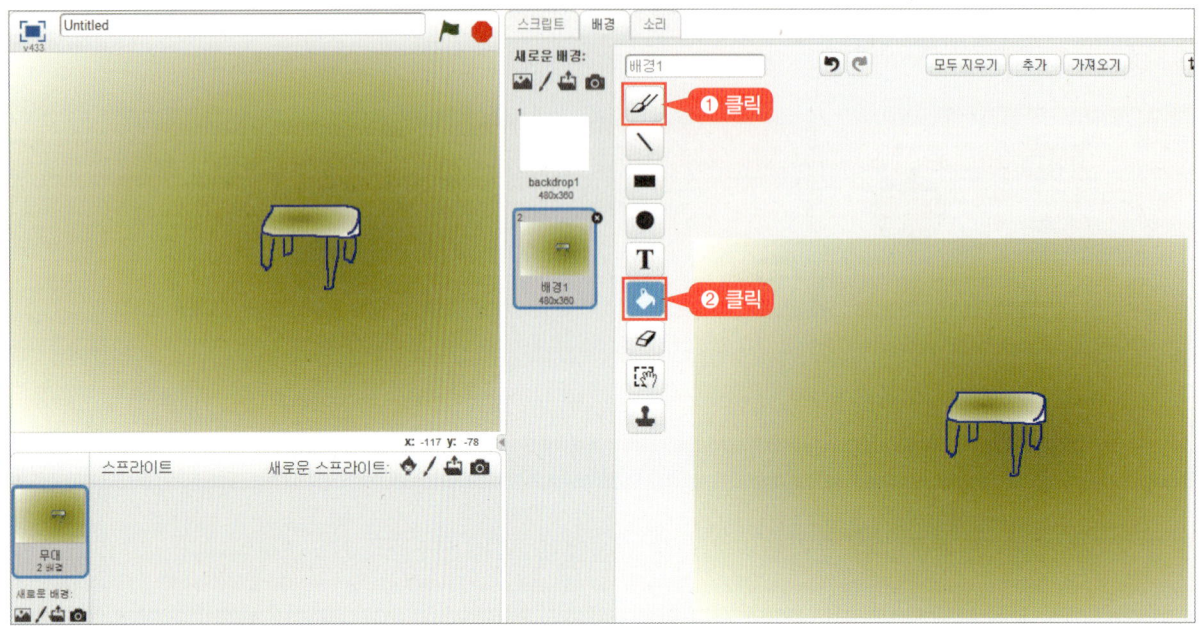

03 ✂ 아이콘을 클릭하고 [스프라이트 저장소]가 나타나면 첫 번째 스프라이트로 'Boy3'을 선택합니다. 이어서 두 번째 스프라이트로 'Girl7'을 선택하여 오른쪽 화면과 같이 만든 상태에서 두 번째 스프라이트인 'Girl7'을 배경에 그려넣은 의자에 위치시킵니다.

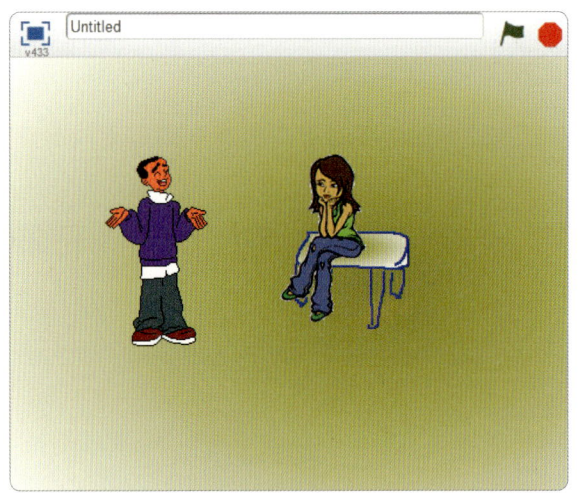

04 'Boy3' 스프라이트 섬네일( )을 클릭한 후 스크립트 영역이 나타나면 오른쪽 화면과 같이 스크립트를 작성합니다.

🏁 아이콘을 클릭하면 "자신을 소개해 주세요."라는 메시지를 3초 동안 말하고 이 메시지(message1) 방송을 'Girl7' 스프라이트로 보내기

05 'Girl7' 스프라이트 섬네일( )을 클릭한 후 스크립트 영역이 나타나면 다음의 화면과 같이 스크립트를 작성합니다.

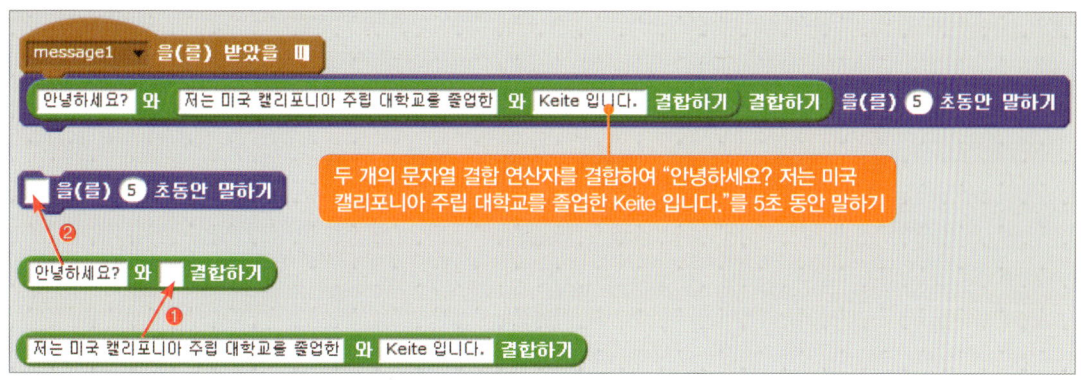

06 아이콘을 클릭하면 소년이 소녀에게 질문하고 소녀가 답하는 과정이 나타납니다.

07 1 번째 글자 (world) 코드 블록은 world 에 입력된 문자열 중 1 에 지정한 위치에 있는 숫자만큼 문자를 추출합니다. 오른쪽 블록 코드의 실행 결과는 첫 번째 칸에 입력된 문자열 '한국교육대학교' 중에서 세 번째 문자인 '교'를 추출합니다. 즉 해당 코드 블록을 클릭하면 나타납니다.

world 의 길이 코드 블록은 world 에 입력된 문자열의 길이를 계산하여 문자 수를 나타냅니다. 오른쪽 코드 블록의 실행 결과는 입력된 문자열인 '교육 대학교'의 수를 계산하여 '5'를 나타냅니다.

프로젝트 20 총점과 평균 계산하기

덧셈과 나눗셈 연산자 그리고 문자열 결합 연산자를 이용하여 학생들의 국어, 영어, 수학, 과학 점수의 총점과 평균을 계산하는 프로젝트를 작성해 보겠습니다.

🏁 아이콘을 클릭하여 스크래치 프로젝트가 시작되면 관찰 블록의 대답 코드 블록을 이용하여 화면에서 각 과목의 점수를 직접 입력하는 방법으로 총점과 평균을 계산하도록 하였습니다.

[그림 2-25] 총점과 평균 계산하기

01 기존의 '고양이' 스프라이트를 삭제하고 🔹 아이콘을 클릭하여 [스프라이트 저장소]가 나타나면 저장된 'Girl5'를 선택합니다.

02 앞의 스프라이트 그림은 오른쪽 방향을 보고 있지만, 스프라이트를 반대 방향으로 돌려보겠습니다. 먼저 모양 탭을 클릭하여 그림판 형태로 변환하고 새로운 스프라이트로 사용할 'Girl5' 이미지를 선택한 후 아이콘을 클릭하여 반대 방향으로 돌립니다.

03 아이콘을 클릭하고 그림판이 나타나면 비트맵 이미지로 변환 버튼을 클릭합니다. 왼쪽의 ■ 아이콘과 T 아이콘을 클릭하고 색상판에서 글자색을 붉은색으로 선택한 후 Reset 버튼을 만들어 두 번째 스프라이트를 무대에 삽입합니다. 두 개의 섬네일이 나타나면 첫 번째 스프라이트인 'Girl5'를 클릭합니다.

04 오른쪽 화면과 같이 'Girl5' 스프라이트가 실행할 수 있는 스크립트를 작성합니다.

05 Reset 스프라이트 섬네일을 클릭하여 이 스프라이트가 실행할 수 있는 스크립트를 오른쪽 화면과 같이 작성하고 사용자의 요구대로 작동되면 저장합니다.

두 수의 가감승제와 나머지 값 계산하기

프로젝트 21

연산(이미지) 블록의 +, -, *, / 그리고 나머지 연산자를 이용하여 사칙연산과 입력한 두 수를 나눈 후 나머지 값을 나타내는 프로젝트를 작성해 보겠습니다.

임의로 첫 번째 수와 두 번째 수를 각각 입력하면 이들 두 수에 대한 덧셈, 뺄셈, 곱셈, 나눗셈과 나눈 후 나머지 값을 계산하는 스크래치 프로젝트를 작성해 보겠습니다.

프로젝트는 🚩 아이콘을 클릭하여 실행하고, 🔴 아이콘을 클릭하여 종료합니다.

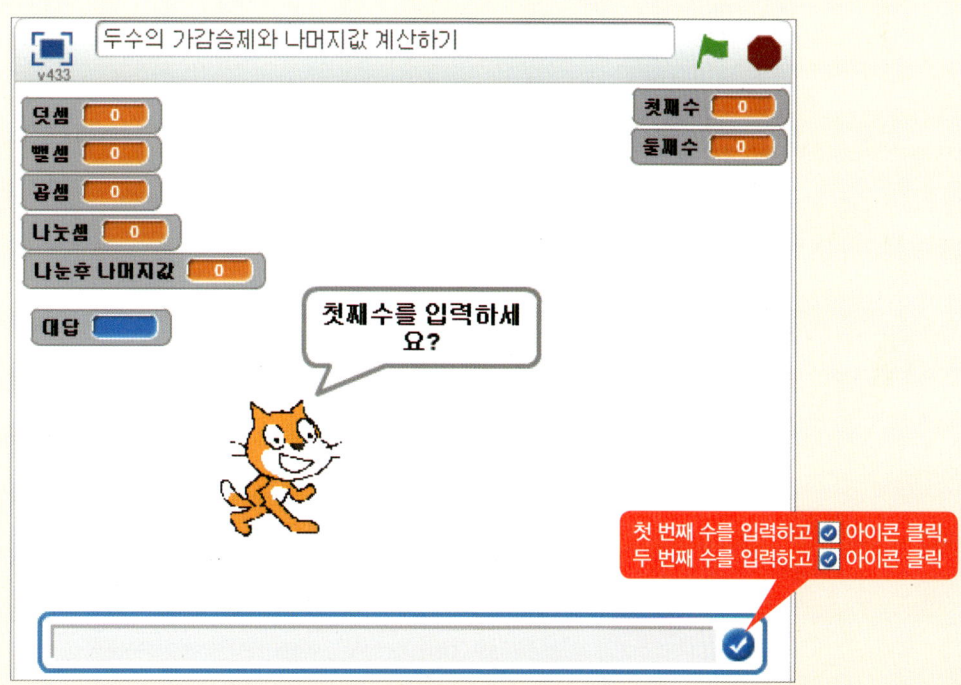

[그림 2-26] 두 수의 가감승제와 나머지 값 계산하기

Chapter 02 블록 팔레트의 코드 기능과 프로젝트 살펴보기 | **265**

01 스프라이트의 '고양이' 섬네일( )을 클릭하고 스크립트 영역이 나타나면 다음의 화면과 같이 스크립트를 작성합니다.

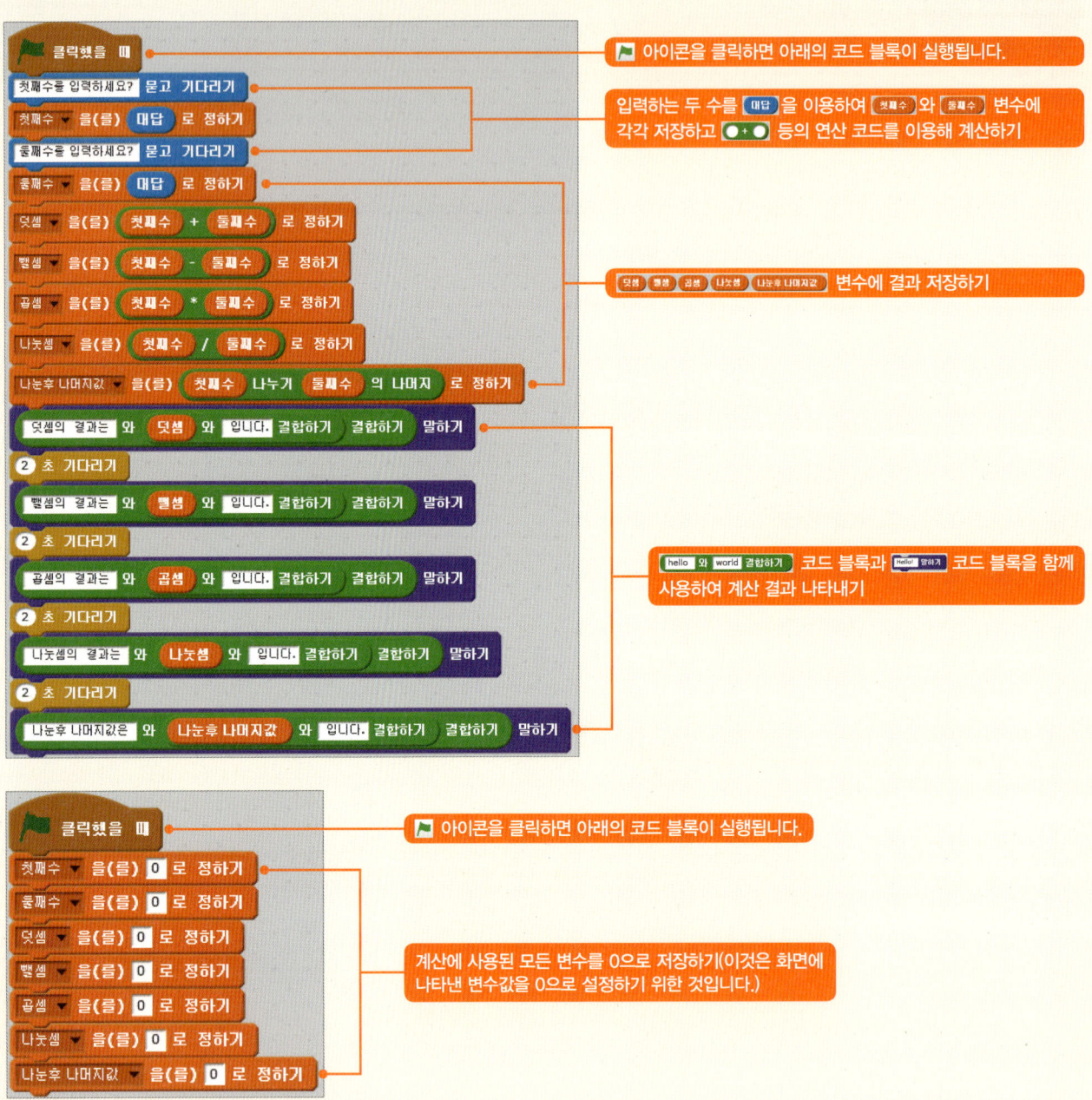

02 위의 스크립트에서 데이터 블록에서 만든 변수(사용되는 변수)란, 컴퓨터 내부에서 계산 등의 목적으로 특정 데이터를 일시적으로 저장하는 장소를 말합니다. 예를 들어 'a = 5'의 경우 대수에서는 'a'가 5라는 의미이고, 프로그래밍에서는 'a'라는 이름의 변수에 5를 저장한다는 의미입니다.

무대에 올라 노래 부르는 소녀 만들기

프로젝트 22

관찰 블록과 연산 블록을 결합하여 소녀가 무대로 이동하다가 마이크 앞에 선 후 노래를 부르는 장면을 프로젝트로 작성해 보겠습니다. 이 프로젝트는 🏁 아이콘을 클릭하여 실행합니다.

[그림 2-27] 무대에서 노래 부르는 소녀

 무대에 배경 화면 삽입하기

위의 그림처럼 스크래치 무대에 배경 화면을 삽입하려면 다음과 같이 진행합니다.

Chapter 02 블록 팔레트의 코드 기능과 프로젝트 살펴보기 | 267

01 기본적으로 제공되는 스프라이트1인 고양이를 무대에서 삭제하고 '무대' 섬네일(□)을 클릭한 후 아이콘을 클릭합니다.

02 [배경 저장소]에 있는 배경 그림 중에서 'spotlight-stage'를 선택하고 확인 버튼을 클릭합니다.

스프라이트 만들고 무대에 삽입하기

무대에서 사용할 스프라이트는 마이크와 노래를 부르는 소녀, 이렇게 두 개입니다.

01 그림판을 이용하여 첫 번째 스프라이트인 마이크를 직접 그립니다. 사용자의 취향에 따라 마이크 그림을 인터넷 등 다른 곳에서 가져와서 사용해도 됩니다.

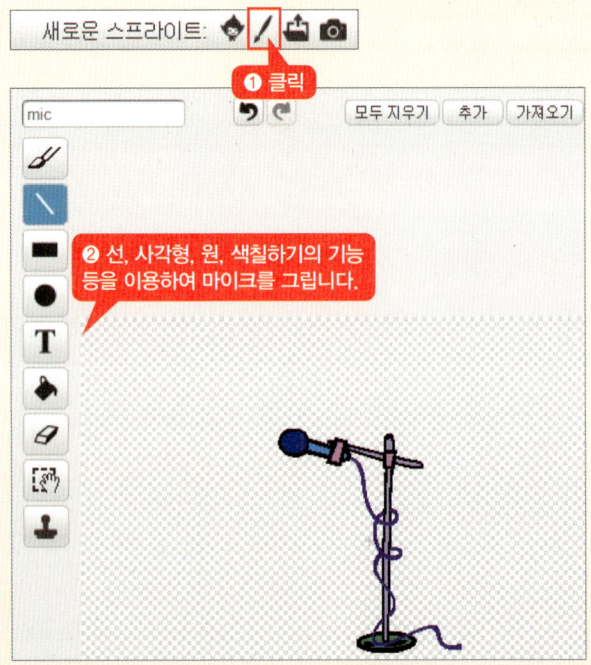

02 ☑ 아이콘을 클릭하여 [스프라이트 저장소]가 나타나면 'Girl6'을 선택한 후 확인 버튼을 클릭합니다.

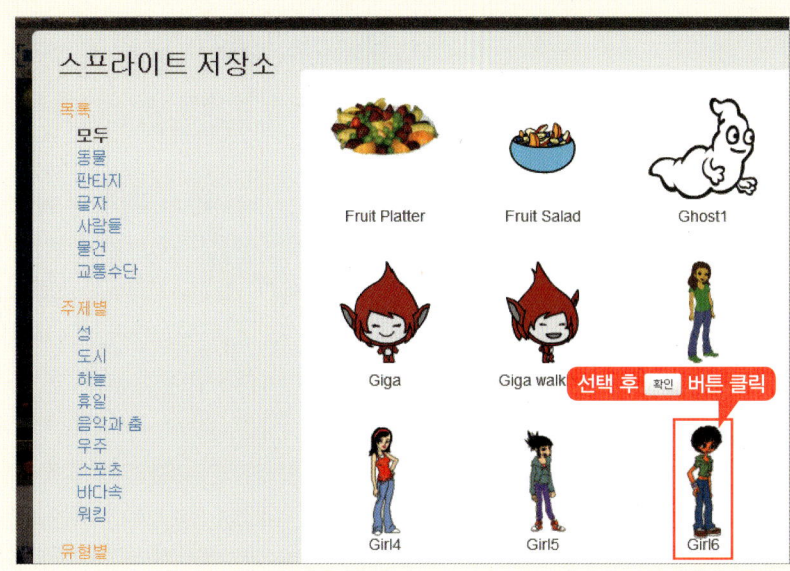

03 위와 같은 과정을 거치면 무대에 두 개의 스프라이트가 생성되는데, 이곳에서 무대 및 각 스프라이트의 이름을 적절하게 변경합니다. 이렇게 이름을 바꾸면 복잡한 프로젝트를 관리할 때 편리하지만, 이름을 바꾸지 않아도 프로젝트 실행에는 문제가 되지 않습니다. 먼저 '마이크' 스프라이트 섬네일의 ⓘ 아이콘을 클릭한 후 화면에서 이름을 '마이크'로 수정하고 ◀ 아이콘을 클릭합니다.

04 'Girl6' 섬네일(👤)을 선택하고 ⓘ 아이콘을 클릭한 후 화면에서 이름을 '소녀'로 수정하고 ◀ 아이콘을 클릭합니다.

스프라이트 동작을 위한 스크립트 작성하기

'마이크' 스프라이트를 실행하는 스크립트는 다음과 같습니다.

01 프로젝트가 실행되면 마이크는 x = 0, y = 0의 위치(무대 가운데)로 이동하므로 '마이크' 섬네일( )을 클릭하고 스크립트 영역이 나타나면 작성합니다.

02 두 번째 스프라이트인 '소녀' 섬네일( )을 클릭하고 스크립트 영역이 나타나면 다음의 화면과 같이 작성합니다.

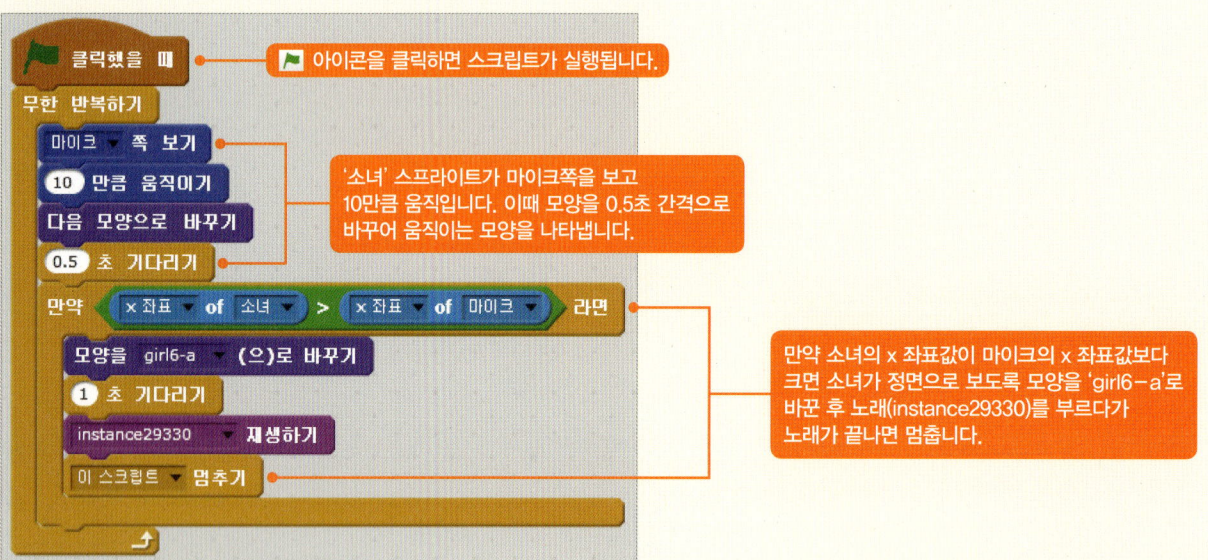

소리 블록의 소리내기 코드 블록은 스크립트를 작성하기 전에 미리 스크래치에 외부 소리를 삽입해야 합니다. 이 경우에도 '소녀' 섬네일( )이 선택된 상태에서 작업해야 합니다.

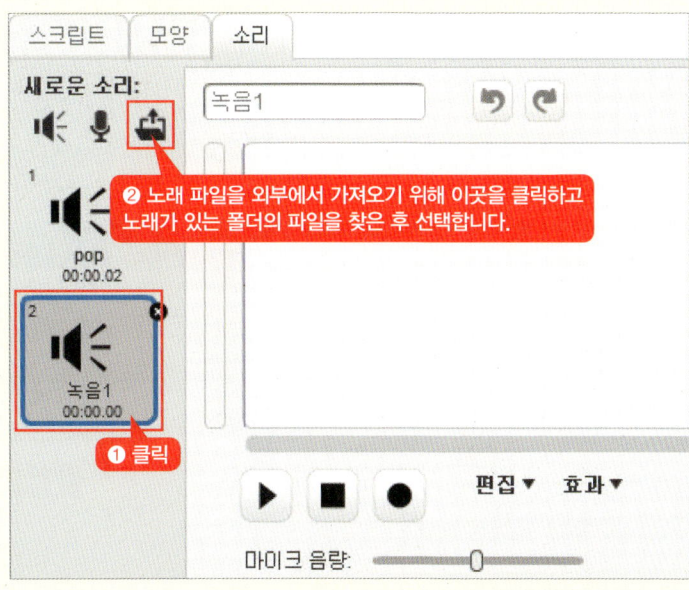

해당 노래 파일이 다운로드되면서 노래 파일이 나타납니다. 이제 소리 블록의 목록에 해당 소리 파일이 등록되어 선택할 수 있습니다.

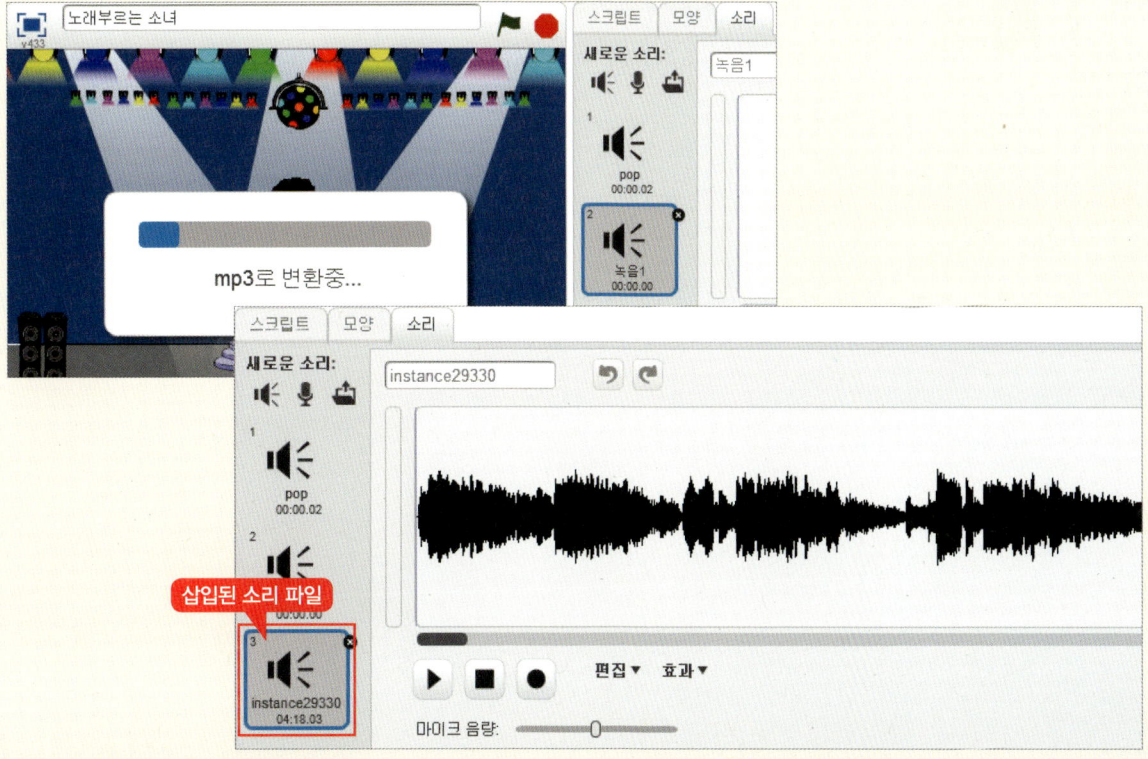

Chapter 02 블록 팔레트의 코드 기능과 프로젝트 살펴보기 | 271

추가 블록 팔레트의 코드 블록

추가 블록 팔레트는 매개변수(숫자, 문자열, 논리값)와 라벨을 추가하는 기능과 레고 WeDo 로봇, 피코 보드(PicoBoard)를 스크래치 프로젝트와 연동하여 사용하는 기능을 가진 코드 블록으로, 색상은 보라색입니다.

 추가 블록 팔레트의 구성

사용자 지정 코드 블록을 만드는 것과 사용하는 방법, 복잡한 스크립트를 유지하기 위해 댓글을 이용하여 프로그램을 기록하는 방법을 살펴보겠습니다. 그리고 프로젝트 디자인과 크기를 간단하게 지정하기 위해 스프라이트를 복제하고, 외부 장치인 피코 보드, 레고 WeDo 로봇을 스크래치 프로젝트와 함께 사용하여 좀 더 시각적이고 현실적인 감각을 가진 프로그래밍을 작성해 보겠습니다. 우선 **추가 블록** 에 있는 **블록 만들기** 와 **확장 프로그램 추가** 코드 블록의 기능에 대해 살펴볼까요?

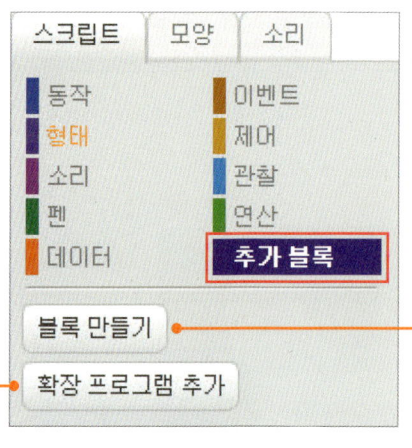

[그림 2-28] **추가 블록** 의 코드 블록 기능

블록 만들기

새로운 블록을 만들기 위해 추가블록 팔레트에서 블록 만들기 버튼을 클릭합니다. [New Block] 대화상자가 나타나면 의 가운데에 있는 연보라색 부분에 직접 이름을 입력한 후 확인 버튼을 클릭합니다.

예를 들어 이름에 '추가된 블록'이라고 입력하면 스크립트 영역에 보라색 코드 블록이 새로 추가됩니다.

이 블록을 실행하였을 때 인수 정보가 필요하면 보라색 코드 블록 그림의 아래쪽에 있는 ▼ 버튼을 클릭하여 원하는 인수 정보 ('숫자 매개변수 추가하기', '문자열 매개변수 추가하기', '논리값 매개변수 추가하기', '라벨 추가하기')를 선택해야 합니다. 만약 지정한 추가 블록에 이러한 정보가 필요 없으면 이 단계는 생략하세요.

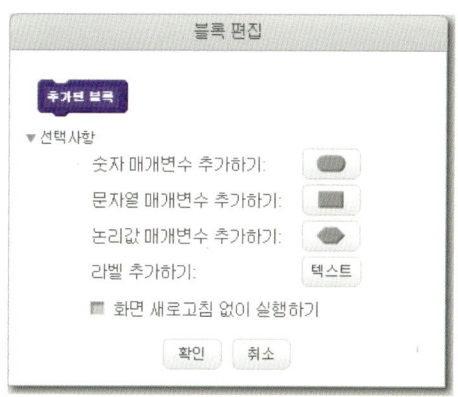

[블록 편집] 대화상자의 '선택사항'에서 네 가지 옵션을 모두 선택하면 블록을 편집할 수 있도록 '추가된 블록'이 만들어지면서 원하는 숫자, 문자열, 논리값 그리고 라벨을 추가할 수 있습니다. 만약 추가한 선택 사항 중에서 필요 없는 인수가 있으면 아이콘을 클릭하여 삭제합니다.

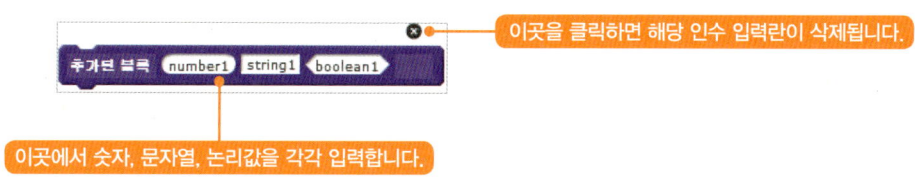

'추가된 블록'에서 인수를 선택하고 [화면 새로고침 없이 실행하기]에 체크한 후 확인 버튼을 클릭하면 스크립트 작성에 사용할 수 있는 블록이 만들어집니다.

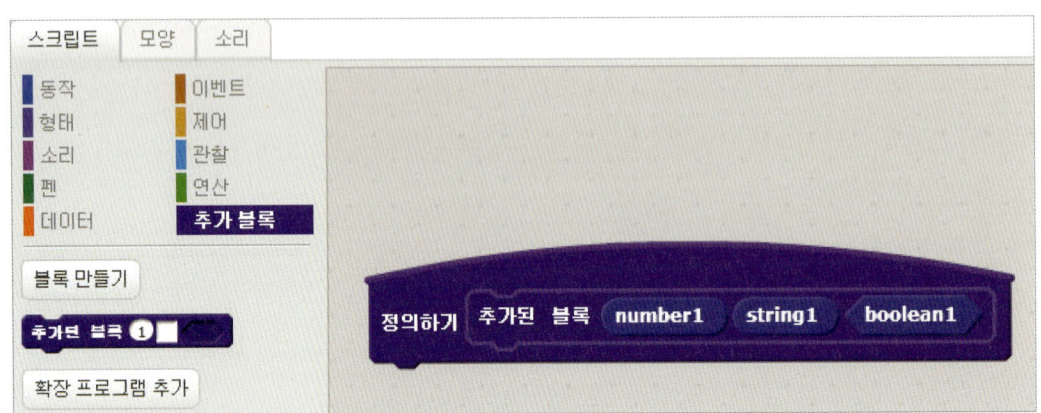

확장 프로그램 추가하기

확장 프로그램 추가 버튼을 클릭하면 스크래치 외부의 하드웨어(센서 기능을 가진 보드)와 연결하여 프로그램을 실행할 수 있습니다. 대부분 기존 프로그램의 데이터는 프로그램에 있지만, 스크래치에서는 외부 장치인 레고 WeDo 로봇과 피코 보드(PicoBoard)에서 발생하는 각종 센서값을 입력값으로 읽어온 후 스크래치를 실행할 수 있습니다.

레고 WeDo 사용하기

레고 WeDo 로봇은 7세 이상의 아이들에게 간단한 모형 조립과 프로그래밍을 통해 로보틱스의 기초 개념과 창의적 발상을 키워주는 로봇입니다. USB 허브와 모터, 동작 센서 그리고 기울기 센서와 조립할 수 있는 블록 및 WeDo 동작 소프트웨어가 로봇 패키지 형태로 함께 제공됩니다.

[그림 2-29] 레고 WeDo의 기본형

스크래치 2.0에는 레고 WeDo 로봇을 동작시키는 기능이 함께 있습니다. 스크래치 2.0과 레고 WeDo를 함께 연동하여 움직이려면 다음과 같이 진행합니다.

01 `확장 프로그램 추가` 버튼을 클릭하고 [확장 프로그램 저장소]가 나타나면 [LEGO WeDo]를 선택합니다.

02 스크래치에 WeDo와 함께 사용할 수 있는 코드 블록들이 추가로 생성됩니다.

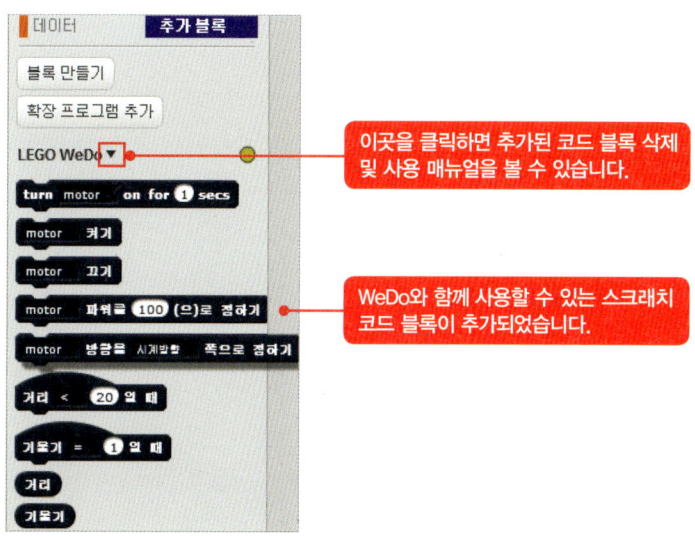

다음은 스크래치에 추가된 코드 블록의 기능입니다.

블록	기능
turn 모터 on for 1 secs	모터를 지정한 시간만큼 켭니다.
모터 끄기 , 모터 켜기	모터를 끄기/켜기합니다.
모터 파워를 100 (으)로 정하기	목록에서 지정한 모터를 입력한 수만큼의 힘으로 정합니다(0에서 100까지).
모터 방향을 시계방향 쪽으로 정하기	모터의 회전 방향을 선택합니다.
거리 < 20 일 때	거리가 입력한 수보다 작을 때
기울기 = 1 일 때	기울기가 입력한 수만큼일 때
거리 , 기울기	거리값, 기울기 값의 정보

피코 보드 사용하기

피코 보드(PicoBoard)는 캐나다 토론토에 있는 벤처기업인 Playful Invention Company에서 만든 센서 보드로, 스크래치의 스프라이트와 외부의 실제 세계와의 상호작용을 지원하기 위해 스크래치와 연동시켜서 처음 개발된 하드웨어입니다. 피코 보드에서는 빛 센서, 소리 센서, 버튼, 슬라이더뿐만 아니라 케이블을 통해 저항을 측정할 수 있는 네 개의 입력 방식을 지원합니다. 또한 구입시 전기 저항을 스크래치로 제어할 수 있도록 네 개의 악어클립을 제공하므로 다양한 프로젝트 구현이 가능합니다.

[그림 2-30] 피코 보드의 구조

피코 보드를 스크래치에서 사용하려면 다음과 같이 진행합니다.

01 오른쪽 화면과 같이 피코 보드와 PC를 연결합니다. 이때 USB 케이블이 필요합니다.

02 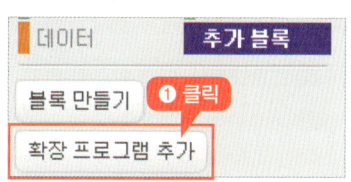 버튼을 클릭한 후 'PicoBoard'를 선택합니다.

03 피코 보드와 함께 사용할 수 있는 네 종류의 코드 블록이 추가됩니다. 이제 피코 보드의 슬라이더, 버튼, 빛 센서, 소리 센서의 값을 입력 데이터로 받아서 스크래치를 실행할 수 있습니다.

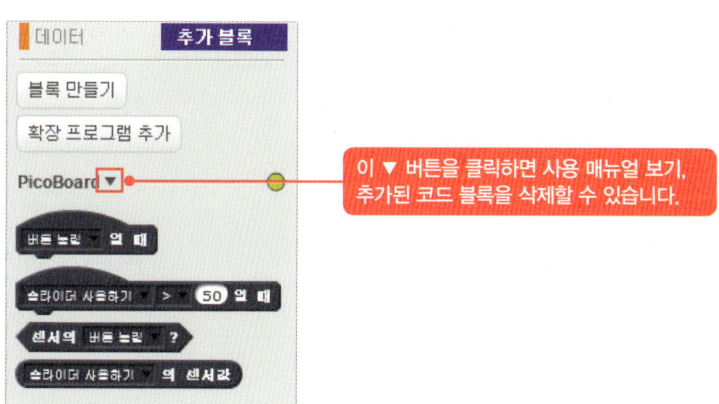

Chapter 02 블록 팔레트의 코드 기능과 프로젝트 살펴보기 | **277**

앞에서와 같이 컴퓨터와 피코 보드를 연결한 후 확장프로그램추가 버튼을 클릭하고 [확장 프로그램 저장소]에서 'PicoBoard'를 선택하면 스크래치와 피코 보드가 자동으로 연결됩니다. 이때 피코 보드는 연결된 표시로 다음의 화면 위치에서 불이 깜박이는데, 이때부터 스크래치와 피코 보드를 연계하여 프로젝트를 작성할 수 있습니다. 간혹 웹용 스크래치에서 제대로 연결되지 않을 수도 있지만, 이 경우에는 오프라인용 스크래치를 사용해 보세요.

스크래치와 피코 보드가 연결되었으면 이곳에 있는 두 개의 램프(녹색과 붉은색)가 깜박입니다.

[그림 2-31] 스크래치와 피코 보드의 연결 표시 램프

> **Tip**
>
> **피코 보드 살펴보기**
>
> 피코 보드는 Pico사의 'PicoCricket' 제품 중 하나이며, 스크래치의 스프라이트와 외부 실제 세계와의 상호 지원을 위해 만들어진 하드웨어로서 프로그래밍의 기초를 배우는 데 좋은 센서보드입니다. 특히 초·중등학교 및 대학교에서 STEAM(Science Technology Engineering Art Mathematics) 학습에 스크래치와 함께 활용하면 훌륭한 창의성 도구가 될 수 있습니다. 피코 보드에 대해 자세한 정보를 보려면 http://www.picocrocket.com 사이트에 접속해 보세요.

프로젝트 23

가감승제 계산기 만들기

추가 블록 팔레트를 사용하여 입력한 두 개의 숫자로 덧셈, 뺄셈, 곱셈, 나눗셈의 결과를 출력하는 프로젝트를 작성해 보겠습니다.

01 스크립트 탭에서 추가 블록 을 클릭하고 블록 만들기 버튼을 클릭합니다. [New Block] 대화상자가 나타나면 추가 블록 이름을 '가감승제계산'이라고 입력하고 '선택사항'에서 숫자 및 문자열 매개변수를 선택합니다.

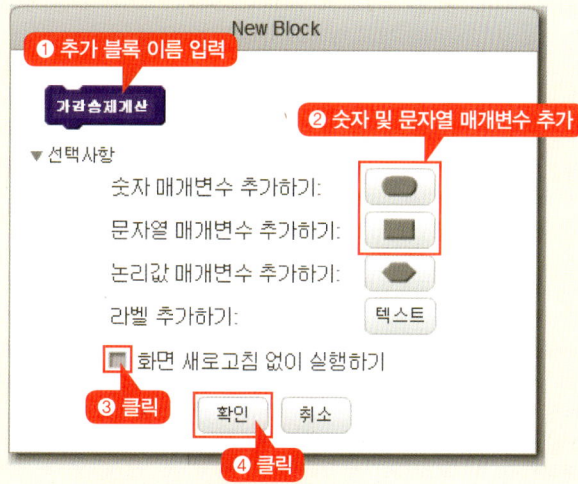

02 두 개의 문자열과 숫자 매개변수를 각각 추가하고 문자열(string1과 string2)에 첫 번째 수와 두 번째 수를 추가합니다. 만약 추가한 매개변수가 필요 없으면 ⓧ 아이콘을 클릭하여 삭제할 수 있습니다.

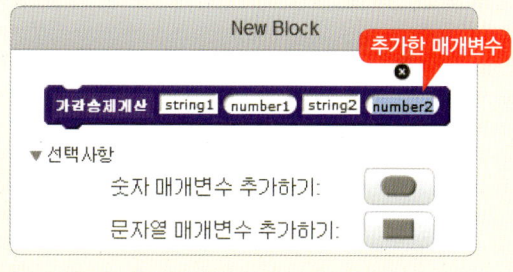

03 위와 같이 만들었으면 스크립트 영역에 조금 독특한 모양의 추가 블록이 나타나면서 동시에 새로운 추가 블록이 만들어집니다.

04 오른쪽 화면과 같이 스크립트에 가감승제를 위한 계산식 스크립트를 작성합니다.

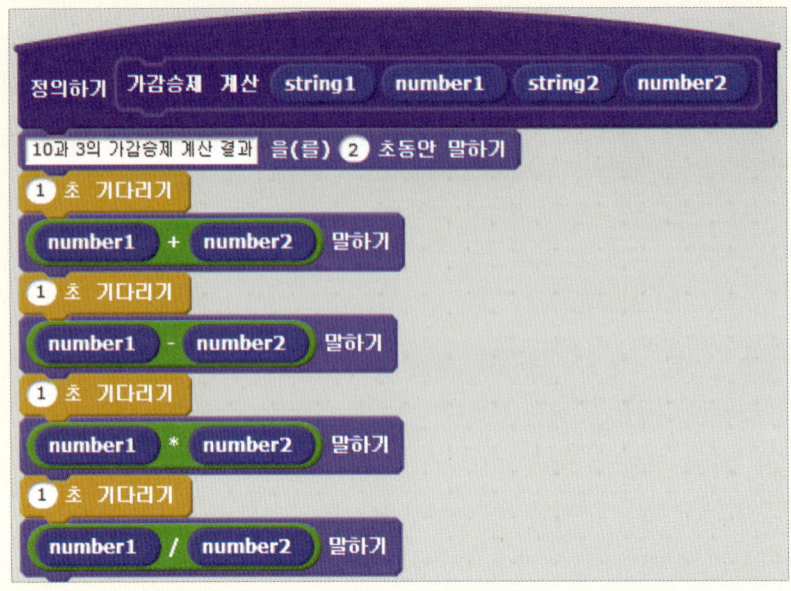

05 이번에는 위의 스크립트에서 `number1 + number2 말하기`를 만들어 볼까요? `number1`과 `number2`는 해당 코드 블록을 드래그하여 `○+○` 코드 블록에 삽입하여 만듭니다.

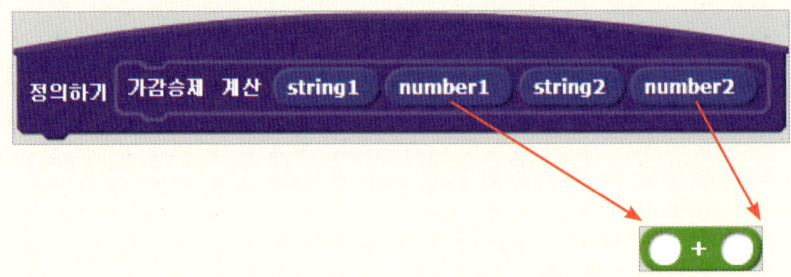

06 🏁 아이콘을 클릭하면 실행할 수 있도록 스크립트를 추가 작성합니다.

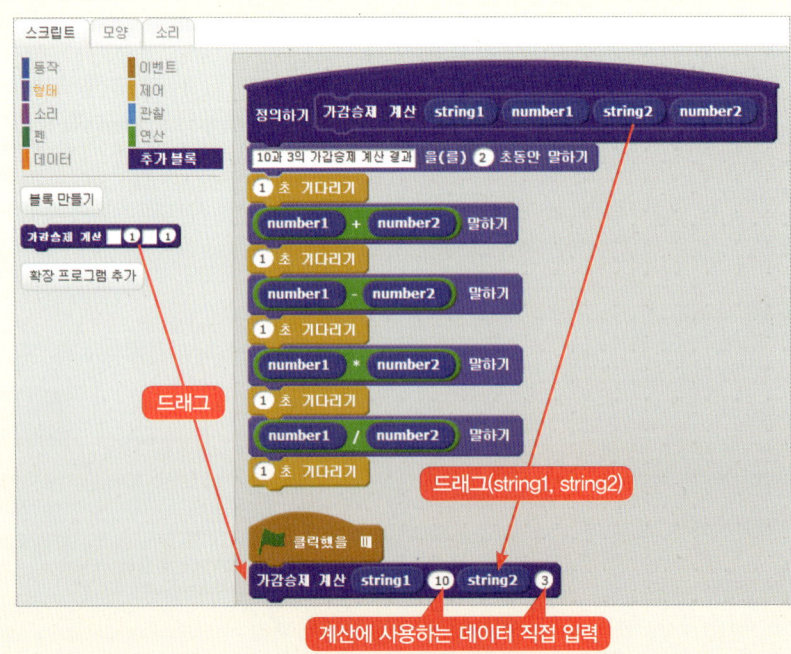

앞의 스크립트는 아이콘을 클릭했을 때 데이터 10과 3이 매개변수가 되어 가감승제 계산 블록으로 이동한 후 계산하여 결과를 출력하는데, 기존의 프로그램에서 보던 함수와 실행 구조가 비슷합니다. 만약 블록을 추가 편집하거나 매개변수를 추가하려면 해당 블록에서 Shift 를 누른 상태에서 클릭하거나 마우스 오른쪽 버튼을 클릭한 후 바로 가기 메뉴에서 [편집]을 선택합니다. 이 바로 가기 메뉴를 이용하면 복사와 삭제뿐만 아니라 스크립트 관리를 위한 댓글을 추가할 수 있습니다.

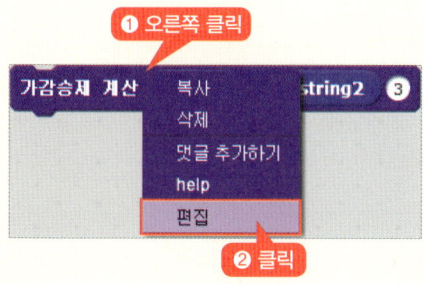

Level Up

기울어져 가는 피사의 사탑 똑바로 세우기

쓰러지는 피사의 사탑을 일으켜 세우는 퀴즈 게임 프로젝트를 만들어 봅시다. 무대에 있는 스프라이트가 문제를 내면, 정답을 입력합니다. 문제를 맞추면 사탑이 쓰러지지 않고, 틀리면 사탑이 쓰러지는 퀴즈 프로젝트입니다. 정보문화사 홈페이지에서 해당 프로젝트와 만드는 설명서를 다운로드하여 작성해 보고, 프로젝트의 전반적인 작업 과정과 추가 블록으로 작성된 스크립트의 논리적 과정을 설명해 보세요.

프로젝트 24 강태공의 고기 잡기

추가 블록의 블록 만들기를 함께 이용하여 낚시를 하는 프로젝트를 작성해 보겠습니다.

소녀가 강 속에 낚시대를 내려놓은 상태에서 낚시바늘에 물고기가 닿으면 물고기는 15도 오른쪽으로 돌면서 "찍" 소리를 내고 사라지는 프로젝트로, 물고기가 모두 잡히면 프로젝트 실행이 종료됩니다.

[그림 2-32] 낚시하기

고기 잡기 프로젝트의 작성 순서는 다음과 같습니다.

01 무대에 적절한 배경 그림이나 그림판에서 직접 만든 그림을 삽입합니다. 여기서는 그림판을 이용하여 새로 만든 배경 그림을 삽입합니다.
02 새로운 실행 스프라이트들('Girl7', 'Fish3', '낚시바늘')을 [스프라이트 저장소]에서 선택하거나 그림판에서 직접 만들어 삽입합니다.
03 삽입한 배경 및 각 스프라이트들을 실행하기 위한 스크립트를 작성합니다.
04 완성한 프로젝트를 실행하고 정확하게 움직이는지 확인한 후 저장합니다.

새로운 프로젝트 만들기

스크래치 프로젝트를 만들기 위해 [파일]-[새로 만들기] 메뉴를 선택하고 기본적으로 나타나는 '고양이' 스프라이트를 삭제합니다.

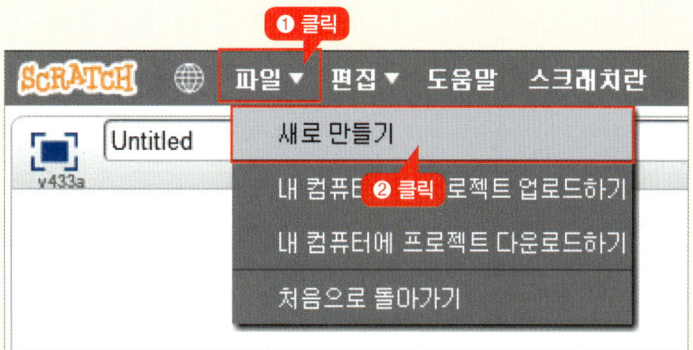

 ## 무대에 배경과 스프라이트 삽입하기

01 그림판을 이용하여 무대에 강 배경과 낚시터 그림을 다음의 화면과 같이 만들어 볼까요? 먼저 '무대' 섬네일(🖼)을 클릭하고 배경 탭을 클릭하면 그림판의 ✏ 아이콘과 ＼ 아이콘, ■ 아이콘, 색상판 및 선 굵기 등의 기능을 이용하여 그림을 그립니다.

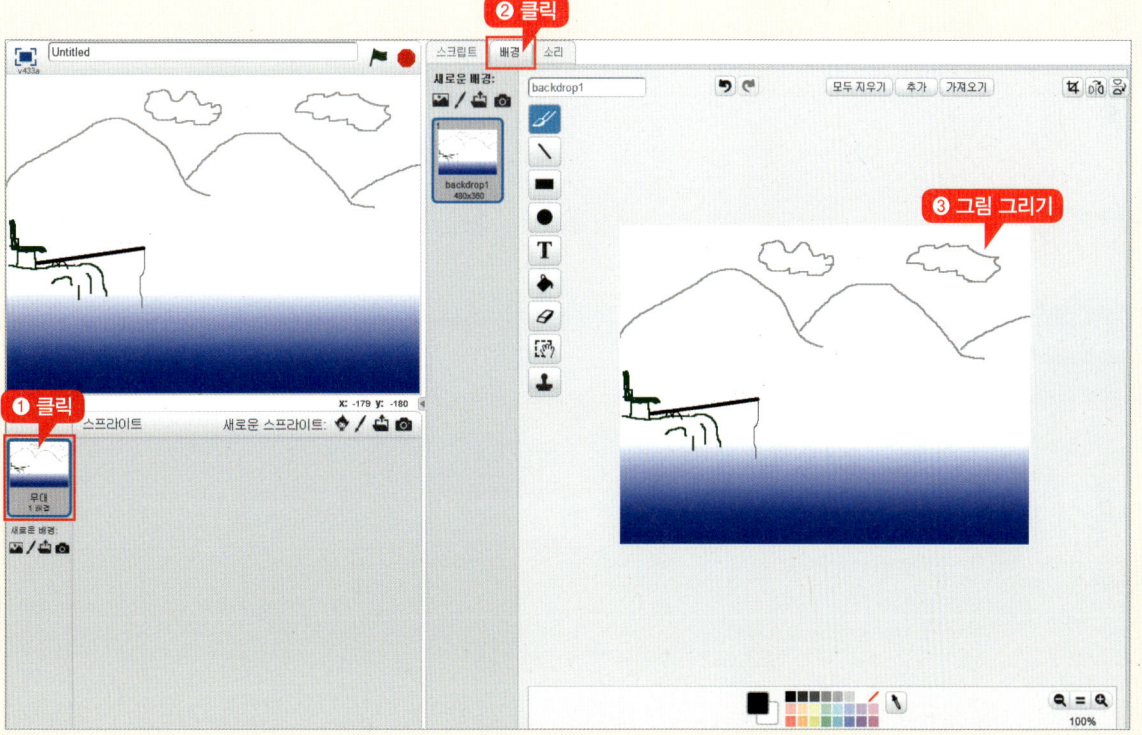

02 [스프라이트 저장소]에서 실행에 사용할 각 스프라이트인 'Girl7'과 'Fish3'을 선택합니다.

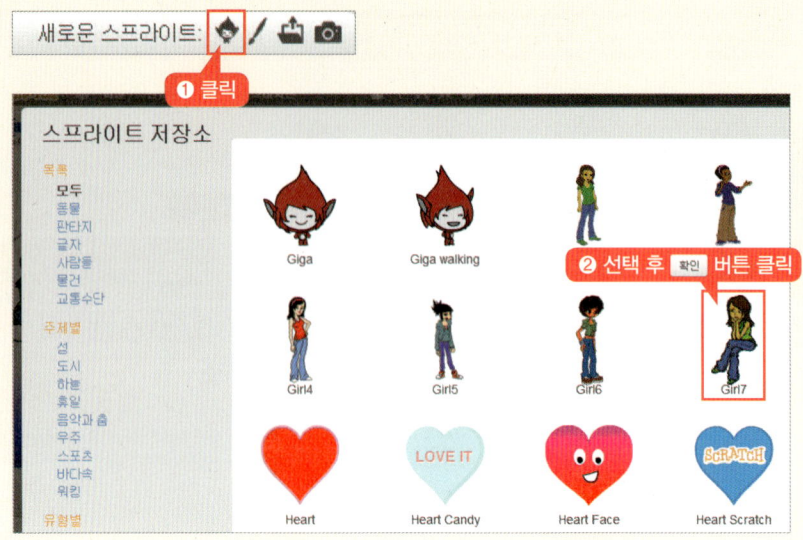

03 스프라이트 목록에 두 개의 스프라이트 섬네일이 나타나면 프로젝트를 실행할 경우 물고기가 물 속에 있도록 'Girl7' 스프라이트는 낚시터 의자에 배치하고 'Fish3' 스프라이트는 아래쪽으로 이동합니다. 그런 다음 'Girl7' 스프라이트의 방향을 그림판의 아이콘을 클릭하여 좌우반전시킵니다.

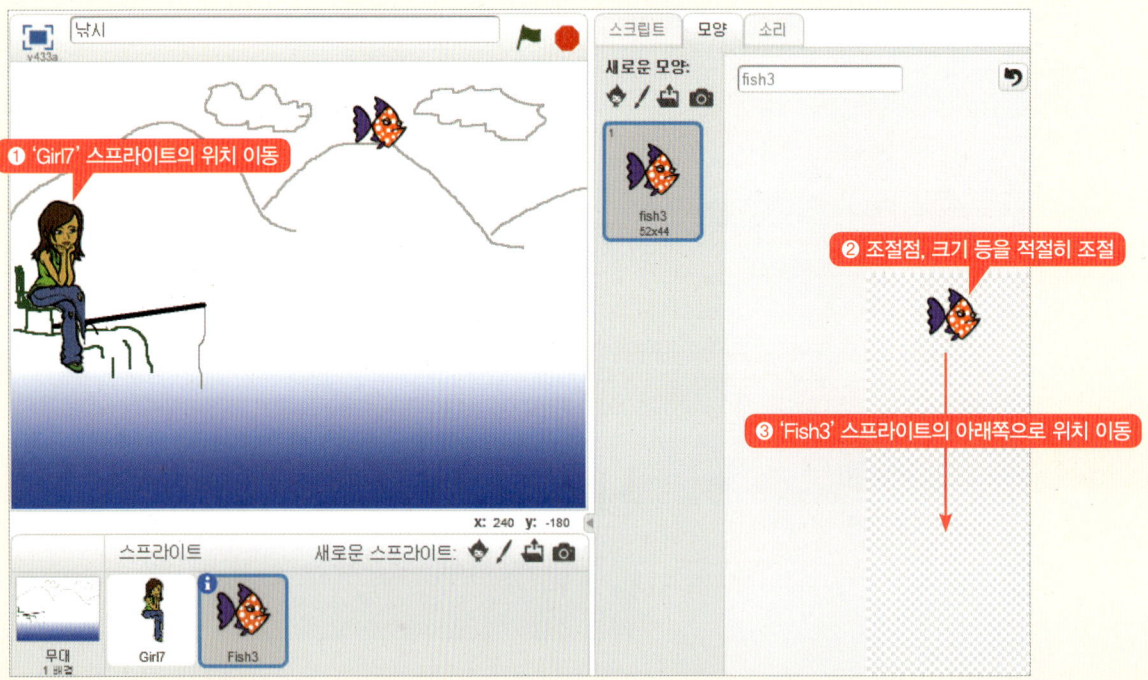

04 아이콘을 클릭하고 그림판이 나타나면 낚시바늘을 직접 그리고 새로운 스프라이트로 삽입합니다. 그러면 배경과 세 개의 스프라이트가 목록에 섬네일 형태로 삽입되는데, 삽입된 스프라이트의 크기를 무대 배경에 맞게 적절하게 조절합니다.

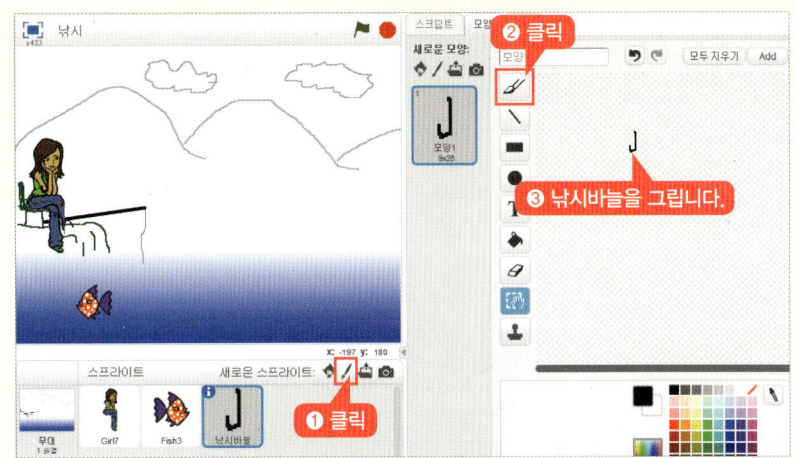

각 스프라이트 동작을 위한 스크립트 작성하기

01 무대인 강 속에 물소리를 삽입하기 위해 '무대' 섬네일(🖼)을 클릭하고 다음의 화면과 같이 스크립트를 작성합니다. 사용한 코드 블록 중 `낚시▼ 을(를) 0 로 정하기` 는 `데이터` 블록에서 '낚시' 변수를 만들었고 `bubbles▼ 끝까지 소리내기` 는 `소리` 탭을 클릭하여 [스프라이트 저장소]에서 'bubbles'를 선택하였습니다.

02 'Girl7' 섬네일( )을 클릭하고 스크립트 영역에서 다음의 화면과 같이 작성합니다. '낚시' 변수에 초기 값 0을 지정하고 실행하다가 모든 물고기(열 마리)를 잡으면 "낚시를 다시하려면 녹색깃발을 클릭하세요…" 메시지를 2초 동안 말한 후 '낚시' 변수가 다시 0으로 초기화되어 실행됩니다. 만약 모든 물고기가 잡히면 "고기를 다 잡았습니다…"라는 메시지를 보내기 위해 방송하기를 실행합니다.

03 'Fish3' 섬네일( )을 클릭하고 스크립트 영역이 나타나면 오른쪽 화면과 같이 작성합니다. 아이콘을 클릭해서 프로젝트를 실행하면 열 마리의 'Fish3' 스프라이트를 복제하면서 강 속에 열 마리의 'Fish3' 스프라이트가 나타납니다.

04 'Fish3' 스프라이트가 복제되었을 때 실행합니다. 1에서 2 사이의 난수를 선택하면 스크립트가 실행되는데, x, y 난수는 물고기가 강 속에서 헤엄치기 위해 지정한 것입니다(무대의 위아래). 이때 위에서 '헤엄'은 **추가 블록** 에서 블록 만들기 버튼을 클릭하여 만들었습니다.

05 다음은 [헤엄]에 의해 'Fish3' 스프라이트가 나타나면서 무한대로 헤엄을 치는 스크립트입니다.

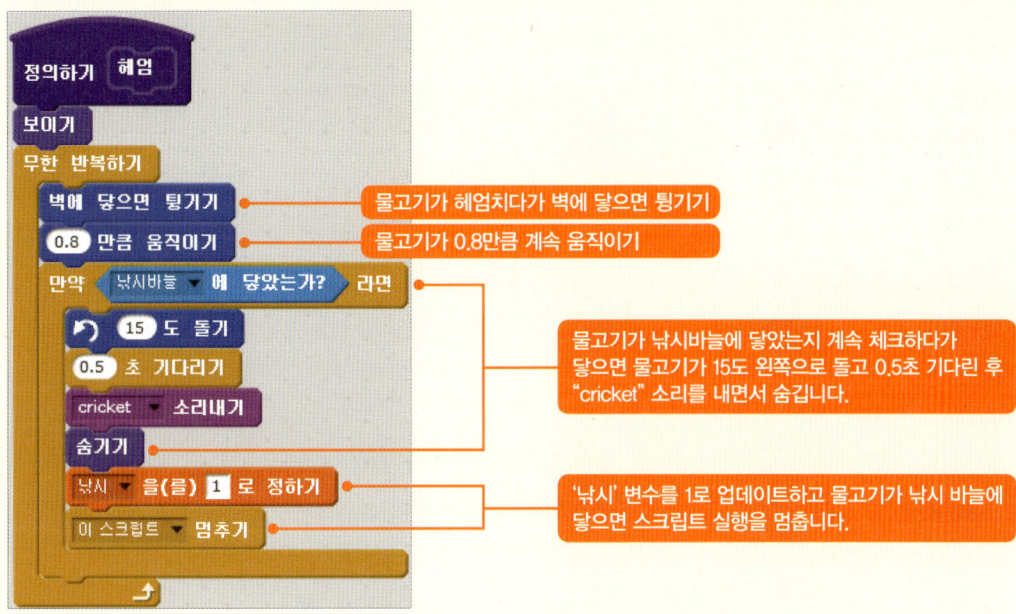

06 '낚시바늘' 스프라이트( )를 클릭하고 스크립트 영역이 나타나면 다음의 화면과 같이 스크립트를 작성합니다. 여기에서는 모두 세 개의 코드 블록을 추가로 만들어서 사용합니다.

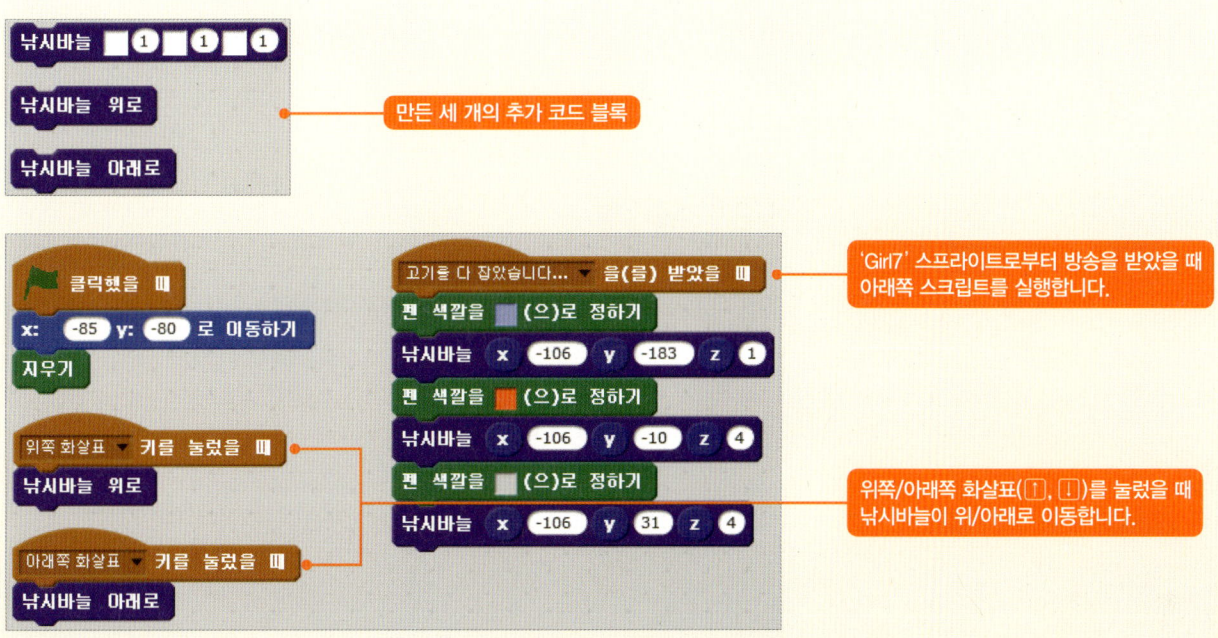

07 다음은 낚시바늘을 위/아래로 이동할 때마다 '낚시바늘' 스프라이트가 움직이고 펜의 색과 굵기를 정하는 스크립트입니다.

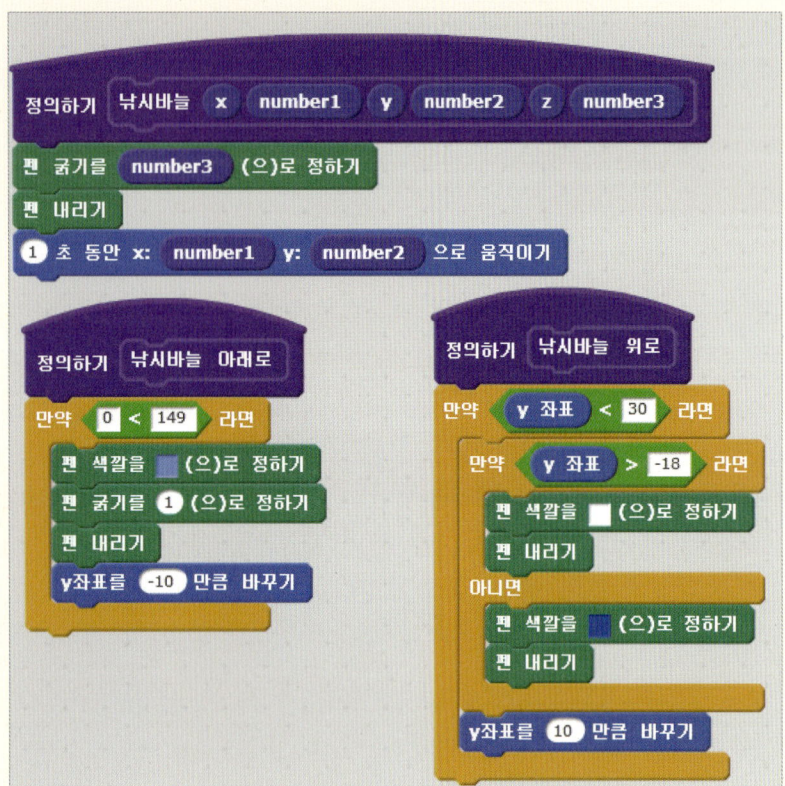

08 스크립트의 작성이 끝나면 정확하게 실행되는지 확인하고 저장합니다.

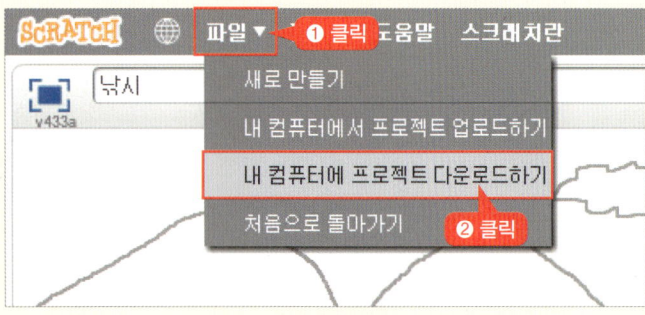

프로젝트 25. 레고 WeDo를 이용한 스크래치

레고 Wedo를 사용하여 다음과 같은 예제로 프로젝트를 작성해 보겠습니다.

▎예제 1 ▎ 모터 파워를 70으로 지정하고 2초 동안 모터 켜기를 10회 반복하는 스크립트

▎예제 2 ▎ 1초 동안 모터를 시계 반대 방향으로 회전시키는 스크립트

WeDo 로봇을 컴퓨터의 USB 포트와 연결한 후 위의 스크립트를 실행하면 모터는 1초 동안 시계 반대 방향으로 회전합니다. 이것은 이전에 모터가 어느 방향으로 움직였는가에 따라서 방향이 달라집니다.

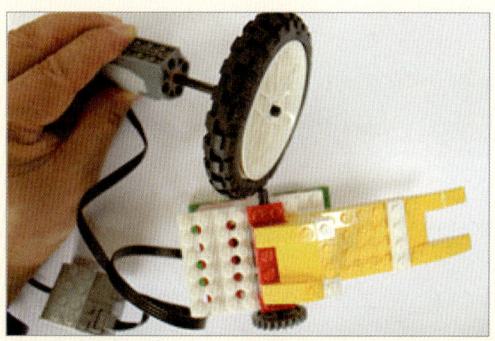

[그림 2-33] 레고 WeDo의 모터 회전하기

프로젝트 26 피코 보드를 이용한 스크래치

피코 보드(PicoBoard)를 사용하여 다음과 같은 예제로 프로젝트를 작성해 보겠습니다.

│ 예제 1 │ 피코 보드의 슬라이드에서 슬라이더를 드래그해 수치값을 0에서 100까지 지정하는 스크립트

▶ 아이콘을 클릭하면 무대 위의 스프라이트 색깔이 바뀌는데, 이때의 색상값은 피코 보드의 슬라이드값(0~100까지)으로 정해집니다. 이것은 스크래치의 스크립트 내부에서 정해지지 않고 외부 장치인 피코 보드의 슬라이더를 조절해서 결정됩니다.

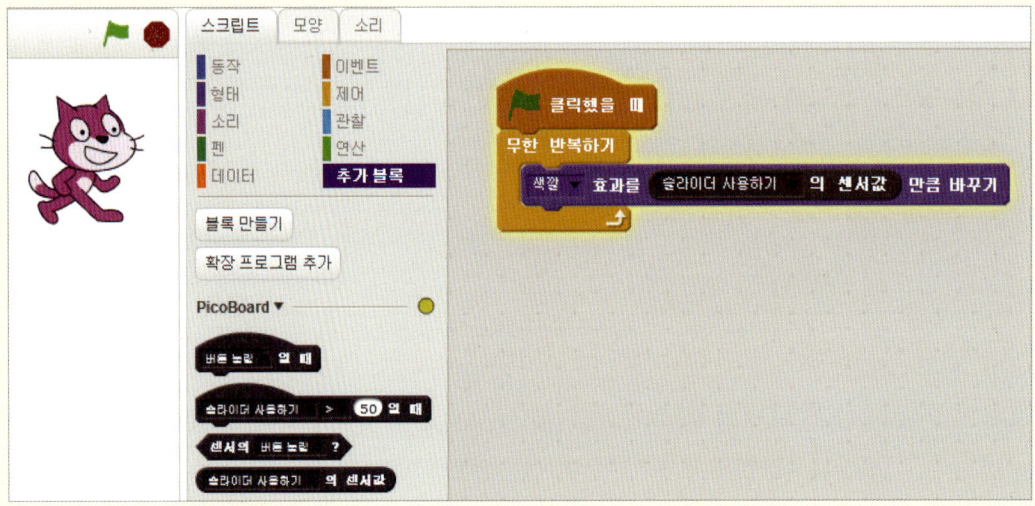

│ 예제 2 │ 기존의 '고양이' 스프라이트를 삭제하고 도시의 야간도로를 주행중인 자동차가 액셀을 많이 밟으면(슬라이드값 올리기) 빨리 달리고, 적게 밟으면(슬라이드값 내리기) 느리게 달리는 스크립트

'무대' 섬네일을 클릭하고 🖼 아이콘을 클릭한 후 'night city with street'를 선택하여 무대에 삽입합니다. 그리고 🙂 아이콘을 클릭하여 'Car-Bug'를 새로운 스프라이트로 선택합니다. 다음의 스크립트에서 'Car-Bug' 스프라이트가 뒤집혀져서 이동할 때는 스프라이트에서 ⓘ 아이콘을 클릭하여 회전 방식을 ↔ 아이콘으로 수정해야 합니다.

| 예제 3 | 빛 센서값을 이용한 스크래치로, 해가 y 좌표인 위로 뜨는 스크립트

피코 보드의 빛 센서를 가리면 값이 작아져서 해가 천천히 올라가고, 빛 센서를 가리지 않으면 빛의 강도의 값이 커져서 해가 빠른 속도로 올라갑니다.

| 예제 4 | 소리 센서값을 이용한 스크립트

소리 센서에는 0에서 100까지의 값을 지정할 수 있습니다. 다음은 박수를 치면 피코 보드의 소리 센서가 y 좌표값을 인식하여 스프라이트가 위로 올라가고, 더 큰 박수를 치면 더욱 빠르게 올라가는 스크립트입니다. 만약 박수를 치지 않거나 소리를 내지 않으면 헬리콥터는 x 좌표 10으로 되돌아옵니다.

| 예제 5 | 버튼을 누르면 자동차가 도로를 달리는 스크립트

피코 보드의 버튼이 스크립트를 실행시키는 버튼이 됩니다.

| 예제 6 | 입력 단자를 이용한 스크립트

피코 보드의 입력 단자에는 A, B, C, D가 있습니다. 다음은 입력 단자 A에 선을 삽입하고 두 개의 단자선을 붙이면 실행되는 스크립트입니다.

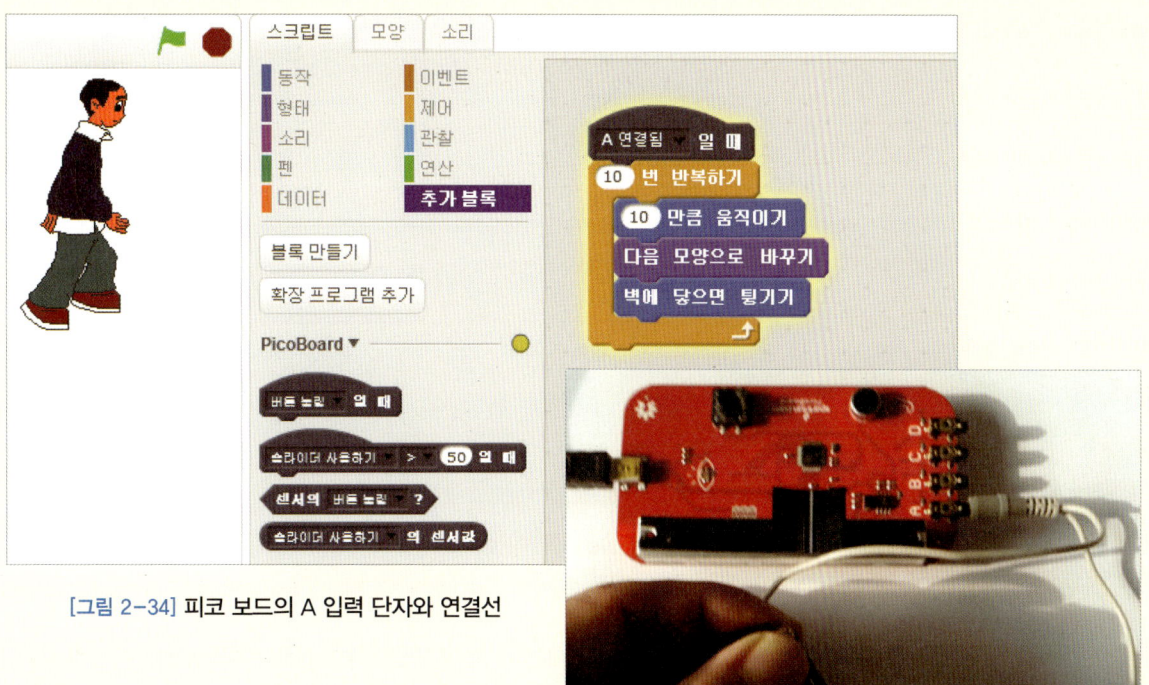

[그림 2-34] 피코 보드의 A 입력 단자와 연결선

예제 7 이용한 스크립트

위의 블록 코드는 슬라이드, 빛, 소리 및 네 개의 저항을 값으로 입력받을 수 있는 추가블록 코드입니다. 예를 들어 소리가 60보다 클 경우 스프라이트가 "야옹"이라고 소리를 내려면 추가블록 에서 소리를 선택하고 소리값을 60으로 설정한 후 스크립트를 작성합니다.

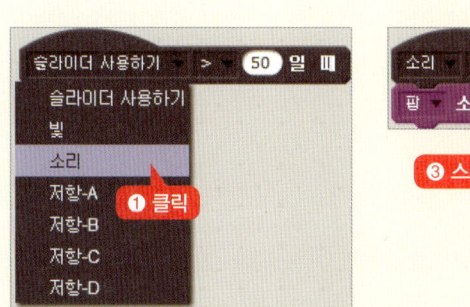

Tip

국내의 스크래치에서 사용하는 외부 입력 장치(센서)

스크래치에서 사용하는 외부 입력 장치(센서)는 피코 보드와 WeDo 외에 국내에서 생산되는 제품이 있습니다. 이 중에서 ROKO Board(http://www.robokor.com)는 스크래치 프로젝트에서 외부 환경에서 일어나는 일을 감지하고 반응하는 센서보드입니다. ROKO Board는 피코 보드에 비해 스크래치에 완벽하게 호환되지 않아 호환용 인터페이스 소프트웨어를 설치한 후 사용할 수 있지만, 기능면에서는 피코 보드보다 우수합니다.

낙서장